주식 초보자
나에게 물어봐

지은이 김정수

* 차트 출처: 키움증권

* 이 책의 모든 정보는 투자 참고 자료이며 투자 최종 책임은 책을 이용하는 본인에게 있습니다.

주식 초보자 나에게 물어봐

1판 1쇄 발행 2024년 02월 26일

저자 김정수
조력 전병철

교정 주현강 **편집** 김다인 **마케팅·지원** 김혜지

펴낸곳 (주)하움출판사 **펴낸이** 문현광

이메일 haum1000@naver.com **홈페이지** haum.kr
블로그 blog.naver.com/haum1000 **인스타그램** @haum1007

ISBN 979-11-6440-527-5(03320)

Prologue

2021년 13억 원 이상의 실현 수익을 안겨 준 투자 기법을 담은 전작 《종목 선정 나에게 물어봐》는 출간과 동시에 예스24 종합 베스트셀러 부문에서 4위 그리고 경제경영 판매 부문 1위에 올랐다. '반드시 사야 할 종목'과 '절대 사지 말아야 할 종목'을 골라내는 투자 기법은 2008년 글로벌 금융위기 이후 대부분의 투자자가 손해를 본 최악의 약세장이었던 2022년과 2023년에도 많은 수강생이 높은 연평균 수익률을 기록하며 경제적 자유를 달성하는 데 일조하고 있다.

수많은 기법을 시도하며 주식 투자에 전념해 봤지만 **깡통***을 12번 차는 과정에서 하루 최대 5억 4천만 원을 **손절매****하고 총 11억을 손절하는 피 말리는 시간을 보낸 경험이 있다 보니 시련을 통해 얻은 자그마한 능력으로 홀로서기를 하지 못하는 **개미 투자자*****들에게 조금이나마 도움이 되고 싶었다.

개인 투자자들이 1시간 안에 좋은 종목을 스스로 선정하고 본인만의 필승 전략을 가질 수 있도록 '종목왕 김정수' 유튜브 채널을 개설하였고 구독자의 경제적 자유 달성을 채널 목표로 설정하여 꾸준히 돈을 벌도록 지원하는 것을 비전으로 정했다. 유튜브와 도서 집필 활동을 통해 다양한 개인 투자자들과 교류하다 보니 대부분의 투자자가 표면적으로는 중장기 투자를 지향하지만 실제로는 단기 투자, 즉 스윙 투자를 하고 있다는 것을 알게 되었다. 필자가 책 열 권 읽고 주식시장에 도전하여 맨땅에 헤딩하듯이 겪었던 시련을 많은 개인 투자자 또한 겪고 있는 걸 보니 죽고 싶어 죽는 것이 아니라 죽을 수밖에 없는 상황에 몰렸던 필자의 경험이 떠올랐다. 홀로서기가 힘든 개인 투자자들은 체계적인 교육 프로그램이 필요하다는 생각에 2023년 7월에 '경자나라'를 설립하였고 동시에 주식을 전혀 모르는 학생, 주부, 직장인, 퇴직자가 주식 고수가 되기까지 필자가 단순화시킨 주식 노하우를 단계별로 배울 수 있는 시스템을 만들었다. 이 모든 것은 여러분의 전폭적인 사랑과 성원이 있었기 때문이며 다시 한번 감사의 말씀을 전한다.

여기서 잠깐! ▶

* 깡통계좌: 개인 투자자들의 통장에 투자 원금이 남아 있지 않거나 적자가 난 주식 계좌.

** 손절매: 손해를 잘라 버리는 매도. 줄여서는 손절, 영어로는 'Loss Cut' 로스 컷이라고 한다.

*** 개미 투자자: 자금이 큰 기관이나 외국인에 비해 주식시장에 미치는 영향이 비교적 미미한 개인 투자자.

지도와 나침반

미리 알았더라면 많은 시간과 노력을 아낄 수 있었을 텐데, 12번 깡통 계좌를 만들며 깨달았던 것이 있다. 경제적 자유를 이루거나 워런 버핏과 같은 거부가 되겠다는 각자의 꿈을 가지고 주식시장에 뛰어드는 분들이 많지만, 돈을 벌고 싶다는 생각보다 더 중요한 질문은 "나는 과연 목표 달성을 위한 지도와 나침반을 가지고 있는가?"라고 생각한다. 지도와 나침반이나 있어야 항해가 가능하고 정확한 방향으로 목표를 향해 나아갈 수 있다. 만약 과거에 지도와 나침반 없이 주식시장 안에서 헤매었다면, 종목 선정을 홀로 할 수 있는지 혹은 나만의 필승 비법이 있는지 자문해 볼 것을 권유한다.

주식시장에서 성공하기 위해 근본적으로 필요한 지도와 나침반은 "앞으로 어떻게 주식으로 실패하는 것을 최소화하며 꾸준히 수익을 낼 것인가? 그리고 어떻게 실력을 쌓을 것인가?"이다. 하향 추세인 2022년, 2023년과 같은 장에서도 꾸준히 수익을 내는 투자법을 배운다면 시간과 돈을 절약하고 깡통계좌를 만드는 일이 없을 것이다. 집을 지을 때도 설계도를 기반으로 짓고 땅은 어디에 위치하는지, 몇 층을 지을 것인지, 골조를 할 것인지 목조를 할 것인지와 같은 많은 결정을 사전에 완수한다. 주식 투자를 할 때도 예산, 위치 선정(타점), 투자 방법 등의 사전 계획 없이 무작정 시작한다면 돈과 시간을 날리는 지름길이라 말씀드린다.

주식시장의 복리*

근래에 "다음 생애에 무엇인가를 해 봐야겠다."라는 말이 유행하는 것 같은데, 어느 날 지하철에서 10대 아이들이 이번 생은 틀린 것 같다는 말을 하는 것을 들었다. 개인적으로 절대 그렇게 생각하지 않는다. 필자도 55세에 주식을 시작해서 65세에 경제적 자유를 이뤘는데, 저보다 연세가 많으신 분들도 올바른 지도와 나침반이 있다면 주식시장의 복리로 언제든지 역전이 가능하다.

복리에는 '기간', '금액', 그리고 '수익률'이라는 세 가지 재료가 필요하다. **버크셔 해서웨이****가 설립된 1965년에 투자의 현인 워런 버핏에게 천만 원을 투자한 투자자의 자금은 43년이 지난 2008년에 360억 원 이상이 되었는데 이런 엄청난 수익률을 얻는 데 필요한 연평균 복리 수익률은 20.5%에 불과하다.

위의 수익률과 수익금을 보면 복리는 3가지 재료로 자산을 증식시키는 환상적인 도구로만 보이지만 제대로 된 지도와 나침반 없이 주식시장에 도전한다면 소중한 재산이 녹는 것을 인식하지도 못하는 사이에 복리로 증발시켜버리는 요소가 될 것이라고 말씀드리고 싶다. 많은 개인 투자자가 명확한 기준 없이 빚까지 얻어서 주식 리딩방과 같은 불확실한 정보에 의존하여 투자하기에 원금이 반토막, 1/3 토막으로 줄어든다. 복리의 효과는 지속적으로 수익이 발생할 때 최대의 효과를 얻을 수 있기 때문에 탐욕, 공포, 조급과 미련을 이겨 내며 하루, 한 달 이익률에 집착하지 않고 연간, 평생 이익률을 극대화하려면 어떻게 해야 할 것인지 아는 것이 중요하다.

필자의 단기 투자 기법은 워런 버핏의 돈을 절대 잃지 않는다는 철학에 기초하고 있다. 필

여기서 잠깐!

* 복리(Compound Interest): 매년 적립한 금액에 대해서만 이자를 더해 주는 방식인 단리와 달리, 매년 적립한 금액과 발생한 이자에 이자를 더해 주는 방식.
  예) 100만 원을 연이율 10%에 3년 동안 단리로 맡기면 매년 10만 원씩 총 30만 원이 되고 '중복해서 발생하는 이자'라는 뜻인 복리가 발생하면 이자 30만 원과 이자에 대해서 발생한 추가 이자 3만 1천 원이 발생한다.

** 버크셔 해서웨이(Berkshire Hathaway Inc): '오마하의 현인' 워런 버핏이 이끄는 미국 투자회사
  오마하(Omaha): 미국 네브래스카주에 있는 도시로 워런 버핏의 고향이다.

자의 가장 중요한 원칙은 "**물려도*** 살아나올 수 있는 종목만 **매수한다.****"이다. 워런 버핏의 "10년 이상 보유하지 않은 주식은 10분도 보유하지 말라."라는 철학처럼 필자의 주식 철학도 "물려서 살아 돌아오지 않을 종목은 절대로 사지 말라."이다.

투자의 수익률은 손실금액에 더 영향을 받기 때문에 처음부터 손절매하지 않을 종목에 철저한 분할 매수 전략을 실행해서 원금을 지키는 것이 중요하다. 천만 원을 투자해서 50%를 손절매하면 소중한 자산이 500만 원으로 줄어드는데, 줄어든 500만 원에서 투자하여 50% 수익을 거두어도 750만 원밖에 되지 않는다. 잘못된 투자로 다시 원금을 회복하려면 100% 수익을 얻어야 하는데 이는 손해율보다 배가 많은 이익률이 필요하다는 뜻이다. 반대로 운 좋게 천만 원에서 50%의 수익을 거둬 1500만 원이 됐는데, 잘못된 종목 선택으로 다시 50% 손실이 난다면 원금 천만 원으로 돌아가는 것이 아니라 750만 원이 된다. 처음부터 하락을 염두에 두고 철저한 분할 매수 전략과 함께, 손절매하지 않는다는 전략으로 시장을 바라보아야 복리의 마법이 일어난다.

투자 유형

처음 책을 내고 많은 유튜브 채널에 출연하자 "왜 당신은 그 많은 투자 중에 단기 투자를 하고 있느냐?"라는 질문을 많이 받았다. 먼저 투자의 유형에 대해 알아보자. 투자 유형에는 크게 초단타, 단타, 중장기 가치 투자, 단기 투자(Swing)가 있다.

투자유형비교

구분	초단타	단타	중장기 가치투자	단기투자(Swing)
보유시간	5분 이내	3시간 이내	1~3년 이상	1일~6개월
거래빈도	하루 10~20건	하루 5건 내외	1년 1건 정도	1일 0~3건
안전성	아주 낮음	낮음	낮음~높음	높음
회전율	매우 높음	높음	아주 낮음	보통
수익성	매우 높음	높음	낮음~높음	보통~높음
투자가능금액	아주 적음	적음	매우 많음	보통~높음

▲ 필자의 경험을 바탕으로 정리한 투자 유형 1

여기서 잠깐!

* 주식에 물리다: 고점에서 매수한 주식 가격이 하락하여 손절매하지 못하는 상태를 나타내는 주식 은어.

** 매수: 주식을 사는 것.

투자 유형은 매수 후 보유 시간을 기준으로 구별되는데 초단타는 길게 5분, 짧게는 10초 안에 매매를 끝내고 단타는 **오버나이트***하지 않고 당일 매수하여 당일 매도하는 형태이며, 중장기 투자는 1~3년 이상 보유하고, 마지막으로 필자가 하는 단기 투자는 주로 **종가**** 혹은 장 후반(오후 2시 반 이후)에 매수하여 다음 날이나 6개월 안에 수익을 실현하는 방법이다. 초단타와 단타는 안전성이 낮고 중장기 가치 투자는 본인의 실력에 따라 안정성에서 많은 차이가 나지만 필자의 단기 투자는 안전성이 매우 높게 설계되어 있다.

투자유형비교

구분	초단타	단타	중장기 가치투자	단기투자(Swing)
자질	아주 탁월	탁월	아주 탁월	누구나 가능
체력소모	매우 많음	매우 많음	보통	보통
적정나이	젊을수록 좋음	젊을수록 좋음	누구나 가능	누구나 가능
직장인도 가능	불가능	불가능	가능	가능
필자의 경험	6개월, 최대 하루 191건	2년, 하루 5건 내외	3년(초단타, 단타시 병행)	8년 (단타시 병행)

▲ 필자의 경험을 바탕으로 정리한 투자 유형 2

초단타와 단타에서 성공하기 위해서는 천부적이고 동물적인 감각이 필요하고 중장기 가치 투자는 20년 미래를 예측해야 하는 탁월한 예지력이 필요한 분야이다. 하지만 단기 투자는 주식을 사고 파는 약간의 공부만 한다면 누구나 할 수 있다고 자신한다.

단기 투자(Swing)의 이점

초단타와 단타는 소액으로 높은 수익성을 추구할 수 있지만, 극소수 전문가들의 영역이고 체력 소모가 심하여 나이를 먹을수록 불리해진다. 2년 이상 도전해 보니 일반인의 경우 세금과 거래 비용 이상 수익 내는 것이 힘들었고 10번 잘하다가 한번 잘못하면

여기서 잠깐!

* 오버나이트(Overnight): 당일 매수하여 당일 매도하는 게 아니라 다음 날까지 보유한다는 주식 용어.

** 종가: 당일 주식 시장이 마감될 때의 가격.

그동안 번 것을 다 잃어버리는 치명적인 결과를 가져오는 경우가 비일비재했다. 또한 물량을 실을 수가 없어서 필자가 꿈꾸는 워런 버핏과 같은 인물이 되기에는 힘들다는 것을 느꼈다.

필자가 경영학을 대학교에서 공부하고 경제학은 대학원에서 공부하여 회계학, 재무제표 분석, 경제 분석도 나름 자신 있지만 중장기 투자를 해 보니 기본적 분석과 가치 분석 후 결국 적정 가치를 정하는 데 해답이 없다는 것이 문제라고 느꼈다. 또한 10년에서 20년 보유해야 하는데 불확실한 미래를 예측하여 보유하는 게 현명하지 않다고 생각되었고 지금 내린 판단이 틀렸다면 그동안 막대한 경제적 손해는 어떻게 보충할 것인지에 대한 의문이 들었다.

주식을 하면서 한 가지 배운 점이 있다면 세상에 위험하지 않은 주식은 없다는 것과 미래가 보장된 주식은 없다는 것이다. 미래학자도 미래를 맞출 수 없다. 세계적인 투자 회사들이 주식 분석하여 **매수***, **매도**** 의견을 내놓는데 한 달 앞도 제대로 내다보지 못한 경우를 흔히 봤을 것이다. 세계적 증권 회사들도 한 치 앞을 내다보지 못하는데 본인의 판단을 믿고 10년을 예측하는 투자를 하는 것은 위험이 너무 크다고 생각한다.

안전해 보이는 금융 주식을 예로 들자면, 신한지주는 10년 전 4만 7천 원이던 주식이 여전히 4만 원 대에 있고 삼성증권도 4만 2천 원이던 주식이 여전히 4만 원 수준에 있다. 재무구조가 튼튼한 삼성화재도 10년 전 25만 원이었지만 여전히 25만 원대를 유지하고 있다가 최근에 30만 원을 돌파하였다. 우리는 장기 투자의 환상이나 함정에서 빠지면 안 된다. 특히 우리나라는 일 년에 한두 번씩 지정학적인 사고로 주가가 급락하거나 폭락하는 사고가 발생하고 있는데 이런 상황에서 본인의 판단으로 예측하여 오랜 기간을 버티는 것은 위험하다고 생각한다.

필자의 단기 투자는 '날아다니는 10마리 새보다 당장 잡을 수 있는 한 마리 새를 집중적으로 잡자.'라는 생각을 기반으로 만들어졌으며, 실현 이익을 모아서 결국은 주식을 늘려 가고 복리의 마법을 극대화하는 단기 투자 방법이다. 현재도 하루 1,000개의 차트를 보고 있으며 지난 10여 년 동안 500만 개 이상의 차트를 분석하고 5만 건 이상 거래한 것을 데이터와 통계 그리고 확률에 기반하여 최적화된 단기 투자 이익 모델로 만들었다.

여기서 잠깐!

* 매수: 주식을 사는 것.

** 매도: 주식을 파는 것.

풍요로운 삶을 위한 첫걸음

주식 투자로 수익을 내는 것은 투자자의 최종 목표이다. 하지만 간절함과 절실함으로 무장하여 경제적 자유를 이루거나 거부가 되는 것 같은 명확한 꿈과 희망이 있어야만 많은 고난을 헤쳐 나갈 수 있다. 경제적 악순환에서 선순환으로 가는 것은 많은 노력과 시간이 필요하며 이 책에서 소개하는 원칙과 법칙을 철저히 따르면 누구나 투자로 꾸준한 수익을 낼 수 있다. 필자가 소개하는 방법을 계속하다 보면 필자를 능가하는 순간이 올 것이라 생각한다.

주식 투자를 해야 하는 필요성을 느끼고 자신만의 꿈과 희망이 있다면 첫 번째로 전업으로 할 것인지 부업으로 할 것인지 정해야 한다. 필자의 경우 퇴직 후 반강제적으로 전업을 선택하였지만 전업 투자자는 수익금으로 생활비를 충족하는 것이 만만치 않아 생활비가 최소 2년 정도 마련되어 있지 않으면 조급한 선택을 하기 때문에 이미 직업이 있으신 분은 심사숙고하시길 바란다.

두 번째는 주식 투자의 목표를 명확하게 정하는 것이 좋다. 본인이 **파이어족***이 되고 싶어서 적당히 벌고 그만둘 것인지, 경제적 자유를 얻을 때까지 할 것인지, 워런 버핏과 같은 세계적인 부자가 될 것인지와 같은 목표 설정이 필요하다. 참고로 필자의 꿈과 희망은 매년 실현 이익 100억 이상을 목표로 하며 100세 이상에 가서는 1조 이상 주식 자산 보유를 목표하고 있다.

세 번째는 시기를 정해야 한다. 당장 시작할 것인지, 충분한 공부를 마치고 시작할 것인지, 퇴사 후 시작할 것인지 그리고 시작을 했으면 언제까지 할 것인지 생각해 보는 것이 좋다. 필자의 경우는 평생을 목표로 하고 있다.

마지막으로 얼마로 시작할 것인지를 정해야 한다. 각자 자금 사정과 자금 조달의 성격이 다르겠지만 필자는 소액으로 시작하고 자기자본으로만 하는 것이 가장 좋다고 생각한다.

> **여기서 잠깐!**
>
> * 파이어족: 경제적 자립(Financial Independence)과 조기 은퇴(Retire Early)를 합친 개념으로 앞 글자를 따 'FIRE'족이라 부른다. 경제적 자립을 확보하여 조기 은퇴를 꿈꾸는 사람을 뜻하는 신조어.

주식 공부의 기본

　　　　　　　　세계적인 투자자인 워런 버핏과 짐 로저스 같은 거물들도 젊은 시절에 투자의 기본을 공부하고, 수많은 실패를 되풀이하여 자신만의 투자 법칙을 만들었다. 주식 투자를 시작하기 전 기본적 분석, 기술적 분석, 가치적 분석 등 모든 공부가 필요하다. 필자도 세가지 분석 공부를 바탕으로 실전 투자도 해 보고 나서 기술적 분석이 가장 수익을 내기에 적합하다고 생각해서 차트 분석으로 정착을 한 것이다. 주식시장에서 성공하기 위해선 기초 공부를 등한시해서는 안 된다. 독자 여러분에게 최소 1년 이상 공부해 볼 것을 권하며, 공부를 바탕으로 소액으로만 투자하길 당부드린다. 한국인의 특성상 처음에는 소액으로 연습하다가도 물리는 게 많아지면 소위 **물타는 행위***를 반복해서 모든 유동성 자산이 주식에 투입되게 되는데 처음 시작하는 투자자들은 필자가 권하는 **한 주 거래****로 시작하길 바란다. 성공한 투자자들은 매일 공부하고, 지식을 쌓고, 연구한다. 주식은 원금 보장이 되지 않으며, 올바른 지식 없이 투자하면 순식간에 휴지 조각이 될 수도 있다. 주식 공부와 병행해야 하는 것은 자기 자신에 대한 공부다. 필자의 좌우명 중 하나는 "기다려라, 또 기다려라, 죽도록 기다려라."이다. 주식시장에서는 인내와 기다림이 최고의 성공 비책이기 때문에 자신의 인내심이 어디까지인지 파악하고 훈련하는 것이 중요하다.

주식 투자 비중 조절

　　　　　　　　본격적으로 시작하기 전에 총자산 대비 주식 투자를 얼마나 할 것인가를 미리 정해 놓는 것이 좋다. 주식 투자를 시작하기 전 본인 자산의 몇 퍼센트까지만 투자할 것인지 결정하고 그 다짐을 지켜야 무리한 투자를 하지 않게 되어 심리적 우위를 가져갈 수 있다. 주식시장에는 투자 그릇이라는 말이 있는데 예를 들어 천만 원과 10억을 가지고 투자했을 때

▶ **여기서 잠깐!**

　　* 물타기: 원액에 물을 타서 희석시킨다는 표현에서 만들어진 은어로, 매수한 가격보다 하락한 주식을 추가 매수하여 평균 단가를 낮추는 매매 방식.

　　** 한 주 거래: 필자가 권하는 방법으로 각 종목별로 딱 한 주씩만 거래하여 작은 투자금으로 시행착오를 겪어 볼 수 있는 매매법. 한 주 거래가 익숙해지면 한 주를 열 주, 이십 주, 백 주, 천 주로 단계별로 늘린다.

10% 손실이 발생하면 천만 원일 땐 100만 원 손실이지만 10억 투자를 하면 1억의 손실이 된다. 어떤 분은 백만 원 손실을 보면 다리가 후들거려서 못 하겠다고 하시고, 어떤 분은 1억 손실도 편안히 감내할 수 있다. 본인의 투자 그릇을 파악하고 투자해야 성공적 투자를 할 수 있다.

목표 수익률 설정

필자도 목표 수익률 설정 없이 무조건 벌고 보자, 일단 벌면 최고라는 생각으로 시작해서 시행착오가 많았다. 주식시장에서는 복리의 마법으로 1억을 40년 동안 투자해서 연 20% 수익률이면 1469억을 만들고 연 30% 수익률이면 3조 6천억 원을 만드는 것이 가능하다. 아인슈타인이 "세계 8번째 불가사의는 바로 '복리'다."라고 할 정도로 복리의 마법은 놀랍다. 하지만 복리의 마법에 눈이 멀어 목표 수익률을 지나치게 높게 잡으면 그만큼 위험을 짊어진다는 뜻이기 때문에 무조건 목표 수익률을 높게 잡는 것도 또 낮게 잡는 것도 좋은 것이 아니다. 본인에게 적정한 목표 수익률을 파악하고 수익률에 맞는 이익 모델을 구축해야 한다.

경제적 자유 달성의 시작

전작 활동을 통해 여러 개인 투자자와 교류해 보니 경제적 자유 달성에 대한 염원이 간절하다는 것을 느꼈다. 경제적 자유 달성은 해결하기 어렵지만 살면서 꼭 달성해야 하는 과제라고 생각한다. 필자도 60년 이상을 살다 보니 과거의 아픈 고통, 상처, 기억들은 시간이 해결해 주지만 경제적 자유는 시간이 지날수록 오히려 악화되는 것을 느꼈다. 직장 생활을 열심히 하면 모든 게 해결될 것 같았고, 돈을 굴리는 것보다 모으기에만 열중을 하다 보니, 퇴직하고서야 돈을 불리는 능력을 키우지 않은 것을 뒤늦게 후회했다. 월급에만 의존하다 보니 평생을 쫀쫀하게 살았고 꿈과 희망이 무엇이었는지 생각도, 기억조차 못 한 채 살아왔었다.

경제적 자유를 처음 달성하고 한숨을 쉬고 보니 안도감을 느꼈다. 내가 여기서 또다시 실패를 한다 해도 언제든지 재기할 수 있는 안전지대에 올라선 것이 확인되었다. 경제적 자유를 이루고 나니 삶의 여러 방면에서 여유와 행복이 느껴졌다. 개인 투자자들을 만나면 가장 많이 받는 질문이 "나도 할 수 있느냐?" 혹은 "너무 늦지 않았냐?"이다.

이 책의 목적은 나이, 학력, 경력, 성별과 관계없이 주식 문외한도 최적화된 수익 모델을 배우고 제대로 된 기준과 원칙으로 무장하도록 전작과 모든 강의의 중추를 모아 집필되었다.

세 권의 집필 활동과 강의를 통해 많은 개인 투자자와 교류하며 개인투자자들의 투자 실상이 어떤지 깨달았고 문제점들을 파악했다. 이 책이 앞으로 중급서, 고급서로 가는 과정의 기본서가 되어 초보 투자자의 투자 방식이 사냥하러 헤매고 다녀야 하는 수렵 생활에서 가만히 앉아서 벌 수 있는 농경 사회 방식으로 전환되길 바라며 중급 이상의 실력을 갖춘 투자자는 수익 모델을 완성하여 주식시장을 현금 인출기처럼 만드는 계기가 되었으면 한다. 이 책이 투자 일생에서 가장 중요한 책이 될 것이라 믿고 개인 투자자의 경제적 자유를 응원한다.

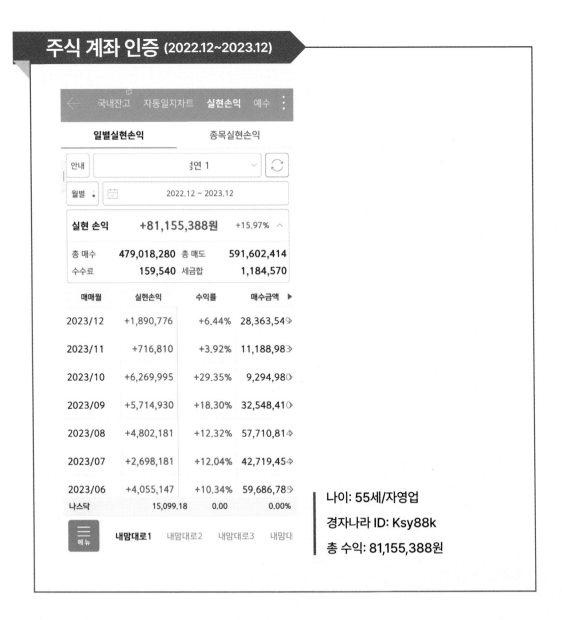

주식 계좌 인증 (2022.12~2023.12)

나이: 55세/자영업

경자나라 ID: Ksy88k

총 수익: 81,155,388원

나이: 49세/전업투자

경자나라 ID: sainf2002

총 수익: 84,998,074원

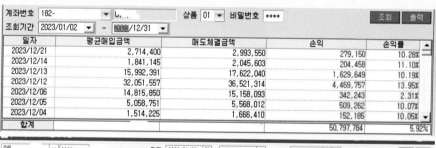

| | 기간손익요약 | **월별주식수익** | 일별주식수익 | | | | | | | |

◉출평가금액 방식　○매매대금 방식

계좌번호 [　　　　　　　　　　한기 ▼]

조회기간 [2022-12 ▲▼] 부터 [2023-12 ▲▼] 까지　[당월] [3개월] [1년]　□입출금고반영　☑대출금반영　　　　[조회]

기준월	출평가금액	주식평가금액	매수금액	매도금액	투자손익	투자수익률(%)	누적투자수익	입금고	출금고	수수료
2023/12	81,425,092	183,244,784	36,303,849	37,710,088	1,665,103	2.09	39,575,645	2,763,000	4,878,000	2,626
2023/11	79,759,989	180,039,901	33,680,542	36,833,845	16,888,960	26.86	37,910,542	1,370,000	1,550,000	2,490
2023/10	62,871,029	165,112,994	23,700,658	23,981,671	-4,959,299	-7.31	21,021,582	8,467,275	4,500,000	1,632
2023/09	67,830,328	173,469,701	46,041,123	32,815,331	-6,215,153	-8.39	25,980,881	6,000,000	930,000	2,766
2023/08	74,045,481	170,693,107	35,571,260	29,293,022	4,999,509	7.24	32,196,034	4,110,000	2,200,000	2,238
2023/07	69,045,972	160,616,032	37,669,813	14,612,284	-6,150,646	-8.18	27,196,525	20,202,661	15,015,000	1,782
2023/06	75,196,618	148,417,063	88,602,735	55,222,660	563,328	0.75	33,347,171	3,770,000	1,210,000	5,092
2023/05	74,633,290	116,637,385	90,096,508	79,679,089	11,858,350	18.89	32,783,843	6,990,000	4,500,001	6,066
2023/04	62,774,940	96,555,924	168,076,022	127,568,567	2,002,711	3.30	20,925,493	9,040,000	2,300,000	10,642
2023/03	60,772,229	60,747,715	46,325,568	45,345,249	339,333	0.56	18,922,782	8,303,090	8,600,000	3,223
2023/02	60,432,896	59,034,201	50,094,960	48,933,554	2,939,414	5.11	18,583,449	7,858,765	5,300,000	3,484
2023/01	57,493,482	57,390,864	36,797,188	27,160,226	13,482,690	30.63	15,644,035	13,346,782	4,980,000	2,238
2022/12	44,010,792	42,583,540	40,968,906	29,372,860	2,161,345	5.16	2,161,345	21,400,000	18,510,000	2,450
합계			733,929,132	588,528,446	39,575,645			113,621,573	74,473,001	46,729

* 본 화면은 체결기준으로 조회되며, 국내 상장 주식(K-OTC 포함)만으로 대상으로 산정됩니다.
* 본 화면의 수치는 추정치이며, 실제 자산 및 손익과 차이가 발생할 수 있으므로, 참고 자료로 사용하시기 바랍니다.
* 자세한 화면설명을 보시려면 [여기] 를 클릭하여 주시기 바랍니다.

조회 완료되었습니다.

나이: 41세/자영업

경자나라 ID: lenny2001

총 수익: 39,575,645원

계좌번호 [182- ▼] [이　] 　상품 [01 ▼] 비밀번호 [****]　　[조회] [출력]

조회기간 [2023/01/02 ▼] ~ [2023/12/31 ▼]

일자	평균매입금액	매도체결금액	손익	손익률
2023/12/21	2,714,400	2,993,550	279,150	10.28%
2023/12/14	1,841,145	2,045,603	204,458	11.10%
2023/12/13	15,992,391	17,622,040	1,629,649	10.19%
2023/12/12	32,051,557	36,521,314	4,469,757	13.95%
2023/12/06	14,815,850	15,158,093	342,243	2.31%
2023/12/05	5,058,751	5,568,012	509,262	10.07%
2023/12/04	1,514,225	1,666,410	152,185	10.05%
합계			50,797,784	5.92%

[045　 ▼] [****]　[이　]　　기간 [2023/01/02 📅] ~ [2023/12/31 📅]　종목 [　 ▼ Q]　□제비용포함　[조회] [다음]

| 매수금액합계 | | 매도금액합계 | | 정산금액 | 56,686,956 | 총 실현손익 | 52,487,212 |
| 매수수수료합계 | | 매도수수료합계 | | 세금합계 | 1,196,409 | 총 실현수익률 | 7.57% |

나이: 70세/전업투자

경자나라 ID: samboo4486

총 수익: 103,284,996원

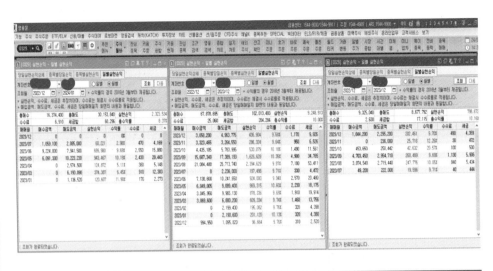

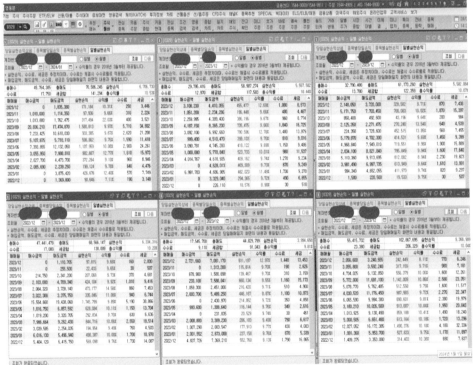

나이: 57세/회사원

경자나라 ID: hindol

총 수익: 49,913,478원

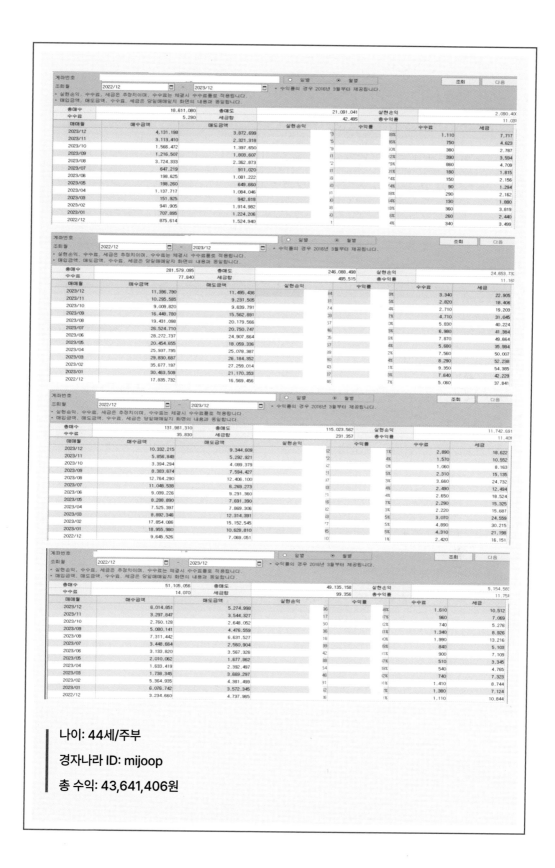

나이: 44세/주부

경자나라 ID: mijoop

총 수익: 43,641,406원

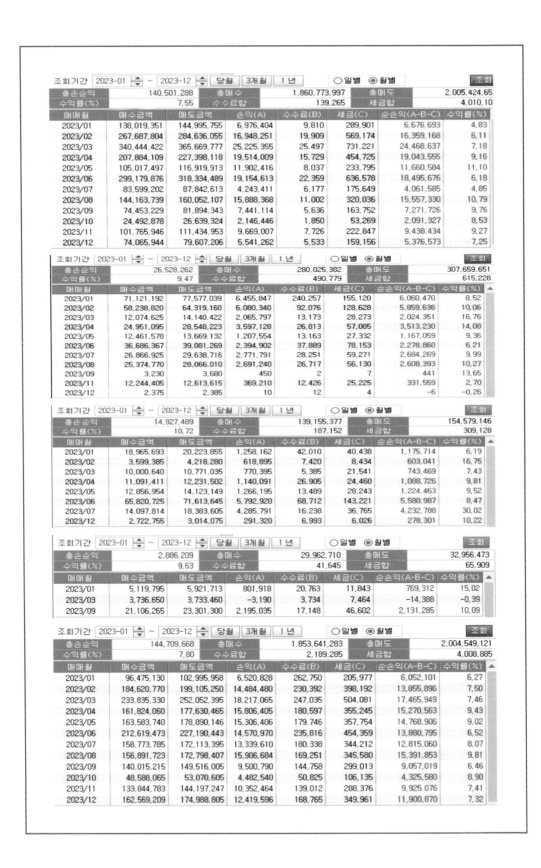

조회기간 2023-01 ⇕ ~ 2023-12 ⇕ 당월 3개월 1년　○일별 ◉월별　조회

총손순익	140,501,288	총매수	1,860,773,997	총매도	2,005,424,65
수익률(%)	7.55	수수료합	139,265	세금합	4,010,10

매매월	매수금액	매도금액	손익(A)	수수료(B)	세금(C)	순손익(A-B-C)	수익률(%)
2023/01	138,019,351	144,995,755	6,976,404	9,810	289,901	6,676,693	4.83
2023/02	267,687,804	284,636,055	16,948,251	19,909	569,174	16,359,168	6.11
2023/03	340,444,422	365,669,777	25,225,355	25,497	731,221	24,468,637	7.18
2023/04	207,884,109	227,398,118	19,514,009	15,729	454,725	19,043,555	9.16
2023/05	105,017,497	116,919,913	11,902,416	8,037	233,795	11,660,584	11.10
2023/06	299,179,876	318,334,489	19,154,613	22,359	636,578	18,495,676	6.18
2023/07	83,599,202	87,842,613	4,243,411	6,177	175,649	4,061,585	4.85
2023/08	144,163,739	160,052,107	15,888,368	11,002	320,036	15,557,330	10.79
2023/09	74,453,229	81,894,343	7,441,114	5,636	163,752	7,271,726	9.76
2023/10	24,492,878	26,639,324	2,146,446	1,850	53,269	2,091,327	8.53
2023/11	101,765,946	111,434,953	9,669,007	7,726	222,847	9,438,434	9.27
2023/12	74,065,944	79,607,206	5,541,262	5,533	159,156	5,376,573	7.25

조회기간 2023-01 ⇕ ~ 2023-12 ⇕ 당월 3개월 1년　○일별 ◉월별　조회

총손순익	26,528,262	총매수	280,025,382	총매도	307,659,651
수익률(%)	9.47	수수료합	490,779	세금합	615,228

매매월	매수금액	매도금액	손익(A)	수수료(B)	세금(C)	순손익(A-B-C)	수익률(%)
2023/01	71,121,192	77,577,039	6,455,847	240,257	155,120	6,060,470	8.52
2023/02	58,238,820	64,319,160	6,080,340	92,076	128,628	5,859,636	10.06
2023/03	12,074,625	14,140,422	2,065,797	13,173	28,273	2,024,351	16.76
2023/04	24,951,095	28,548,223	3,597,128	26,813	57,085	3,513,230	14.08
2023/05	12,461,578	13,669,132	1,207,554	13,163	27,332	1,167,059	9.36
2023/06	36,686,367	39,081,269	2,394,902	37,889	78,153	2,278,860	6.21
2023/07	26,866,925	29,638,716	2,771,791	28,251	59,271	2,684,269	9.99
2023/08	25,374,770	28,066,010	2,691,240	26,717	56,130	2,608,393	10.27
2023/09	3,230	3,680	450	2	7	441	13.65
2023/11	12,244,405	12,613,615	369,210	12,426	25,225	331,559	2.70
2023/12	2,375	2,385	10	12	4	-6	-0.26

조회기간 2023-01 ⇕ ~ 2023-12 ⇕ 당월 3개월 1년　○일별 ◉월별　조회

총손순익	14,927,489	총매수	139,155,377	총매도	154,579,146
수익률(%)	10.72	수수료합	187,152	세금합	309,128

매매월	매수금액	매도금액	손익(A)	수수료(B)	세금(C)	순손익(A-B-C)	수익률(%)
2023/01	18,965,693	20,223,855	1,258,162	42,010	40,438	1,175,714	6.19
2023/02	3,599,385	4,218,280	618,895	7,420	8,434	603,041	16.75
2023/03	10,000,640	10,771,035	770,395	5,385	21,541	743,469	7.43
2023/04	11,091,411	12,231,502	1,140,091	26,905	24,460	1,088,726	9.81
2023/05	12,856,954	14,123,149	1,266,195	13,489	28,243	1,224,463	9.52
2023/06	65,820,725	71,613,645	5,792,920	68,712	143,221	5,580,987	8.47
2023/07	14,097,814	18,383,605	4,285,791	16,238	36,765	4,232,788	30.02
2023/12	2,722,755	3,014,075	291,320	6,993	6,026	278,301	10.22

조회기간 2023-01 ⇕ ~ 2023-12 ⇕ 당월 3개월 1년　○일별 ◉월별　조회

총손순익	2,886,209	총매수	29,962,710	총매도	32,956,473
수익률(%)	9.63	수수료합	41,645	세금합	65,909

매매월	매수금액	매도금액	손익(A)	수수료(B)	세금(C)	순손익(A-B-C)	수익률(%)
2023/01	5,119,795	5,921,713	801,918	20,763	11,843	769,312	15.02
2023/03	3,736,650	3,733,460	-3,190	3,734	7,464	-14,388	-0.39
2023/09	21,106,265	23,301,300	2,195,035	17,148	46,602	2,131,285	10.09

조회기간 2023-01 ⇕ ~ 2023-12 ⇕ 당월 3개월 1년　○일별 ◉월별　조회

총손순익	144,709,668	총매수	1,853,641,283	총매도	2,004,549,121
수익률(%)	7.80	수수료합	2,189,285	세금합	4,008,885

매매월	매수금액	매도금액	손익(A)	수수료(B)	세금(C)	순손익(A-B-C)	수익률(%)
2023/01	96,475,130	102,995,958	6,520,828	262,750	205,707	6,052,101	6.27
2023/02	184,620,770	199,105,250	14,484,480	230,392	398,192	13,855,896	7.50
2023/03	233,835,330	252,052,395	18,217,065	247,035	504,081	17,465,949	7.46
2023/04	161,824,060	177,630,465	15,806,405	180,597	355,245	15,270,563	9.43
2023/05	163,583,740	178,890,146	15,306,406	179,746	357,754	14,768,906	9.02
2023/06	212,619,473	227,190,443	14,570,970	235,816	454,359	13,880,795	6.52
2023/07	158,773,785	172,113,395	13,339,610	180,338	344,212	12,815,060	8.07
2023/08	156,891,723	172,798,407	15,906,684	169,251	345,580	15,391,853	9.81
2023/09	140,015,215	149,516,005	9,500,790	144,758	299,013	9,057,019	6.46
2023/10	48,588,065	53,070,605	4,482,540	50,825	106,135	4,325,580	8.90
2023/11	133,844,783	144,197,247	10,352,464	139,012	288,376	9,925,076	7.41
2023/12	162,569,209	174,988,805	12,419,596	168,765	349,961	11,900,870	7.32

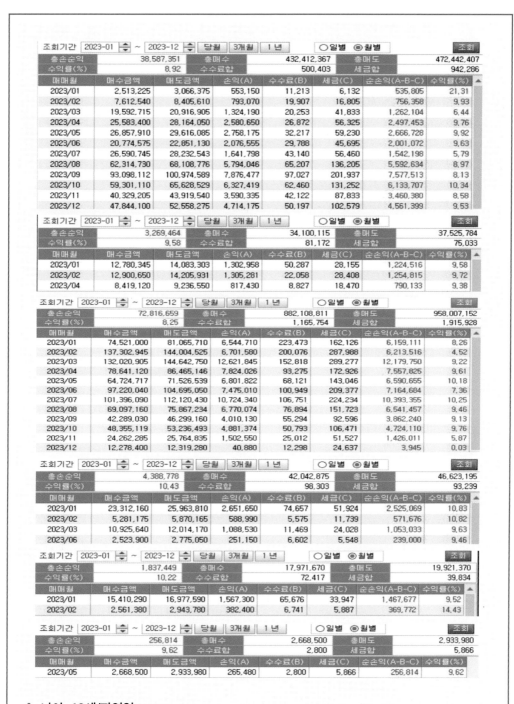

조회기간 2023-01 ~ 2023-12 당월 | 3개월 | 1년   ○일별 ◉월별   조회

총손순익	38,587,351	총매수	432,412,367	총매도	472,442,407
수익률(%)	8.92	수수료합	500,403	세금합	942,286

매매월	매수금액	매도금액	손익(A)	수수료(B)	세금(C)	순손익(A-B-C)	수익률(%)
2023/01	2,513,225	3,066,375	553,150	11,213	6,132	535,805	21.31
2023/02	7,612,540	8,405,610	793,070	19,907	16,805	756,358	9.93
2023/03	19,592,715	20,916,905	1,324,190	20,253	41,833	1,262,104	6.44
2023/04	25,583,400	28,164,050	2,580,650	26,872	56,325	2,497,453	9.76
2023/05	26,857,910	29,616,085	2,758,175	32,217	59,230	2,666,728	9.92
2023/06	20,774,575	22,851,130	2,076,555	29,788	45,695	2,001,072	9.63
2023/07	26,590,745	28,232,543	1,641,798	43,140	56,460	1,542,198	5.79
2023/08	62,314,730	68,108,776	5,794,046	65,207	136,205	5,592,634	8.97
2023/09	93,098,112	100,974,589	7,876,477	97,027	201,937	7,577,513	8.13
2023/10	59,301,110	65,628,529	6,327,419	62,460	131,252	6,133,707	10.34
2023/11	40,329,205	43,919,540	3,590,335	42,122	87,833	3,460,380	8.58
2023/12	47,844,100	52,558,275	4,714,175	50,197	102,579	4,561,399	9.53

조회기간 2023-01 ~ 2023-12 당월 | 3개월 | 1년   ○일별 ◉월별   조회

총손순익	3,269,464	총매수	34,100,115	총매도	37,525,784
수익률(%)	9.58	수수료합	81,172	세금합	75,033

매매월	매수금액	매도금액	손익(A)	수수료(B)	세금(C)	순손익(A-B-C)	수익률(%)
2023/01	12,780,345	14,083,303	1,302,958	50,287	28,155	1,224,516	9.58
2023/02	12,900,650	14,205,931	1,305,281	22,058	28,408	1,254,815	9.72
2023/04	8,419,120	9,236,550	817,430	8,827	18,470	790,133	9.38

조회기간 2023-01 ~ 2023-12 당월 | 3개월 | 1년   ○일별 ◉월별   조회

총손순익	72,816,659	총매수	882,108,811	총매도	958,007,152
수익률(%)	8.25	수수료합	1,165,754	세금합	1,915,928

매매월	매수금액	매도금액	손익(A)	수수료(B)	세금(C)	순손익(A-B-C)	수익률(%)
2023/01	74,521,000	81,065,710	6,544,710	223,473	162,126	6,159,111	8.26
2023/02	137,302,945	144,004,525	6,701,580	200,076	287,988	6,213,516	4.52
2023/03	132,020,905	144,642,750	12,621,845	152,818	289,277	12,179,750	9.22
2023/04	78,641,120	86,465,146	7,824,026	93,275	172,926	7,557,825	9.61
2023/05	64,724,717	71,526,539	6,801,822	68,121	143,046	6,590,655	10.18
2023/06	97,220,040	104,695,050	7,475,010	100,949	209,377	7,164,684	7.36
2023/07	101,396,090	112,120,430	10,724,340	106,751	224,234	10,393,355	10.25
2023/08	69,097,160	75,867,234	6,770,074	76,894	151,723	6,541,457	9.46
2023/09	42,289,030	46,299,160	4,010,130	55,294	92,596	3,862,240	9.13
2023/10	48,355,119	53,236,493	4,881,374	50,793	106,471	4,724,110	9.76
2023/11	24,262,285	25,764,835	1,502,550	25,012	51,527	1,426,011	5.87
2023/12	12,278,400	12,319,280	40,880	12,298	24,637	3,945	0.03

조회기간 2023-01 ~ 2023-12 당월 | 3개월 | 1년   ○일별 ◉월별   조회

총손순익	4,388,778	총매수	42,042,875	총매도	46,623,195
수익률(%)	10.43	수수료합	98,303	세금합	93,239

매매월	매수금액	매도금액	손익(A)	수수료(B)	세금(C)	순손익(A-B-C)	수익률(%)
2023/01	23,312,160	25,963,810	2,651,650	74,657	51,924	2,525,069	10.83
2023/02	5,281,175	5,870,165	588,990	5,575	11,739	571,676	10.82
2023/03	10,925,640	12,014,170	1,088,530	11,469	24,028	1,053,033	9.63
2023/06	2,523,900	2,775,050	251,150	6,602	5,548	239,000	9.46

조회기간 2023-01 ~ 2023-12 당월 | 3개월 | 1년   ○일별 ◉월별   조회

총손순익	1,837,449	총매수	17,971,670	총매도	19,921,370
수익률(%)	10.22	수수료합	72,417	세금합	39,834

매매월	매수금액	매도금액	손익(A)	수수료(B)	세금(C)	순손익(A-B-C)	수익률(%)
2023/01	15,410,290	16,977,590	1,567,300	65,676	33,947	1,467,677	9.52
2023/02	2,561,380	2,943,780	382,400	6,741	5,887	369,772	14.43

조회기간 2023-01 ~ 2023-12 당월 | 3개월 | 1년   ○일별 ◉월별   조회

총손순익	256,814	총매수	2,668,500	총매도	2,933,980
수익률(%)	9.62	수수료합	2,800	세금합	5,866

매매월	매수금액	매도금액	손익(A)	수수료(B)	세금(C)	순손익(A-B-C)	수익률(%)
2023/05	2,668,500	2,933,980	265,480	2,800	5,866	256,814	9.62

나이: 42세/자영업

경자나라ID: newone21c

총 수익: 450,709,431원

- 정규과정 2기, 오후 7시, 화요일/목요일

  [스스로 종목을 선정하여 홀로서기 달성]

  주식 초보자도 스스로 종목 선정하는 법을 기초부터 배워서 주식시장에서 홀로서기가 가능하도록 돕는 교육 과정.

- 익절파티반 오후 7시, 월요일/수요일/금요일

  [연간 1,000개 이상 종목 심층 분석]

  생업이 바빠 기초부터 공부할 수 없는 개인 투자자들을 위하여 종목왕이 직접 공부해야 할 소수의 종목을 선정하여 심도 있게 공부하고 실전 투자를 통해 실력을 쌓아 가는 수업.

- 2시 라이브, 평일 오후 2시/녹화본 오후 7시

  [단기 투자 전문 라이브 방송]

  매일 새롭게 만들어지는 전일 대비 등락률 상위 목록에서 사야 할 종목 사지 말아야 할 종목을 분석하고 수강생들과 함께 수익 실현 정보도 실시간으로 공유하는 방송.

익절파티반 성과표

2023.07.17 ~ 2024.02.15

2024-02-15 기준 전체 익절종목수	643개	2024-02-15 기준 당일 익절종목수	8개

종목 현황

구분	매수	매도	보유	10% 이익낼 확률
1차	491	336	155	68.43%
2차	314	212	102	67.52%
3차	120	79	41	65.83%
4차	28	16	12	57.14%
합계	953	643	310	67.47%

익절종목 평균 보유일수	26.98 일
보유종목 평균 보유일수	80.44 일
전체종목 평균 보유일수	44.37 일
익절종목 평균 수익률	▲10.01%
익절종목 연환산 수익률	▲135.44%
실현이익 기준 평균 수익률	▲6.75%
실현이익 기준 연환산 수익률	▲82.36%
평가손익 감안 평균 수익률	▲3.19%
평가손익 감안 연환산 수익률	▲26.21%

내 돈 1억원을 1년 동안 익절파티반에서 굴린다면?

익절종목 연환산 수익률 적용	235,442,723
실현이익 기준 연환산 수익률 적용	182,357,031
평가손익 감안 연환산 수익률 적용	126,209,423

10% 이익낼 확률 추세 (2023.07.17~)

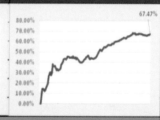

235,442,723
182,357,031
126,209,423

67.47%

주 의 사 항

주식투자 운용결과에 따른 책임은 투자자 본인에게 모두 귀속됩니다.
경자나라 익절파티반은 투자권유나 리딩방이 아니며, 종목의 권유 없이 투자자의 본인 판단에 의해 이루어집니다.
해당 투자 종목의 위험도를 검토하고, 투자자 본인의 투자경력이나 투자성향에
적합한 종목인지 확인하시어 신중한 투자결정을 해 주시기 바랍니다.
주의! 익절파티반 성과표에서 설명하는 과거의 수익률이 미래의 수익률을 보장하지 않습니다.
적합한 종목인지 확인하시어 신중한 투자결정을 해 주시기 바랍니다.

[참고] 평균 수익률은 각 종목의 수익률을 평균하여 계산하였으며,
연환산 수익률은 회전율을 적용하여 산출하였습니다.

[참고] 무상증자나 주식교환 등 사항이 발생하여 현황판에 반영이 어려운 경우,
수치에 오차가 생기거나, 집계에 포함되지 않을 수 있습니다.

[참고] 익절파티반 성과표는 수강생의 편의를 위해 게시되며, 아직 개발단계로 향후 세부내용은
업데이트 될 수 있습니다. 수치에 오차가 있을 수 있으니 참고해 주세요.

목차

03. 주식 계좌 깡통으로 만드는 12가지 유형 앞폭탄, 뒤폭탄 파헤치기

04. 내리막 폭포, 내리막 계단 파헤치기

05. 내리막 외봉, 톱니바퀴 파헤치기

09. 봉 차트 기본(캔들 차트)

10. 시장의 암호: 장대양봉

11. 시장의 암호: 장대음봉

12. 경제적 자유를 위한 12가지 필수 유형

부록

01
경제적 자유를 위한
지도와 나침반

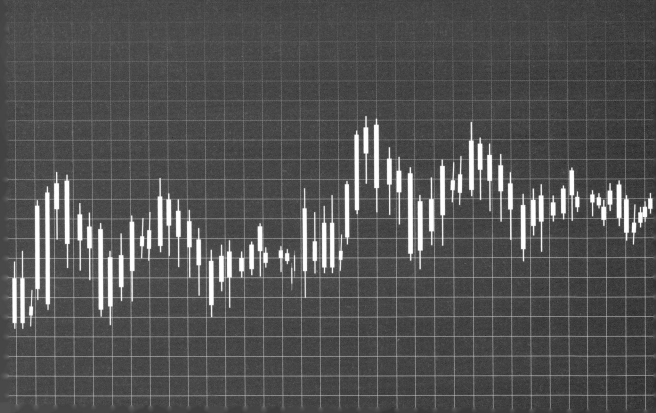

기본서를 정독한 독자들이 이루었으면 하는 3가지 큰 목표는 이와 같다.

1. 30분 안에 '팔릴 종목' 스스로 선정하여 홀로서기 달성

2. 평생, 계속 그리고 꾸준히 돈을 벌 수 있는 시스템 체득

3. 원금 손실 없이 주식 투자로 경제적 자유 달성

처음에는 팔릴 종목을 선정하는 데 3시간 이상 걸리지만 숙달이 되면 15분 이내에, 숙달된 분은 10분 이내에 종목 선정이 가능해진다. 많은 1기 수강생들이 이를 증명하였고 독자 여러분도 어렵지 않게 짧은 시간에 팔릴 종목을 찾는 능력을 갖출 것이라 생각한다. 이 책을 통해 독자 여러분이 일회성으로 수익을 내고 마는 것이 아니라 티끌 모아 태산이라는 마음가짐으로 소액이라도 매일 수익을 내어 연 30%에서 40% 이상의 수익률을 축적하였으면 한다. 필자의 기법은 무손절을 원칙으로 하여 세력이 나갔을 때만 손절하기 때문에 원금 손실 없이 주식 투자하는 것이 가능하다. 기본서를 통독하여 경제적 자유 달성을 이루는 밑거름이 되길 바란다.

필자가 제안하는 이익 능력 목표는 평생 수익률 **30~40%** 이상인데 공부한다면 불가능한 숫자가 아니다. 만약 매년 수익률 30%를 달성한다면 어떤 일이 생겨날까?

수익비교표(PDP)

(단위: 백만원)

	0년	1년	2년	3년	4년	5년	6년	7년	8년	9년	10년	40년
1. 원금100 + 매년 20저축	100	120	140	160	180	200	220	240	260	280	300	900
2. 원금100 + 매년 연수익률 20%	100	120	144	173	207	249	299	358	430	516	619	146,900
3. 원금100 + 매년 20저축 + 매년 연수익률 20%	100	140	188	245	314	397	493	612	754	925	1,130	146,900+알파
1. 원금100 + 매년 20저축	100	120	140	160	180	200	220	240	260	280	300	900
2. 원금100 + 매년 연수익률 30%	100	130	169	220	286	372	484	629	818	1,063	1,382	3조 6천억
3. 원금100 + 매년 20저축 + 매년 연수익률 30%	100	150	215	300	410	553	739	981	1,295	1,704	2,235	3조 6천억+알파

☑ 파이어족이란?
: 조기 은퇴를 목표로 수입의 70~80%를 저축하며 극단적인 절약을 실천하는 사람들

아껴서 모으기만 한다면 부자가 될 수 없고, 극단적으로 안 먹고, 안 쓰고, 안 가르치고 돈을 아껴서 오늘날의 행복을 희생한다 해도 끝은 미약할 뿐이다. 한때 유행하였던 파이어족은 조기 은퇴를 목표로 수익의 70~80%를 저축하며 극단적인 절약을 실천하는 사람들인데 직장생활을 하고 가정을 이루면서 천만 원 이상 저금하는 것 자체도 현실적으로 굉장히 어렵다.

위의 표는 백만 단위로 표기한 것인데 원금 1억으로 매년 2천만 원을 저축한다고 해도 10년이면 3억이고 40년이 지나 봐야 9억밖에 되지 않는다. 하지만 원금 1억으로 매년 20%의 수익을 만들어 낸다면 저축을 하지 않아도 40년 후에는 1469억이 만들어지고, 매년 30%의 수익을 창출해 낸다면 40년 후에는 3조 6천억을 만들 수 있다. 모으는 것에 집중하는 것이 아니라 돈을 불리는 것에 집중해서 온갖 노력을 기울여야 한다.

40년 이상 수익을 거둔다면 큰 부자가 되는 것이 이론적으로 가능하다는 것은 알겠지만 우리는 주식시장에서 그것이 과연 가능한 것인지를 생각해 봐야 한다. 아래 표는 다우지수(뉴욕 주식시장의 평균주가)와 우리나라 지수의 과거 상승률과 미래 기대 상승률을 정리해 놓은 것이다.

워런 버핏 (Warren Buffet)

 "앞으로 백년 후 미국 다우지수가 백만 포인트를 돌파할 것이다"

	25년 전	2022년	25년 후	50년 후
🇺🇸 미국	7,908	33,147(4.2배)	139,217	584,713(18배)
🇰🇷 우리나라	374	2,236(6.0배)	13,416	80,496(36배)

워런 버핏은 "앞으로 백 년 후 미국 다우지수가 백만 포인트를 돌파할 것이다."라고 말한다. 필자가 워런 버핏의 말을 검증하여 위의 표에 정리했는데, 25년 전에는 다우지수(뉴욕 주식시장의 평균주가)가 7,908포인트였고 2022년에는 4.2배가 상승한 33,147포인트에 도달했다. 이것이 똑같은 배수로 진행된다고 한다면 25년 후에는 139,217포인트 그리고 50년 후에는 584,713포인트로 100년 후에 백만 포인트는 너무나도 당연하게 여겨진다. 우리나라도 374포인트로 시작했다가 2022년에는 6배가 상승하였고 25년 후에는 우리나라도 13,416포인트, 그리고 50년 후에는 36배가 상승한 약 8만 포인트에 도달하게 된다. 주식시장이 지속될 것을 걱정하지 말고 실력을 부지런히 길러서 부자가 되는 법을 고민해야 한다.

⑤ 성공 과정

본론에 들어가기 전 성공 과정에 중요한 요소를 다짐하고 시작해 보자.

• **종목 선정이 스스로 가능하도록 공부하라! 또 공부하라! 죽도록 공부하라!**

- 홀로서기가 가능하도록 연습하자! 또 연습하자! 죽도록 연습하자!
- 돈 버는 시스템을 배워 경제적 자유를 이루자. 기다리자! 또 기다리자! 죽도록 기다리자!

이 세 가지는 필자가 성공적인 투자를 위해 만든 좌우명으로 여러분도 마음속 깊숙이 새기길 바란다. 하지만 우리가 기억해야 할 것은 아무리 세 가지 좌우명을 철저히 지켜도 우리는 신이 아니기 때문에 실수한다는 것이다. 그렇기 때문에 내가 산 종목이 예상과는 다르게 흘러가거나 잘못됐을 때 살아 나올 수 있는 시스템, 즉 항해 도중에 배에 구멍이 나더라도 살아 나올 수 있는 비책이 필요하다. 독자 여러분은 이 책을 통해 기다리면서도 돈을 벌 수 있는 시스템을 배울 것이다. "기다려라! 또 기다려라! 죽도록 기다려라!"라고 하지만 벌지도 못하면서 계속 기다릴 수 있는 사람은 없다. 기다리는 도중에 성공의 경험이 필요하기 때문에 기다리면서도 돈 버는 방법을 알아야 한다.

기다리는 동안 우리가 해야 하는 것은 매매를 연습하여 성공 경험과 실패 경험을 축적하는 것이다. 여기서 성공 경험보다 중요한 것은 실패 경험으로, 실패 경험을 계속 축적해서 데이터화시키는 것이 중요하다. 다이슨 청소기가 발명되기까지 5천 번의 실패가 있었고, KFC '켄터키 프라이드치킨'은 치킨 레시피 판매를 1,000번 넘게 거절당했다고 한다. 필자의 재산 목록 1호가 12번의 깡통을 찬 경험이며 5만 번 이상 축적된 실거래 데이터와 통계이다. 실패가 실패로 끝나는 것이 아니고 미래에는 나의 재산이 된다는 것을 기억하자. 독자 여러분의 성공 경험과 실패 경험을 축적하는 동시에 필자의 성공 경험과 실패 경험을 이어받아 독자 여러분의 것으로 만들어야 한다. 김정수의 것이 아닌 본인의 것으로 만들어야 비로소 경제적 자유가 올 수 있다. 이 책 한 권으로 단번에 전수가 된다면 좋겠지만 여러분의 안목이 성장하기 위해서는 시간이 필요하다. 주식은 기다림의 미학이니, 마음을 조급하게 가지지 말고 충분한 시간을 들여 공부했으면 좋겠다.

주식을 하다 보면 시장 상황이나 본인의 과오로 인해 실패할 수도 있고 흔들릴 때도 있다. 책, '종목왕 김정수' 유튜브 활동, 경자나라 등 다양한 활동을 통해 개인 투자자들이 문의하고 상담하여 의지할 수 있도록 최선을 다하고 있으니 독자 여러분도 기간을 충분히 가지고 여유로운 마음으로 성공 과정으로 가길 바란다.

필자의 책상에 있는 사진

앤드류 카네기
"반드시 밀물 때는 온다."

⑤ 초보 투자자를 위한 철칙

초보 투자자들은 수익을 실현하는 습관을 몸에 익힐 때까지, 먼저 필자의 원칙을 그대로 따라 할 것을 적극 권한다. 필자가 구축해 놓은 원칙과 수익 모델을 따라 하는 것만으로도 안정적인 수익이 가능하며 본인만의 필살기는 이후에 추가하는 것이 좋다. 필자의 수준에 이를 때까지 원칙과 기본을 철칙으로 지키면, 피와 같은 돈, 시간, 노력이 절약되고 필자의 시행착오를 겪지 않아도 된다.

아래에 나열된 원칙을 보면 생소한 용어가 많아 초보 투자자는 어렵게 느낄 수 있다. 하지만 이 책은 초보 투자자를 위한 기본서로, 책을 읽다 보면 누구나 이해하기 쉽도록 설명이 돼 있다. 가벼운 마음으로 철칙을 읽어 넘어가고, 책을 다 읽고 다시 돌아온다면 한눈에 원칙을 정리할 수 있는 독자 여러분이 돼 있을 것이라 생각한다.

- 저가에서 턴어라운드*되며 세력이 큰돈을 가지고 들어와 장대양봉이 발생한 '세력주**' 중심으로 매매한다.
- 현금은 생명수이고 또 다른 수익 자산이다. 현금 비중을 최소 20% 유지한다.
- 주식 고수도 신용거래***를 사용하여 한 번에 무너지는 경우가 많다. 초보 투자자는 철저히 자기자본으로만 투자한다. 초보 투자자를 제외하고 신용거래를 사용해야 하는 상황이라면 신용 비중은 자기 잔고의 최대 24%를 사용하여 반대매매를 예방한다.
- 물려도 살아나올 수 있는 종목만 매수한다. 초보 투자자는 실력이 향상될 때까지 눌림목****에 매수하고 중수 이상은 돌파, 눌림목, 고가놀이*****에 매수한다.
- 오후 2시 반 이후나 종가 혹은 종가 근처에서 최대한 싼 가격에 매수한다.
- 가벼운 종목은 10% 수익, 무거운 종목******은 5% 수익이 났을 때 일괄 매도*******한다.
- 무손절을 원칙으로 손절하지 않을 종목만 매수하지만 세력이 이탈하면 팔아야 한다.
- 승률이 70% 이하일 경우에는 이익 모델을 변경해야 한다.
- 손익비********는 1:10으로 손해는 한 번으로 최소화하고 수익은 열 번으로 최대화한다.

여기서 잠깐!

* 턴어라운드(Turnaround): 넓은 의미로 적자에서 흑자로 전환되거나, 기업 회생, 가치 재평가 등으로 주가가 회생하는 경우.

** 세력주: 의도적으로 특정한 종목의 가격을 끌어올려서 이익을 남기기 위해 큰돈을 투자한 사람을 세력이라고 하며 세력의 영향에 의해 움직이는 주식을 세력주라고 한다.

*** 신용거래: 거래소 시장에서 거래 시 증권사에 일정한 보증금과 담보를 제공하고 '신용거래 융자' 또는 '신용거래 대주'를 받아 결재하는 거래를 말한다.

**** 눌림목: 상승세를 타고 있는 종목이 일시적인 하락세를 보이는 것.

***** 고가놀이: *장대양봉 후 주가가 빠지지 않고 그 위에서 형성되는 것. (*장대양봉: 봉의 길이가 긴 양봉.)

****** 가벼운 종목, 무거운 종목: 등락이 심한 주식을 가벼운 종목, 호재나 악재에도 주가의 변동이 크지 않은 종목을 무거운 종목이라 한다.

******* 일괄 매도: 분할하지 않고 한 번에 매도하는 것.

******** 손익비: 보상을 위해 얼마나 많은 위험을 감수하는지 계산한 값.

- 원칙을 어기고 이익이 나면 독이 되어 돌아온다. 자신을 질책하라. 원칙을 지켰는데 손실이 나면 장기적으로 이익이 된다. 자신을 칭찬해라.
- 매도나 손절을 조급하게 하면 수익을 극대화할 수 없다. 마음이 조급하면 **예약 매도***를 사용해라.
- 탐욕, 공포, 조급, 미련을 이겨야 한다.
- 봉보다 판을 봐라. 시야를 크고 길게 멀리 봐라.
- 매도 후 주식이 어떻게 움직이는지 관찰하여 실력을 향상시킨다.
- 주식시장 분위기가 좋지 않으면 잔고를 축소해라.
- **상장폐지****, **유상증자*****, **분식회계******, 횡령 등 돌발 악재는 언제든 일어날 수 있다는 것을 기억해야 한다.
- 동물적 느낌, 감, 촉이 올 때까지 많은 노력과 실전 경험을 쌓아야 한다.
- 이익 모델은 꾸준히 수정해서 최적화시켜야 한다.
- 시장 상황에 연연하지 말자. 주식시장은 참고 인내한 사람들에게 수익의 기회를 준다. 하락장에서 부진한 이익을 인내하면 상승장에서 큰 수익을 얻을 기회가 온다.
- 주식시장 3대 신념을 기억하자 1. 주식시장은 영원하며 반드시 추가 상승한다. 2. 살아만 있으면 반드시 기회는 온다. 3. 내가 산 주식의 99% 이상은 살아서 돌아왔고 반드시 10% 이상 상승한다.

성공 경험을 축적하면 뇌는 승리의 쾌감을 기억한다. 이익이 쌓여 투자한 금액의 2배가 되면 여유, 안도감이 생기고 실패해도 언제든지 재기가 가능한 실력이 남는다. 스스로 종목 선정을 할 수 있는 능력을 길러서 성공 경험을 축적해야 한다.

여기서 잠깐!

* 예약 매도: 미리 주문을 설정하여 특정 가격에 자동으로 매도되는 기능.

** 상장폐지: 주식이 매매 대상 적격성을 상실하여 상장 취소되는 것.

*** 유상증자: 기존 주주들에게 신규 발행되는 주식을 인수할 수 있는 권리를 배정하는 방식. 보통의 경우 주식 수가 증가해 주식 가치가 희석되어 기존 주주에게 악재로 인식된다.

**** 분식회계: 기업이 재무제표에 나타난 회사의 경영 실적을 좋게 보이기 위해 고의로 자산이나 이익 등을 크게 부풀려 회계장부를 조작하는 것.

⑤ 주식시장에서 살아남기 위한 양 날개

▪ 물살종(물려도 살아 나올 수 있는 종목)
살벌한 주식시장에서 살아남고 경제적 자유를 달성하기 위해 필요한 양 날개는 물살종(물

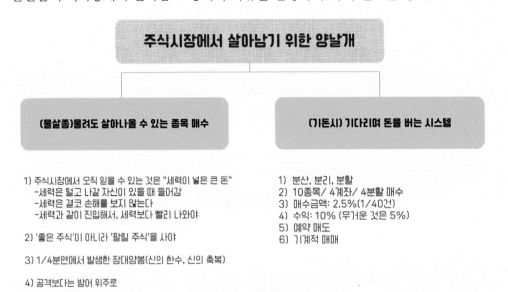

려도 살아 나올 수 있는 종목)과 기돈시(기다리면서 돈을 버는 시스템)라고 할 수 있다. 든든한 양 날개를 장
착한다면 손실 없이 돈을 차곡차곡 쌓으며 경제적 자유의 나라로 갈 수 있기 때문에 하나씩 자
세히 살펴보자.

　　물려도 살아 나올 수 있는 종목은 어떤 종목일까? 어떠한 경우라도 내가 산 가격보다 높은
가격에 팔 수 있다는 확신을 가질 수 있는 안전성이 높은 종목을 말한다. 매수 후 하락하더라
도 다시 상승한다는 확신을 가질 수 있어 손절매하지 않을 종목을 말하는 것인데, 이와 같은
종목은 주식시장에서 믿을 수 있는 보험금과 담보금이라 할 수 있는 '세력이 넣은 큰돈'으로
확인할 수 있다.

▪ 세력의 바른 이해

세력이 넣은 큰돈이 중요하다는 것은 알겠는데 여기서 세력이란 과연 무슨 뜻일까? 앞에서 짧게 세력주에 관한 설명을 했지만 세력에 대해 바로 이해하고 넘어가자. 세력이란 의도적으로 특정 종목의 가격을 끌어올려서 이익을 남길 목적으로 큰돈을 투자한 외국인, 기관, 큰손, 슈퍼개미, 초단타와 단타 군단 등을 총칭하여 상징적으로 쓰는 용어다. 외국인이나 기관이 세력 역할을 했던 경우는 2022년 3월에 안랩 주가가 폭등할 때 찾을 수 있다. 투자은행 제이피 모건이 안랩 주식 취득을 공시하여 안랩의 주가를 폭등시킨 적이 있는데, 이때 제이피 모건은 불과 며칠 만에 안랩 주식을 매도하여 큰 이익을 실현하고 빠져나오고 뒤늦게 진입한 개인 투자자들은 큰 손해를 보았다.

반대로 자금력이 있는 큰손이나 슈퍼개미와 같은 개인 투자자들도 세력 역할을 하기도 한다. 2021년 11월 11일에 엔씨소프트가 상한가를 기록한 적이 있는데 이때 슈퍼개미가 혼자서 3천억 원가량 주식을 매수해서 엔씨소프트라는 가격도 비싼 큰 종목을 상한가까지 끌어올린 적이 있다.

우리가 고려해야 할 또 다른 주체는 초단타와 단타 군단이다. 각각의 개인으로는 미약하다 할 수 있지만 주식시장의 상당 부분을 초단타와 단타 트레이더들이 차지하고 있어, 이들이 뭉쳤을 때는 굉장한 위력을 발휘한다. 메뚜기 한 마리는 위협적이지 않지만 메뚜기 떼가 모이면 하늘을 까맣게 덮듯이, 이들이 뭉쳤을 때 주가가 5% 올라갈 것이 10% 올라가기도 한다.

세력이 종목에 진입하면 본인들이 투입한 자금을 회수해야 하기 때문에 가격을 가능한 한 빨리 끌어올리려고 한다. 때로는 가짜 뉴스를 만들거나 테마를 형성하는데 이를 통해 시장의 주목을 받기 시작하고 많은 개인 투자자가 몰려 거래량이 폭발적으로 증가하며 가격 또한 폭등한다.

자금력, 판단력, 정보력 등에서 뛰어난 세력이 특정 종목에 진입할 때는 본인들이 팔고 나갈 수 있다는 자신감이 있을 때만 진입한다. 세력은 회수할 자신이 없는 곳에 수백억, 수천억을 투입하지 않기 때문에 세력이 큰돈을 넣었는지 확인하는 방법을 배운다면 물려도 살아 나올 수 있는 종목, 즉 손절매하지 않을 종목에 세력과 함께 진입해서 보다 빨리 수익을 내고 나오면 된다.

물살종에서 한 가지 더 기억해야 할 것은 좋은 주식이 아니라 팔릴 주식을 사야 한다는 것이다. 주식은 유통업이므로 물건의 가공 과정 없이 보유한 주식을 다른 사람에게 본인이 산 가격보다 비싼 가격에 넘겨야 한다. 2021년 1월 11일 삼성전자를 최고가였던 9만 6800원에 매수했다고 가정해 보자. 이 가격보다 더 높은 가격에 사줄 사람이 있어야 하는데 아무리 좋은 주식을 매수했다 하더라도 내 매수가보다 높이 사 줄 사람이 없다면 손실만 안겨 준다. 삼성전자, 네이버, 카카오 등 친숙하고 좋아 보이는 주식은 많지만 과연 팔릴 주식인지 집중하며 매수하는 것이 좋다.

▪ 기돈시(기다리면서 돈을 버는 시스템)

필자의 많은 실패와 성공 경험을 바탕으로 만든 비기, **기돈시 시스템**의 개념을 살펴보자. 우리는 기존 투자 방식에서 벗어나 새로운 시각으로 투자해야 한다. 콜럼버스가 달걀을 살짝 깨서 세운 것처럼 생각을 바꾸고 이치만 깨우치면 모든 것이 새롭게 보이는 순간이 온다.

기다리면서 돈을 버는 시스템(필살기)

축구구단	주식투자
선수가 아닌 구단주 입장	투자자가 아닌 자본주 입장
개인 플레이와 팀플레이 조화	개별 종목과 잔고 전체 조화
공격과 수비 균형	몰빵금지, 분할매수, 비중조절
우수 선수 영입	좋은 종목 선정
선수 영입 잘못	종목 선정 잘못
부상 선수 발생	급락 폭락 발생
선수 퇴출 (약물 중독 등)	상장 폐지 (적자, 횡령 등)
선수들 사기 저하	종목들 하락 지속
축구시장 침체	주식시장 침체
부상선수 회복시간 필요	원금 회복 시간 필요
다른 선수 활약 기대	다른 종목 이익 실현 기대
실점 최대한 축소	손절 최대한 축소
득점 누적	이익 누적
리그 잔류	주식시장 잔류
우수한 성적으로 시즌 종료	우수한 수익률로 연말 마감
이익을 지속적으로 내는 구단	이익을 지속적으로 내는 주식투자
재정자립 달성	경제적 자유 달성

기돈시 시스템은 축구 구단의 운영 방식과 공통점이 많다. 축구 구단주와 선수 입장이 다르듯이 주식시장에서도 자본주와 투자자의 입장이 다르다. 우리는 먼저 개별 주식 투자자 관점의 한계에서 벗어나 자본주의 입장으로 주식을 바라볼 수 있어야 한다. 개별 주식 투자자들은 보유 종목이 반토막 난 건지, 두 배가 됐는지와 같은 것에만 집중하다 보니 시장의 흐름을 놓치곤 한다. 자본주의 입장이 되면 전체를 보게 되는데, 바둑을 비유로 덧붙이자면 돌 하나하나에 집중하는 것이 아니라 판 전체를 균형 있게 볼 수 있게 되는 것이다.

한 명의 뛰어난 축구 선수가 팀의 승리를 이끌 수 없고 우수한 선수가 다양한 포지션에 위치해야 하듯이 하나의 종목에 집중하지 않고 분할 매수로 비중 조절하여 잔고가 조화를 갖추어야 한다. 선수 영입의 실수, 부상 선수 발생, 선수 퇴출, 사기 저하 등의 악재가 축구 구단에 미치는 영향처럼 종목 선정이 잘못되고 선택한 종목에서 급락, 폭락 심지어 상장폐지가 일어나면 계좌에 영향을 받는다. 축구에서 실점을 최대한 축소하고 득점을 누적해야 승리하듯이 손절은 최대한 축소하고 이익은 누적해야 한다. 축구 구단이 우수한 성적의 시즌 종료를 목표로 하는 것처럼 우리의 목표 또한 우수한 수익률로 연말을 마감하는 것이고 축구 구단을 운영한다는 생각으로 계좌를 운용하면 경제적 자유 달성을 이룰 수 있다.

⑤ 시장을 이기는 계좌 관리 및 이익 실현 방법

▪ 4분할 4계좌 매입 방법[지그재그]

기돈시의 기본 원리는 분산하고, 분리하고, 분할하는 것이다. 아무리 좋은 종목을 발견하더라도 내 생각대로 움직일 확률은 낮기 때문에 한 종목에 전부 투자하지 않고 10개의 종목으로 분할하여 4계좌에 나눠서 매수한다. 종목 또한 단번에 매수하는 것이 아니라 4번에 나누어서 10% 하락할 때마다 매수하여 위험을 낮춘다. 이 원칙을 지킨다면 한 번 매수 시 본인 운용 자금의 2.5%만 사용하게 되고 총 40번 나눠서 매수하게 된다. 필자가 오랜 경험을 통해 깨달은 바로는 10%의 수익이 단기 시장에서 이익을 극대화하고 복리의 마법을 최적화할 수 있는 수익률이라고 할 수 있는데 무거운 주식은 가파른 상승이 흔하지 않기 때문에 5%를 목표로 해야 한다. 주식이 계단식으로 천천히 오르고 내린다면 수익 실현이 쉽지만 벼락같이 상승했다가 벼락같이 하락하는 변동성이 높은 경우가 많고 탐욕과 공포에 의해 목표 수익률을 놓치는 경우가 많기 때문에 예약 매도를 사용하여 목표 수익률에 미련 없이 자동 매도한다.

　매수 후 -10%, -20%, 그리고 -30%, 점차적으로 하락하게 되면 공포에 질려 추가 매수하지 않는 경우가 있는데 공포의 벽을 넘어 기계적으로 매수해야지만 같은 종목에서 지속해서 수익을 내는, 즉 먹또먹(먹고 또 먹는) 전략도 실행할 수 있다.

　기돈시에 대하여 대략적으로 살펴보았으니 필자가 많은 시간과 돈을 투자하며 완성하여 며느리에게도 알려 주지 않은 기법이라고 소개한 적이 있는 계좌 관리 방법을 자세히 이해해 보자.

시장을 이기는 계좌 관리 및 이익실현 방법

4분할 4계좌 매입방법[지그재그]

종목수	제 1계좌		제 2계좌		제 3계좌		제 4계좌	
	매입순서	원매입가	매입순서	-10%	매입순서	-20%	매입순서	-30%
1	1	100	2	90	3	80	4	70
2	8	70	7	80	6	90	5	100
3	9	100	10	90	11	80	12	70
4	16	70	15	80	14	90	13	100
5	17	100	18	90	19	80	20	70
6	24	70	23	80	22	90	21	100
7	25	100	26	90	27	80	28	70
8	32	70	31	80	30	90	29	100
9	33	100	34	90	35	80	36	70
10	40	70	39	80	38	90	37	100
계	850		850		850		850	
평균	85		85		85		85	

　4분할 4계좌 방법은 지그재그 순서로 계좌를 운용하는 것으로, 계좌를 4개로 나누고 10개 종목을 4번에 나누어 매수하여 분산하고, 분리하고, 분할하는 전략이다. 종목을 매입하고 -10% 하락 시 매수, -20% 하락 시 또 매수, -30% 하락 시 매수하는데, 여기서 중요한 것이 지그재그 전략이다. 하락할 때마다 같은 계좌에서 물 타는 행위를 통해 평단가를 낮추는 것이 아니라 계좌를 분할하여 새로 매수하는 것인데 이해를 위해 예를 참고해 보자.

- **보유 계좌 예시: 키움증권, 삼성증권, 미래에셋증권, NH투자증권** (예시를 위해서 증권사를 나열한 것으로, 한 개의 증권사로 4계좌 개설이 가능하다.)

- **보유 종목 예시**(시가총액 상위로 나열)

1. 삼성전자	6. 삼성SDI
2. LG에너지솔루션	7. 삼성전자우
3. SK하이닉스	8. 현대차
4. 삼성바이오로직스	9. 기아
5. LG화학	10. Naver

한 개의 증권사에만 가입하여 4계좌 운용 전략이 가능하지만 이해를 돕기 위해 네 개의 증권사를 예시로 사용했다. 먼저 보유 계좌 4개 중 키움증권을 사용하여 삼성전자를 100원에 샀는데 -10% 하락해서 90원이 되면 제1계좌인 키움증권을 사용해서 90원에 물타기를 하는 것이 아니라 제2계좌인 삼성증권에서 90원에 매수한다. 이후 10% 추가 하락한 80원이 되면 제3계좌인 미래에셋증권에서 매수하고 마지막으로 추가 하락하여 70원이 되면 제4계좌인 NH투자증권에서 최종 매수한다.

이번에는 제4계좌인 NH투자증권을 열어서 100원짜리 LG에너지솔루션을 매수한다. -10% 하락한 90원이 오면 제3계좌인 미래에셋증권에서 매수하고, -10% 더 하락한 80원이 오면 제2계좌인 삼성증권에서 매수, 마지막으로 -10% 하락한 70원에 도달하면 제1계좌인 키움증권에서 최종 매수한다. 여기까지 정리하자면 첫 종목은 제1계좌에서 매수했지만 두 번째 종목은 제4계좌부터 매수하는 것이다. 그렇다면 세 번째 종목은 어떻게 매수해야 할까?

100원짜리 SK하이닉스 매수 시에는 다시 처음으로 돌아가서 제1계좌인 키움증권을 사용하여 100원에 최초 매수한 뒤 -10% 하락한 90원에 도달하면 제2계좌인 삼성증권에서 매수, 80원에 도달하면 제3계좌인 미래에셋증권으로 매수, 70원에 도달하면 제4계좌인 NH투자증권으로 최종 매수한다.

마지막으로, 삼성바이오로직스를 매수한다면 제4계좌인 NH투자증권부터 역순으로 매수하면 된다. 이렇게 4개의 계좌를 지그재그로 반복하다 보면 총 40번을 매입하게 되고 **모든 계좌가 보유한 종목의 평균단가가 85원으로 같아진다.** 번거로워 보이더라도 이와 같이 평균단가를 맞추게 되면, 시장의 급락이 나타나더라도 계좌를 방어할 수 있게 된다. 한 개의 증권사만 사용하여 4계좌 운용 전략을 사용해도 되고 두 개의 증권사를 사용해서 4계좌 운용 전략을 사용해도 되니 본인의 기호에 맞게 결정해도 좋다.

시장을 이기는 계좌 관리 및 이익실현 방법

50% 하락 시 손실규모

종목수	제 1계좌		제 2계좌		제 3계좌		제 4계좌	
	매입순서	원매입가	매입순서	-10%	매입순서	-20%	매입순서	-30%
1	1	-50	2	-40	3	-30	4	-20
2	8	-20	7	-30	6	-40	5	-50
3	9	-50	10	-40	11	-30	12	-20
4	16	-20	15	-30	14	-40	13	-50
5	17	-50	18	-40	19	-30	20	-20
6	24	-20	23	-30	22	-40	21	-50
7	25	-50	26	-40	27	-30	28	-20
8	32	-20	31	-30	30	-40	29	-50
9	33	-50	34	-40	35	-30	36	-20
10	40	-20	39	-30	38	-40	37	-50
계	-350		-350		-350		-350	
평균	-35		-35		-35		-35	

여기서 독자 여러분은 왜 굳이 4계좌를 사용해야 하는지에 대해 의문을 가질 수 있다. 4계좌는 시장이 폭락할 때 위력을 발휘하는데 코로나19 사태와 경기 침체를 겪었던 때처럼 시장이 50% 하락했을 경우를 가정해 보자.

50% 하락하는 시장에서 한 개의 계좌를 사용하는 대신 4계좌로 매수한다면 첫 번째로 매입한 삼성전자는 원매입가 100원에서 -50원 손실이 난다. 두 번째 계좌에서 매입한 삼성전자는 -40원 손실, 세 번째 계좌에서 매입한 삼성전자는 -30원 손실, 마지막 계좌에서 매입한 삼성전자는 -20원 손실이다. 이와 같이 지그재그 방식으로 10개의 종목을 매수한다면 계좌당 350원 손실이고 종목당 평균 손실액은 -35원이 된다. 시장이 50% 하락할 동안 우리 계좌는 -35%만 하락하여 시장 대비 15% 앞서 나갈 수 있다.

긴 하락장에서 많은 투자자가 경험해 봤듯이 시장이 1% 하락하면 보유 종목은 2~3% 하락하는 것이 태반이어서 시장이 20% 하락하면 우리 종목은 40% 손해가 나 있다. 4분할 4계좌 전략을 사용하면 시장이 반토막 나도 우리는 결코 심각한 손해 보지 않고 15% 유리한 상황을 만들 수 있다.

▪ 2분할 2계좌 매입 방법[지그재그]

시장을 이기는 계좌 관리 및 이익실현 방법

2분할 2계좌 매입방법[지그재그]

종목수	제 1계좌		제 2계좌	
	매입순서	원매입가 -30%	매입순서	-10% -20%
1	1	100	2	90
	4	70	3	80
2	6	90	5	100
	7	80	8	70
3	9	100	10	90
	12	70	11	80
4	14	90	13	100
	15	80	16	70
5	17	100	18	90
	20	70	19	80
6	22	90	21	100
	23	80	24	70

종목수	제 1계좌		제 2계좌	
	매입순서	원매입가 -30%	매입순서	-10% -20%
7	25	100	26	90
	28	70	27	80
8	30	90	29	100
	31	80	32	70
9	33	100	34	90
	36	70	35	80
10	38	90	37	100
	39	80	40	70
계	1700		1700	
평균	85		85	

2분할 또한 두 계좌로 10개 종목을 4번 나누어서 매수하는 전략이다. 4분할 4계좌를 설명할 때는 이해를 위해 4개의 다른 증권 계좌 사용을 예로 들었지만, 이번에는 편의를 위해 보편적으로 더 많이 사용되는 방식인 한 개의 증권사에서 2개의 계좌를 사용한다고 가정하여 설명해 본다.

키움증권 제1계좌로 삼성전자를 100원에 매수하고 제2계좌로 90원에 매수한다. 다시 제2계좌로 80원에 매수하고, 제1계좌로 70원에 매수한다.*

여기서 잠깐!

* 4계좌 혹은 2계좌 전략으로 매수했는데 종목이 하락하지 않으면 추가 매수하여 수익을 극대화하려는 것이 아니라 그대로 두고 다음 종목을 매수한다.

- 제1계좌: 100원 매수, 70원 매수 = 총 170원

- 제2계좌: 90원 매수, 80원 매수 = 총 170원

키움증권 제2계좌로 LG에너지솔루션 100원에 매수하고 제1계좌로 90원에 매수.
다시 제1계좌로 80원에 매수하고, 제2계좌로 70원에 매수한다.

- 제1계좌: 100원 매수, 70원 매수 = 총 170원

- 제2계좌: 90원 매수, 80원 매수 = 총 170원

시장을 이기는 계좌 관리 및 이익실현 방법

50% 하락 시 손실규모

종목수	제 1계좌 매입순서	원매입가 -30%	제 2계좌 매입순서	-10% -20%		종목수	제 1계좌 매입순서	원매입가 -30%	제 2계좌 매입순서	-10% -20%
1	1	-50	2	-40		7	25	-50	26	-40
	4	-20	3	-30			28	-20	27	-30
2	6	-40	5	-50		8	30	-40	29	-50
	7	-30	8	-20			31	-30	32	-20
3	9	-50	10	-40		9	33	-50	34	-40
	12	-20	11	-30			36	-20	35	-30
4	14	-40	13	-50		10	38	-40	37	-50
	15	-30	16	-20			39	-30	40	-20
5	17	-50	18	-40		계	-700		-700	
	20	-20	19	-30		평균	-35		-35	
6	22	-40	21	-50						
	23	-30	24	-20						

위의 표에서 나타나듯이 2계좌 전략을 사용하더라도 매입 단가는 85원이 되기 때문에 시장이 50% 하락해도 종목당 평균 -35원 손실로 시장을 앞서갈 수 있다.

▪ 분할 계좌 운용 원칙

지수* 50% 하락은 2008년 금융 위기 때와 2020년 코로나19 사태 때도 일어난 사건으로 10년에 한 번씩 주기적으로 찾아온다. 지수가 폭락하더라도 살아만 있으면 기회는 반드시 오기 때문에, 계좌 운용 방식만으로 지수보다 앞설 수 있는 전략을 사용하면 유리한 위치에 설 수 있다. 분할 계좌 전략 사용 시 반드시 지켜야 할 것은 **최초 매입 가격**에서 -10%, -20%, -30% 하락 시 철저히 분할 매수를 하는 것이지 추가 매수로 인해 낮아진 **평단가****에서 추가 매수하는 것이 아니다. 100원에 샀으면 10% 하락 시마다, 90원, 80원, 70원에 추가 매수해야지 95원으로 변한 평단가에서 10% 하락 시 추가 매수하는 것이 아니라는 뜻이다. -5%, -15%, -25%에 추가 매수하는 것도 원칙을 어기는 것이며, 10% 하락까지 기다리는데 -7%에서 도저히 떨어지지 않는다고 추가 매수해서도 안 된다. 기다리는 동안 필자의 좌우명 중 하나인 "기다려라, 또 기다려라, 죽도록 기다려라."를 명심하고 조급해하지 않길 바란다.

두 가지 계좌 운영 전략 중 **4분할은 계좌 안전성이 우수하고 2분할은 편의성이 우수하다.** 초보 투자자의 경우 4분할 계좌를 추천해 드린다. 사용에 익숙해지다 보면 요령을 부리고 싶은 마음이 생겨 3분할은 어떤지, 20종목 보유는 어떤지와 같은 다양한 질문을 많이 하는데 먼저 필자의 방법을 숙달, 통달하여 돈을 벌고 나서 응용하시는 게 좋다. ***

이익 실현은 분산된 각 계좌에서 10% 이상 수익이 났을 때 실현한다. 투자를 하다 보면 6~7% 수익에서 더 상승하지 않고 떨어질 것만 같은 느낌에 조급하게 매도할 때가 있다. 매도를 조급하게 하는 분은 **예약 매도****** 기능을 사용하고 쳐다보지 않는 것도 방법이다. 2배의

여기서 잠깐!

* 지수: 주가지수를 줄인 말로 증권시장에서 형성되는 주가 변동 상황을 종합적으로 나타내는 지표.

** 평단가: 평균 단가의 줄임말로 주식 하나당 얼마에 매입했는지를 나타낸다.

*** 다시 당부하지만 현금으로만 매매하는 것이 시간이 지날수록 최고라는 것을 알게 될 것이다. 혹시라도 신용을 사용해야 하는 상황이라면 2분할 계좌로 첫 번째와 두 번째까지는 현금으로 매수하고 세 번째, 네 번째 매수할 때 사용해야 한다.

**** 예약 매도: 미리 매도 주문을 설정하여 프로그램이 자동으로 주문 처리하는 기능. 모든 증권사가 제공하는 기능이다.

수익이 발생해도 매도를 못 하는 사람은 주식 가격이 하락하여 수익을 전부 반납하고 본전에 매도하기도 하는데 평생 이익 극대화를 위해 10% 이익에도 만족하고 더 확률이 높은 종목으로 갈아타면 된다, 종목이 없어서 못 사는 것이 아니라 돈이 없어서 못 사는 것을 명심하자.

분할 계좌 운용 전략은 10개의 종목을 4번 나누어서 매수하기 때문에 40개가 물레방아처럼 돌며 마법의 복리 법칙을 실현해 준다. 이익 실현이 반복되고 성공의 기쁨이 축적되면 뇌가 승리의 쾌감을 기억하여 장기적으로도 승리할 수 있는 투자로 이어지게 된다.

⑤ 종목 매수 후 주가 흐름

종목 매수 후 주가 흐름 이해가 중요하다. 단순하고 중요하지만 주가 흐름을 깨닫는 데까지는 필자도 많은 시간이 걸렸던 것 같다. 내가 사기만 하면 떨어지고 내가 팔기만 하면 주가는 다시 오르는 것 같았는데 오히려 주가가 오르고 내릴 때는 기다릴 수밖에 없다는 것을 인정하니 해결책이 보이기 시작했다.

아래의 표는 필자가 발상을 전환하여 주가 흐름을 있는 그대로 받아들이고 난 후 만든 표다.

종목 매수 후 주가 흐름

구분	바로 급등	고가 놀이	초단기 (1일~1개월)	단기 (1~3개월)	중기 (3~6개월)	장기 (6~12개월)	초장기 (1년 이상)
10% 이상 상승	✓						
0~10% 상승		✓					
0~▼10% 하락			✓	✓			
▼10~▼20% 하락			✓		✓		
▼20~▼30% 하락				✓	✓	✓	
▼30~▼50% 하락					✓	✓	✓
▼50% 이상 하락						✓	✓

우리는 내가 매수하면 내 주식이 강하게 상승하길 희망하는데 바로 급등하는 경우는 많지 않다. 보통 주식을 매수하고 나면 10% 하락하기도 하고 50%까지 하락하기도 한다. 한 달을 기다려야 하는 주식도 있고 1년을 기다려야 하는 주식도 있다. 필자가 수만 번 차트를 복습하며 연구해 보니 0~10% 하락하면 1개월 이내에 반등할 확률이 높았고 20%까지 하락하면 3개월, 50%까지 하락하면 12개월, 그리고 50% 이상까지 하락하면 다시 상승하는 데까지 1년 이상 걸리는 경우가 잦았다.

표에서 색깔이 짙게 표시된 곳에서는 상승하는 빈도가 높고, 옅게 표시된 곳에서는 상승하는 빈도가 낮다는 것을 표시했다. 주가는 10% 하락했다가 상승하기도 하고 50% 이상 하락했다가 다시 상승하기도 하는데 이런 모든 경우를 대비해서 우리는 반드시 **분산하고, 분할하고, 분리해야 한다.** 일부 종목이 50% 이상 하락하고 1년 이상 기다려야 하더라도 나머지 종목으로 티끌 모아 태산을 만들듯이 조금씩 불려 나가는 시스템이 필요하다.

⓪2

원바닥, 판바닥
개념 파헤치기

주식을 하며 바닥이라는 개념은 널리 쓰이고 있지만 **원바닥, 판바닥**은 필자가 주식 투자 경험을 통해 만든 용어이다. 전작에서 필자가 간단하게 용어를 설명하고 예시 차트도 1개만 사용하여 이해하기 어려웠다는 평이 있었고 많은 독자 여러분께서 더 자세한 설명을 원하셨기 때문에 기본서에서는 훨씬 더 자세하게 설명해 보려고 한다.

원바닥, 판바닥을 이해하는 것은 주식 투자를 함에 있어서, 특히 우리와 같이 기술적 분석을 통해 단기 투자를 하는 투자자에게는 굉장히 중요한 개념이다. 먼저 개념부터 정리해 보자.

- **원바닥**: 주가가 하락하다가 더 이상 하락하지 않는 수준까지 가게 된 것.

아무리 주가가 하락하더라도 더 이상은 내려가지 않는 곳을 원바닥이라고 한다. 여기서 잊지 말아야 하는 것은 주가가 일시에 하락을 멈췄다고 해서 원바닥이 되는 것은 아니고 하락을 시도하지만 여러 번 일정 가격대에서 최저 가격을 만들며 주가를 지켜 줄 때 원바닥이 만들어진다는 것이다.

원바닥은 주가의 상승 정도를 판단할 때 중요하게 쓰이는데, 그 이유는 막대한 물량을 보유한 세력은 본인이 매수한 가격대의 최소한 50~100%는 상승시켜야 보유한 물량을 팔고 나올 수 있기 때문이다. 세력과 함께 진입해서 세력보다 먼저 팔고 나오기 위해서는 세력이 바닥에서부터 주가를 어느 정도 올렸는지 가늠해야 안전하게 진입하고 세력보다 먼저 나올 수 있다. 또한 주가가 원바닥까지 하락하고 상당 기간 최저점을 지켜 주며 횡보하는 모습을 보이면 매수 기회로 삼아서 회전성과 수익성을 높일 수 있기 때문에 원바닥의 개념을 이해하는 것은 굉장히 중요하다.

⑤ 판바닥이란?

그렇다면 판바닥은 무엇일까? 주가를 보면 상승할 때 꼭 2배만 상승하는 것이 아니고 3배, 10배까지 상승하는 경우가 있다. 주가가 10배가 상승하더라도 쭉 상승만 하지 않고 하락과 횡보를 거치며 상승하는데, 이 과정에서 바닥은 꼭 한 번만 형성되는 것이 아니고 여러 번 형성된다. 바닥 중 원바닥 개념에만 묶이면 좋은 기회를 놓칠 수 있기 때문에 **판바닥**의 개념도 정리해 보자.

- 판바닥: 주가가 상승하고 하락할 때 일정한 기간 바닥을 만드는 것.

판바닥은 상승할 때 만들어지는 바닥에만 국한되지 않고 하락할 때 생성되는 바닥을 뜻하기도 한다. 원바닥과 판바닥을 혼동할 수 있는데 원바닥이 바닥 중 바닥으로서 가장 아래에 있는 바닥이라면 판바닥은 상승과 하락 중에 여러 번 생성되는 바닥이다. 오르막 계단이 있으면 내리막 계단이 있듯이 오르막 판바닥이 있고 내리막 판바닥이 있다. 구별하는 법은 뒤에서 차트로 차근차근 배워 보자.

⑤ 원바닥, 판바닥의 강도

매수 후 추가 하락하지 않는 바닥을 알고 있어야 적절하게 매수하고 매도할 수 있다. 바닥이 얼마나 강한지는 두 가지 기준으로 판단한다.

- 첫 번째: 바닥의 기간이 길수록 바닥의 강도는 세다.

한 달 동안 일정 가격대에서 횡보하며 만들어진 바닥보다는 두 달 동안 횡보하며 만들어진 바닥이 더 강하고, 두 달보다는 여섯 달 동안 만들어진 바닥이 강하다. 즉, 바닥이 만들어진 기간이 길면 주가가 추가 하락하지 않고 상승할 가능성이 더 크다.

• 두 번째: 여러 번 같은 가격을 찍고 반등할수록 바닥이 강하다.

한두 번이 아니고 다섯 번, 열 번, 백 번 같은 가격에 도달하고 다시 반등한다면 바닥의 강도가 세다고 판단한다. 뒤에서 자세히 차트와 함께 배우겠지만 **내리막 판바닥인 경우에는 고점에 도달하고 하락하는 도중에 고점 직전에 있는 일정한 바닥을 훼손하지 않고 계속 바닥을 형성해야 강하다.**

쉽게 풀어 설명해 보자면 주식이 상승할 때는 쭉 상승만 하는 것이 아니고 하락과 횡보를 거친다. 하락과 횡보를 하다 보면 일정한 가격대에서 추가 하락하지 않는 바닥을 형성하는데 이것을 판바닥이라고 한다. 예를 들어 삼성전자가 상승하다가 8만 원에서 멈칫하더니 7만 5천 원대까지 하락하고 다시 상승하여 8만 원으로 상승하는 것을 여러 번 반복하다 보면 7만 5천 원에서 8만 원 사이에 바닥이 생긴다. 일정 기간 동안 주가는 7만 5천 원과 8만 원 사이의 가격대에서 상승과 하락을 반복하는데, 어느 날 갑자기 호재를 만나 8만 원을 강하게 돌파하며 고점인 10만 원까지 도달하더니 다시 하락했다. 10만 원에 한 번 도달하고 하락하는 도중에 7만 5천 원에서 8만 원 사이에 있었던 판바닥에서 주가가 멈춰 준다면 판바닥이 강하다고 할 수 있지만 주가가 멈추지 않고 7만 5천 원보다 훨씬 아래로 하락한다면 판바닥이 약하다고 할 수 있다. 다시 말해 고점 직전에 만든 바닥보다 아래로 하락하면 지지가 무너진다고 판단하여 추가 하락할 수 있다는 것을 예상할 수 있다. 여러 판바닥이 있지만 내리막 판바닥은 특히 조심해야 한다. 설명만으로는 이해하기 어려울 수 있기 때문에 차트를 통해 하나씩 살펴보자.

⑤ 윈바닥: 최저점 도달 유형

윈바닥에도 여러 가지 다른 유형이 있는데 완벽하게 이해하도록 많은 차트와 함께 살펴보자.

전에 없던 저점, 즉 최저점에 도달한 주식이 있다. 이렇게 생성된 윈바닥의 경우에는 언제 바닥이 무너질지 모른다. 밑에 받쳐 주는 가격이 없고 이전에 같은 가격대에 도달해 본, 겪어 본 경험이 없기 때문에 이런 경우는 상대적으로 약한 바닥이다. 사례를 먼저 보자.

■ 강스템바이오텍 일봉

　　차트 왼쪽 상단을 보면 12,259원에 도달했던 가격이 계속 하락하여 2천 원대에 하락을 멈추고 횡보하고 있는 모습을 보인다. 다시 말해 노란 점선에서 원바닥을 형성하고 있는데 과거 차트를 전체적으로 보기 위해 월봉 차트를 확인해 보자.

■ 강스템바이오텍 월봉

　　월봉 차트로 보면 최대 19,679원까지 도달했던 종목이 2천 원 수준까지 하락했다. 지금 도달한 2천 원은 이전의 모든 지지를 깨고 새로운 바닥을 형성한 것이기 때문에 상대적으로 약할 수 있다. 고점 대비 충분히 하락한 것 같고 횡보 기간도 있었기 때문에 이제는 상승할 것이라는 생각에 매수해 보고 싶겠지만 이렇게 전에 경험해 본 적 없는 가격에 도달한 바닥은 어디까지 하락할지 가늠할 수 없기 때문에 더욱 조심해야 한다. 다음 차트에서 원바닥에서 횡보하다가 어떻게 되었는지 살펴보자.

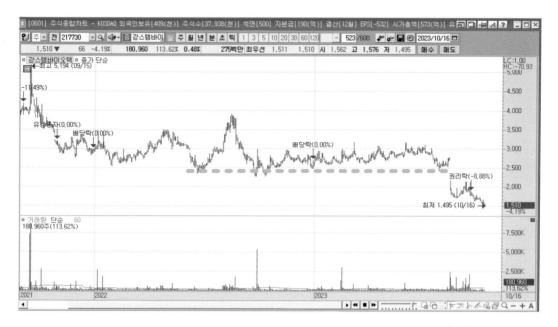

■ 강스템바이오텍 일봉

고점에서 충분히 하락하고 오랜 기간 횡보하였지만 차트 오른쪽을 보면 2천 원대의 원바닥을 깨고 천 원대까지 하락한 것을 볼 수 있다. 원바닥은 주가가 하락하다가 더 이상 하락하지 않도록 지지해 주기 때문에 매수 근거를 제공하지만 **전에 없던 저점에 도달하여 만들어진 원바닥은 언제 바닥이 무너질지 모르는 모래성과 같아서 잘못 진입했다가는 투자금을 위험에 노출시킨다.** 원바닥을 딛고 상승하는 종목을 앞으로 많이 살펴보겠지만 원바닥을 무작정 맹신하다가는 크게 당할 수 있기 때문에 위험한 유형부터 공부하는 것이 좋다. 원바닥을 맹신하는 것보다는 원바닥의 강도를 파악하여 종목을 선택해야 모래성처럼 한순간에 무너지는 종목에 당하지 않을 수 있다. 다음 차트를 살펴보자.

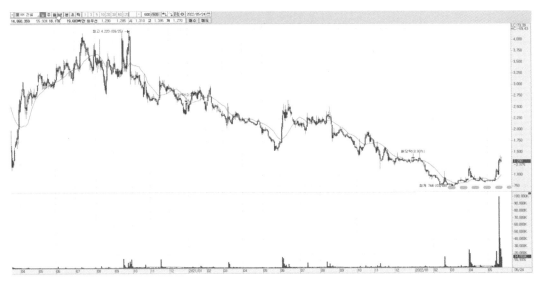

▪ KH 건설 일봉

일봉으로 확인해 보니 4,220원까지 상승했던 주가가 744원까지 하락하고 노란 선에서 바닥을 형성하고 있는 모습이다. 차트 오른편을 보니 바닥을 딛고 상승하는 모습을 보이는데 진입해도 괜찮을까? 월봉도 함께 확인해 보자.

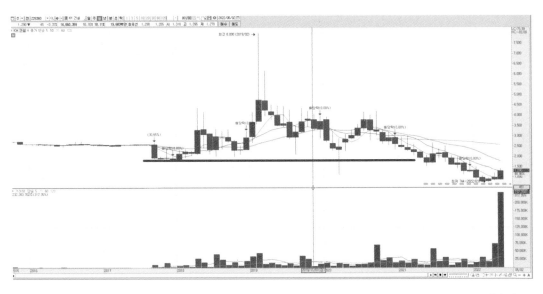

▪ KH건설 월봉

월봉 차트로 과거의 주가를 확인해 보면 빨간 선으로 표시된 지지를 무너뜨리고 노란 점선

지점까지 하락한 모습을 볼 수 있다. 일봉 차트에서 다시 상승하는 모습이 보이더라도 전에 없던 저점에 도달해 있기 때문에 언제든지 하락하여 노란 점선을 훼손할 가능성이 있다고 생각해야 한다. 최저점에서 바닥을 만들고 반등하던 종목은 이후에 어떻게 되었을까? 월봉으로 살펴보자.

■ KH건설 월봉

　　노란 점선에서 바닥을 만들고 월봉상에서도 장대양봉을 만들며 상승했지만 결국에는 점차적으로 하락하다가 상장폐지 위기에 처하며 거래 정지된 모습이다. 본질적으로는 KH그룹이 연결 재무제표에 대해 감사 의견 거절을 받으며 상장폐기 위기에 처하며 거래 정지가 된 것이지만 기술적 분석으로 보았을 때 전에 없던 원바닥에 도달한 주가는 횡보 기간과 관계없이 언제든지 하락할 수 있다는 원바닥의 속성을 기억한다면 이런 사태도 미연에 방지할 수 있다. KH그룹 상장사 5곳 모두 상폐 위기에 처했는데 소액주주가 18만 명이나 투자했다고 알려져서 개인 투자자의 손실 우려가 크다. 주식은 위험 자산이란 것을 인지하며 모래성과 같은 원바닥이 만들어진다면 위기의식을 가지고 멀리하여 미리 손실을 방지해야 한다. 다음 차트도 살펴보자.

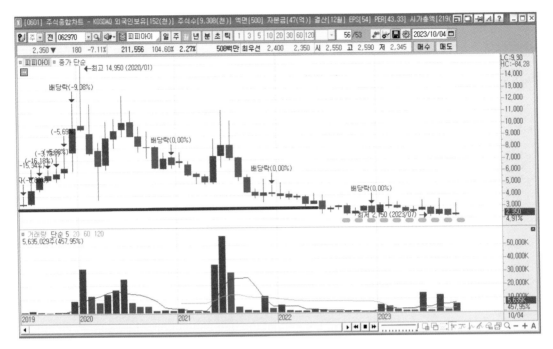

　　월봉을 보면 상장 초기의 가격보다 상당히 많이 하락한 상태이다. 상장 후 오랜 기간 동안 상승과 하락을 거치다가 결국 이전의 바닥 지점인 빨간 선까지 하락했는데 결국 빨간 선을 깨고 추가 하락했다. 하락한 주가는 노란 점선에서 원바닥을 만들며 횡보하는 모습을 보이지만 새로운 저점을 만들고 있기 때문에 추가 하락할 가능성이 크다. 물론 전에 없던 저점에 도달해도 횡보 기간을 거친 후 반등할 가능성 또한 있지만 반등할 것을 기대하고 하락할 가능성이 큰 주식에 미리 진입해서 기다리거나 가격이 싸다고 마구잡이로 매수해서도 안 된다. 매수 전에 반등할 가능성이 큰지 눈으로 직접 확인하고 결정해야 높은 승률로 투자할 수 있다는 것을 잊어서는 안 된다. 다음 차트도 살펴보자.

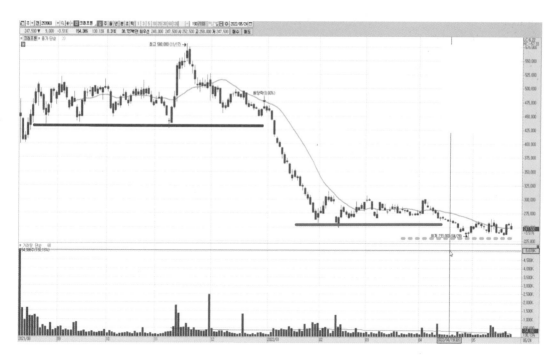

■ 크래프톤 일봉

    빨간 선에서 만들어진 바닥이 훼손되고 이후 계속 하락하다가 파란 선에서 잠시 하락을 멈추었다. 가파르게 주가가 하락했고 파란 선에서 횡보하는 기간 동안 상승하는 모습도 보였기 때문에 이제는 반등하나 싶어 매수하는 투자자들이 많지만 차트에서 확인할 수 있듯이 추가 하락하여 노란 점선까지 하락했다. 원바닥을 계속 하향 조정하면서 내려오는 이와 같은 경우에는 반등하는 것이 쉽지 않으며 과거에 같은 가격대에 도달해 본 적 없기 때문에 잠시 만들어진 바닥이 무너지면 어디까지 하락할지 알 수 없다. 물론 횡보하다가 상승할 가능성도 있지만 확실한 매수 근거를 찾기 전에는 함부로 진입하지 말아야 한다는 것을 기억하자. 노란 점선 이후의 차트를 살펴보자.

전에 없던 저점인 노란 점선에서 횡보하는 모습을 보였지만 장대음봉과 함께 추가 하락하더니 결국 초록 점선까지 하락했다. 고점 58만 원에서 20만 원, 15만 원대까지 하락했고 초록 점선에서 횡보하는 기간에 증권사들이 크래프톤의 주가 전망을 긍정적으로 평가하며 목표 주가를 줄상향했기 때문에 저점을 지켜 주는 모습을 보면 진입하고 싶어 하는 투자자가 많다. 하지만 전에 없던 저점에 도달하면 언제든지 추가 하락할 가능성이 크다는 것을 기억하고 섣불리 진입해서는 안 된다.

지금까지는 **전에 없던 저점**에 도달하고 **추가 하락**한 원바닥의 경우를 찾아봤는데 이번에는 **과거에 반등을 경험한 저점**까지 다시 하락하여 **바닥이 상대적으로 강한** 차트를 살펴보자.

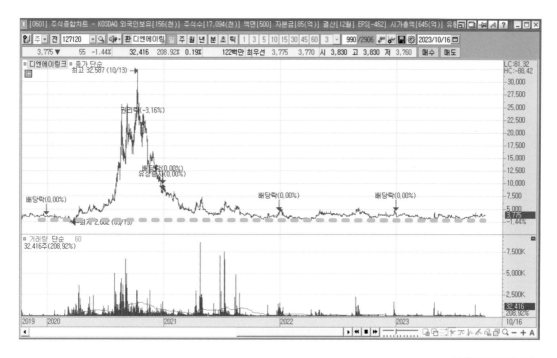

■ 디엔에이링크 일봉

과거의 바닥 지점까지 도달하여 원바닥을 다시 만들면 상대적으로 강한 모습을 보이는데 위의 차트는 과거의 원바닥과 동일한 가격대에서 장기간 바닥을 형성하고 있다. 차트 왼편에 위치한 과거 주가 흐름을 보면 노란 점선 위에서 원바닥이 형성되며 횡보하다가 이후 가파르게 상승하여 최고 32,000원대까지 도달한 것을 확인할 수 있다. 최고점에 도달한 주가는 이후 하락하다가 다시 상승 전 위치로 돌아온 모습을 보여 주고 있는데 주가는 특정 가격대에 바닥이 한번 형성되면 같은 가격대에서 지지되는 성질이 있기 때문에 이와 같이 과거 원바닥과 같은 자리에 다시 원바닥이 오랫동안 형성되면 의지할 바닥이 있어 상대적으로 반등의 여지가 상당히 강하게 있다. 이와 같은 차트는 거래량을 동반한 장대양봉이 원바닥을 딛고 상승할 때 매수를 고려해 볼 수 있다는 것을 기억하자. 다음 차트도 살펴보자.

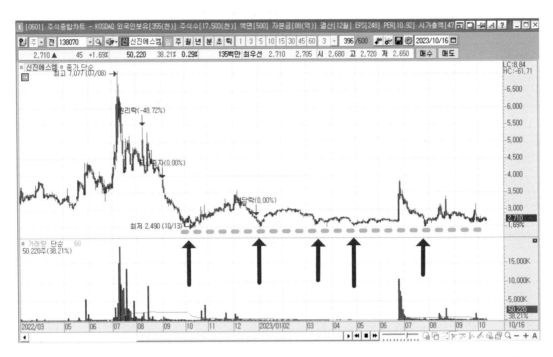

■ 신진에스엠 일봉

　　과거에 주가가 최대 7천 원까지도 도달했지만 가격이 점진적으로 붕괴되고 결국 2,500원 수준까지 하락한 것을 볼 수 있다. 원바닥을 장기간 형성하고 있는 노란 점선 아래의 빨간 화살표를 보면 이 주식은 2,500원 수준에 도달하면 다시 반등해 주는 모습을 보여 주고 있는데 만약 대량 거래량을 동반하여 원바닥을 붕괴하는 장대음봉이 만들어지며 하락한다면 어디까지 주가가 떨어질지 모르는 상황이 나온다. 하지만 반대로 대량 거래량을 동반한 장대양봉이 원바닥을 딛고 상승하는 것을 발견한다면 우리에게 진입의 기회를 준다. 이번에는 월봉 차트를 확인해 보자.

■ 신진에스엠 월봉

　월봉 차트를 보니 차트 왼편에 있는 상장 초기 시점부터 2,500원대에서 강한 바닥을 형성하고 있어서 저점을 여러 번 지키고 있는 것을 확인할 수 있다. 코로나19 사태로 인해 세계적 주가 하락이 있던 파란 화살표에서는 예외적으로 2,500원대에서 만들어진 원바닥을 붕괴하고 1,400원대까지 하락한 모습을 찾아볼 수 있는데 다시 원바닥 수준까지 회복하여 상승과 하락을 반복하는 것이 확인된다. 코로나19 사태와 같은 특수한 상황이 아니라면 과거부터 여러 번 2,500원대까지 하락하고 반등의 기회를 모색하고 있기 때문에 관심 종목에 넣고 움직임을 예의 주시하고 있다가 대량 거래량을 동반한 장대양봉이 만들어질 때 진입을 고려해 볼 수 있다. 다음 차트를 살펴보자.

• EG 월봉

　월봉 차트로 과거를 확인해 보면 차트 왼편에서 노란 점선으로 표시된 6천 원대에 원바닥이 형성되어 잦은 상승을 보여 준 것을 알 수 있다. 하락과 횡보를 오랜 기간 거치더니 차트 왼편에 있는 빨간 화살표가 가리키는 곳에서는 최대 8만 7천 원까지 강하게 상승했다가 계속 하락했다. 차트 오른편을 보면 노란 점선으로 표시된 원바닥에서 하락을 멈추고 오랜 횡보를 하더니 3만 원대까지 상승하는 모습을 보여 주었는데, 더 버틸 곳이 없는 최저점 도달 유형에서 형성된 원바닥과는 다르게 과거 저점이 형성된 곳에서는 횡보 후 반등 모습을 보여 준다는 것을 알 수 있다. 다음 차트에서는 원바닥 위치를 확인한 후 실제 매수할 때 수익 기회를 어떻게 찾는지 차트를 확대해서 살펴보자.

■ 일동제약 일봉

　　최고 79,500원까지 도달했던 종목이 하락하다가 빨간 화살표에서는 15,000원대까지 가격
이 붕괴되었다. 노란 점선을 따라서 차트 왼편을 보니 일봉으로만 확인해 보아도 과거 15,000
원대에서 오랜 기간 횡보하며 강한 원바닥을 만든 것을 볼 수 있는데 이런 종목은 전에 만들어
진 원바닥 지점까지 다시 하락하는 것을 기다렸다가 바닥을 딛고 상승하는 장대양봉을 보고
진입한다면 좋은 결과를 얻을 수 있다. 일봉 600일에서는 과거 원바닥의 위치를 확인할 수 있
지만 정확한 매수 타점을 찾기 어렵기 때문에 이번에는 빨간 화살표 부분을 확대해서 수익 기
회를 찾아보자.

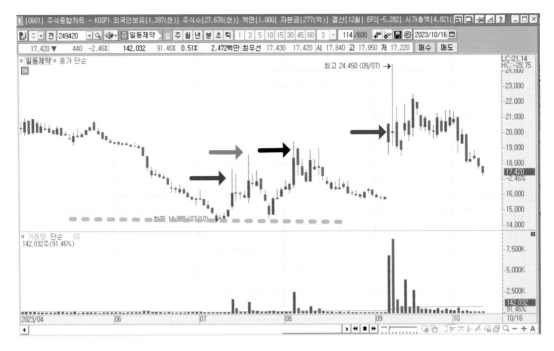

■ 일동제약 일봉

15,000원대인 노란 점선에서 바닥을 만들고 반등하더니 빨간 화살표에서 160만 주의 거래량이 발생하며 장중 17%까지 상승하고 종가를 7%로 마무리했다. 바닥을 딛고 상승하는 장대양봉이 만들어졌기 때문에 이날 종가에 진입한다면 4거래일 만에 파란 화살표에서 만들어진 장대양봉과 함께 수익 실현을 할 수 있다. 물론 빨간 화살표에서 장대양봉이 만들어지기 전날에 조그만 양봉이 만들어졌기 때문에 더 낮은 가격에 진입하고 싶은 생각이 들겠지만 거래량을 동반하지 않은 채 만들어진 양봉은 언제 하락할지 모르기 때문에 빨간 화살표와 같은 장대양봉을 기다려야 한다. 비싸게 사서 더 비싸게 파는 것이 수익성과 회전성 모두 높다는 것을 잊지 말자. 파란 화살표에서 장대양봉이 만들어지고 하락했지만 다시 원바닥인 노란 점선을 딛고 상승했는데 검은 화살표에서 한 번 더 대량 거래량을 동반한 장대양봉이 만들어졌다. 이때는 240만 주의 거래량이 발생하며 장중 최고 19%까지 상승했다가 종가를 12%로 마무리했는데 이때도 바닥을 딛고 거래량을 동반한 장대양봉이 만들어졌으므로 종가에 진입했다가 튼튼한 바닥을 믿고 진득하게 -10% 하락할 때마다 추가 매수하며 기다리고 있으면 보라 화살표와 같은 자리에서 한 번 더 수익 실현할 기회를 준다. 이와 같이 원바닥을 이해하고 투자한다면 승률 높은 투자를 꾸준하게 이어 갈 수 있다.

같은 원바닥이라도 저점에 도달한 적이 없어 무너질 확률이 더 높은 원바닥이 있고, 반등한 경험이 있는 과거의 저점까지 다시 내려가 횡보하며 버티는 확률이 더 높은 원바닥이 있다. 하지만 과거 저점 반등 유형의 확률이 최저점 도달 유형보다 높다는 뜻이지 무조건 반등할 것이라고 맹신해서는 안 되고 좋은 원바닥을 발견하더라도 최종 매수, 매도에는 다양한 결정이 들어가야 한다. 원바닥의 다른 유형도 찾아보자.

⑤ 원바닥: 판바닥 혼동 유형

일봉이나 주봉으로 보면 원바닥이 명확한데 월봉으로 보면 사실 판바닥이었던 경우가 있다. 더 하락하지 않을 원바닥이라고 단정하여 매수했다가 크게 당할 수 있기 때문에 판바닥 혼동 유형을 익혀 보자.

■ 테라젠이텍스 주봉

독자 여러분이 매수할 종목 선정을 위하여 일봉, 주봉 차트를 확인하는 상황이라고 가정해 보자. 주봉 차트를 보니 노란 점선 부근에서 긴 시간 횡보하며 원바닥이 형성되고 있는 것을 알 수 있다. 특정 가격대를 지켜 주며 반등하는 모습을 보이는데 단단한 원바닥이 만들어진 것 같으니 매수해도 되는 것일까? 힘들게 모은 돈으로 매수 버튼을 누르기 전에 월봉에서는 어떤 모습일지 먼저 확인해 보자.

■ 테라젠이텍스 월봉

월봉에서 확인해 보니 노란 점선 부근이 더 위쪽에 위치하여 사실 원바닥이 아닌 판바닥이 었다는 것을 알 수 있고 빨간 선으로 표시된 더 아래쪽에 진짜 원바닥이 있다는 것이 확인된 다. 이 종목은 노란 점선이 오랜 기간 강한 바닥으로 형성되어 하락하다가도 반등하는 모습을 보여 주고 있지만 과거에 더 낮은 가격에서 바닥이 만들어진 적이 있기 때문에 언제든지 빨간 선으로 표시된 원바닥까지 하락할 가능성이 있다는 것을 염두에 두고 있어야 무작정 매수하 지 않게 된다. 바닥이라고 다 똑같은 바닥이 아니고 조금 더 단단한 바닥이 있다는 것을 기억 한다면 불필요한 손실을 방지할 수 있다. 혼동하기 쉬운 경우니 다른 차트에서도 찾아보자.

일봉으로 확인하면 노란색 점선으로 표시된 2,600원 원대에서 원바닥이 만들어진 것으로 보인다. 흔히 주가의 흐름을 확인할 때면 일봉을 축소해서 전체적인 모습을 확인하고 월봉을 확인하지 않는다. 하지만 일봉은 하루 동안의 주가 움직임을 하나의 막대기로 표현한 것이고 월봉은 한 달 동안의 주가 움직임을 하나의 막대기에 담은 것이기 때문에 월봉으로 확인해야 장기적인 관점으로 주가를 바라볼 수 있다. 일봉으로 보면 고점에서 하락한 후 횡보 기간을 길게 가지고 있는 노란 점선이 원바닥일 것이라는 확신이 들어서 추가 하락하지 않을 것이라는 본인만의 확신을 가지게 된다. 월봉도 확인해 보자.

■ 세운메디칼 월봉

    월봉으로 확인해 보니 노란 점선으로 표시된 곳에 바닥이 만들어져 있지만 초록 점선으로 표시된 2천 원대 초반에도 바닥이 있다는 것을 확인할 수 있다. 초록 점선의 왼편을 보면 천 원 밑으로 하락하여 가격이 형성된 과거도 있는데 일봉으로는 이와 같은 과거를 확인하기 어렵다. 하락할 가능성이 크다는 것을 인지하고 있다면 하락 시 추가 매수하는 게 부담되지 않지만, 바닥을 제대로 구분하지 못한다면 하락했을 때 언제까지 하락할지 모른다는 공포심 때문에 좋은 추가 매수 기회를 놓칠 수가 있다. 완벽하게 이해하기 위해 다른 주식을 하나만 더 살펴보자.

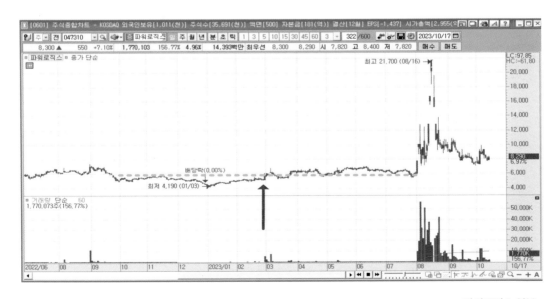

■ 파워로직스 일봉

차트를 보니 4,190원까지 하락했던 종목이 21,700원까지 폭등했다. 빨간 화살표와 같은 자리에서 미리 매수했다면 좋은 수익 기회가 많은데 이런 것은 어떻게 찾는 것일까? 빨간 화살표가 가리키는 차트를 확대해서 살펴보자.

■ 파워로직스 일봉

빨간 화살표가 가리키는 곳을 보면 이날 530만 주의 거래량이 발생하며 장대양봉과 함께 횡보 구간을 돌파했는데 장중 18%까지 상승했다가 종가를 10%로 마무리했다. 이런 상황에서 진입해도 되는지 어떻게 판단할 수 있을까? 월봉을 살펴보자.

노란 점선이 이전 차트에서 장대양봉이 만들어져서 진입을 고려하는 가격대인데 월봉으로 보니 오랜 기간 동안 가격을 지켜 주며 상승과 하락을 반복하는 모습이 확인된다. 차트 왼편을 보면 1,255원까지 하락한 적이 있지만 세계적인 금융 위기로 인해 모든 주식이 대세적으로 하락했기 때문에 예외로 삼아야 하고 진짜 원바닥은 3천 원대인 검은 점선에서 장기간 만들어지는 것을 알 수 있다. 월봉으로 확인해도 판바닥인 노란 점선과 원바닥인 검은 점선이 비슷한 선상에 있기 때문에 원바닥이 어디인지 혼동되기 쉽다. 하지만 중요한 사실은 주가가 하락하다가도 검은 점선을 딛고 상승하거나 노란 점선을 기준으로 오랜 기간 반등과 하락을 이어 가는 것이 확인되기 때문에 노란 점선 위에서 대량 거래량이 발생한 장대양봉이 만들어지면 종가에 진입해 볼 수 있고 혹시나 노란 점선을 깨고 하락하더라도 우리는 검은 점선의 존재를 알고 있기 때문에 2차 매수하여 보유 수량을 더 확보할 수 있다. 만약 노란 점선이 원바닥인 줄 알고 매수하였다가 하락한다면 어디까지 하락할지 모른다는 생각에 쉽게 손절하게 되고 하락 시 추가 매수하기도 두려워지기 때문에 일봉, 주봉, 월봉으로 가격대를 면밀하게 관찰하며 가격대를 지지해 주는 바닥을 찾는 것이 중요하다. 일봉에서 살펴보자.

　월봉에서 두 개의 바닥이 오랜 기간 동안 만들어진 것을 확인했기 때문에 차트 왼편에서 장대양봉이 발생했을 때 종가에 진입했다가 10% 자동 매도를 설정해 놓으면 파란 화살표에서 나도 모르게 수익 실현을 하게 해 준다. 이익을 실현한 후에도 차트 오른쪽을 보면 거래량을 동반한 장대양봉이 만들어졌는데 이날만 980만 주의 대량 거래량이 발생했기 때문에 세력과 함께 진입해서 세력보다 먼저 나오는 전략을 사용하게 되면 여러 번의 수익 기회를 잡을 수 있다. 만약 일봉 차트로 주가를 확인하다가 하락으로 인해 저점에 도달한 모습을 발견한다면 먼저 월봉, 주봉 차트로 과거에 같은 가격에 원바닥이 형성된 적이 있는지 확인하고, 그다음에는 바닥을 딛고 과거에도 장대양봉과 함께 반등한 적이 있는지 확인해 놓으면 대량 거래량과 함께 장대양봉이 만들어질 때 세력과 함께 진입하여 수월하게 수익을 거둘 수 있다. 위의 차트를 보면 차트가 횡보할 때 미리 저점에서 매수해 놓았다가 주가가 힘 있게 상승할 때 고점에서 마음 편하게 매도하고 싶은 생각이 들 수 있을 것이다. 하지만 언제 상승할지도 모르는 주식에 미리 들어가서 기다리면 자금 회전성에 문제가 생기므로 대량 거래량과 함께 바닥을 딛고 상승하는 장대양봉과 함께 진입해야 한다.

⑤ 윈바닥: 바닥 딛고 상승 유형

원바닥의 유형에 대해서 배우고 있는데 수익을 내려면 결국 주가가 상승해야 한다. 바닥을 딛고 상승하는 유형은 어떻게 찾을 수 있을까? 원바닥을 딛고 상승하는 경우는 판바닥을 딛고 상승하는 경우보다 더 신뢰성이 높다. 다양한 사례를 보며 수익 실현에 한 걸음 더 나아가 보자.

• SK디앤디 월봉

차트의 왼편부터 살펴보자. 65,700원까지 도달했던 종목이 하락하였는데 당시 원바닥 역할을 했던 노란 점선을 따라서 주가가 지지되며 긴 시간 횡보했다. 2만 원대에서 특히 강하게 지지해 주는 모습을 보이는데 빨간 화살표에서는 코로나19 사태의 특수한 상황으로 잠깐 2만 원 아래로 하락하는 모습을 보여 주었지만 다시 주가를 회복하는 모습을 볼 수 있다. 월봉으로 2만 원대에서 강하게 지지하는 모습을 보여 주었기 때문에 빨간 네모 안에서 대량 거래량을 동반한 장대양봉이 2만 원대에 등장하면 바닥을 믿고 진입할 수 있다. 일봉을 살펴보자.

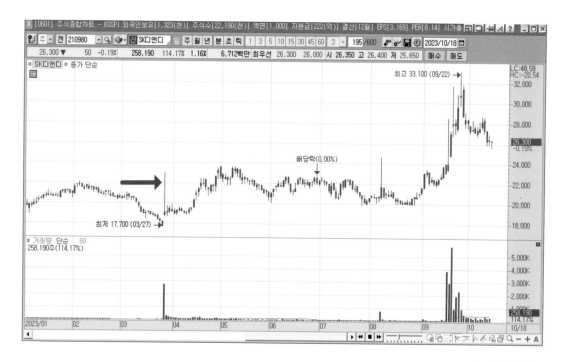

■ SK디앤디 일봉

    월봉에서 2만 원대의 강한 바닥을 확인했기 때문에 2만 원을 붕괴하는 것을 기다렸다가 장대양봉과 함께 다시 2만 원을 돌파하는 모습을 보일 때 진입하면 된다. 빨간 화살표에서 270만 주가 거래되며 상한가까지 도달했다가 긴 꼬리를 달면서 종가를 7%로 마무리했는데, **저점에서 만들어진 긴 꼬리**는 우리에게 **기회**를 주기 때문에 이후에 바로 상승하지 않더라도 매수하고 기다리면 이후 많은 수익 기회를 주었다는 것을 알 수 있다. 바닥이 2만 원대에서 견고하게 만들어져 있다는 것이 확인되었고 하락했다가도 다시 2만 원을 돌파하는 신뢰성이 높은 거래량을 동반한 장대양봉이 만들어졌기 때문에 자신 있게 진입해서 수익을 얻을 수 있다. 같은 방식으로 수익 기회를 주는 다른 차트를 한 개 더 살펴보자.

▪ 티피씨글로벌 일봉

노란 점선을 따라서 보니 2,500원에 도달하기만 하면 반등해 주는 모습을 찾을 수 있다. 하지만 빨간 화살표를 보니 2,500원 아래로 하락한 적이 있는데 가격을 견고하게 지지해 줄 것이라고 믿었던 노란 점선을 깨고 하락하면 마음이 불안해져 손절해야 하는 것이 아닌가 하는 생각이 든다. 과거 차트를 복습할 때면 대수롭지 않게 생각되지만 미리 매수하여 보유하고 있던 투자자 입장에서는 투자금이 매일 위아래로 움직이기 때문에 마음이 불안해진다. 이런 상황에서는 전체적인 흐름을 보며 바닥을 찾아야 한다. 월봉 차트를 살펴보자.

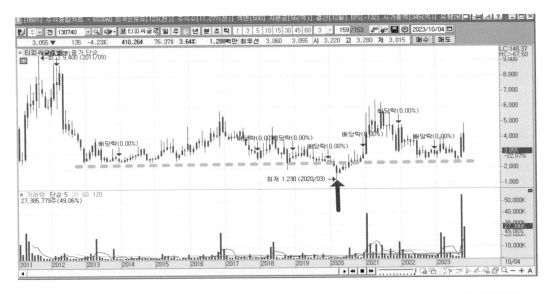

▪ 티피씨글로벌 월봉

월봉 차트를 보니 이 종목은 오랜 기간 2,500원 가격대에서 가격이 방어되며 반등해 주는 모습을 찾을 수 있다. 물론 빨간 화살표에서 코로나19 사태로 인해 비정상적으로 하락하는 모습이 있었지만 전체적인 흐름을 볼 때 2,500원에서 강한 바닥이 만들어진 것이 확실해 보인다. 마지막으로 다시 일봉 차트에서 확인해 보자.

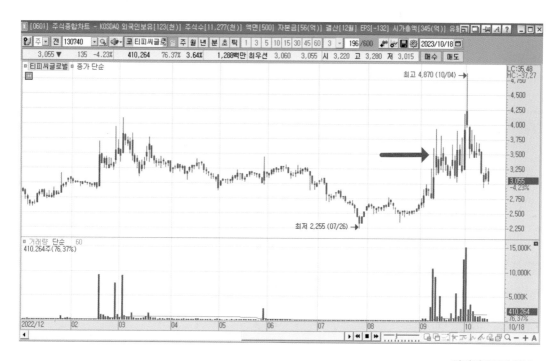

■ 티피씨글로벌 일봉

월봉에서 2,500원대에 강한 바닥이 만들어져 있다는 것이 확인되었기 때문에 우리는 2,500원을 깨고 하락할 때 미리 진입할 필요가 없다. 애매하게 2,500원을 다시 복구할 때도 들어가서는 안 되며 오로지 대량 거래량을 동반한 빨간 화살표와 같은 자리에서만 진입하면 된다. 이날만 천만 주의 거래량이 발생하며 바닥을 딛고 상승했는데 이때도 장 초반에 들어가는 것이 아니라 종가까지 기다렸다가 차분하게 매수하면 손쉽게 수익을 가져갈 기회가 많이 있다. 바닥 부근이라고 언제 반등할지도 모르는 주식에 미리 들어가서 마음 흔들리지 말고 항상 거래량을 동반한 장대양봉을 눈으로 확인하고 진입해서 수익성과 회전성을 높이자. 원바닥을 딛고 상승하는 유형은 수익을 손쉽게 안겨 주는 유형이기 때문에 마지막으로 한 개만 더 살펴보자.

■ 본느 일봉

1,500원대인 노란 점선을 기준으로 주가가 파도치듯이 상승과 하락을 반복하는 것을 발견할 수 있다. 이런 차트를 보면 과연 바닥을 딛고 상승할 수 있을까 하는 생각이 들 것이다. 일봉 차트 하나만 확인하고 답을 구하기 어렵고 과거의 주가 흐름을 파악한다면 좋은 기회를 손쉽게 잡을 수 있다. 월봉 차트를 살펴보자.

■ 본느 월봉

월봉을 보니 노란 점선에서 1년가량 횡보가 있었고 과거 2018년 경제 위기와 2020년 코로나19 사태에 급격하게 하락할 때도 1,600원대를 지켜 주는 모습이 있었다. 바닥을 확인했으니 일봉에서 실제 매수하는 시점을 찾아보자.

■ 본느 일봉

우리는 월봉을 통해 견고한 바닥을 확인했으니 관심 종목에 넣어 놓으면 된다. 파란 네모 안에서는 1,500원 이상 상승하는 모습도 보이지만 이런 차트에서는 언제 상승할지 모르기 때문에 절대 미리 진입하지 말고 차분히 기다리다가 빨간 화살표가 가리키는 곳에서 800만 주의 거래량이 발생하며 26%까지 상승했다가 종가를 7%로 마무리하는 장대양봉을 직접 확인하고 종가에 진입하면 이후에도 많은 장대양봉이 만들어져서 손쉽게 수익 기회를 가져갈 수 있다. 세력이 넣은 돈은 담보와 같기 때문에 안전하게 수익을 낼 수 있으니 미리 바닥에서 진입하지 말고 꼭 세력과 함께 진입하자.

⑤ 판바닥: 오르막 판바닥

판바닥은 한 번만 만들어지는 것이 아니고 상승하며 여러 번 만들어지기도 한다. 원바닥과 판바닥은 주식을 하면서 굉장히 중요한 개념인데 수학 공식처럼 모든 경우에 들어맞는 것이 아니고 다양한 유형을 가지고 있다. 여러 사례를 통해 공부하다 보면 성공 가능성을 크게 높일 수 있기 때문에 판바닥 차트도 살펴보자.

■ 토비스 일봉

일봉 차트를 보니 노란 점선으로 표시된 판바닥이 8천 원대에서 만들어진 것이 보인다. 8천 원 이하로 내려가면 크게 하락하지 않고 다시 반등해 주는 모습이 반복해서 보이기 때문에 이와 같은 강한 바닥을 발견하면 관심 종목에 넣고 기다리다가 바닥을 기준으로 추가 하락할지 다시 바닥까지 반등할지를 유심히 지켜보고 있으면 매수 기회를 찾을 수 있다. 만약 바닥을 훼손하지 않고 횡보하다가 거래량을 동반한 장대양봉이 전고점을 돌파하며 상승할 때 종가에 진입하면 안전하게 수익 실현이 가능하다. 노란 점선 이후에 상승하면서 오르막 판바닥이 초록 점선에서 만들어졌는데 상승과 하락을 반복하는 도중에 하락하더라도 노란 점선까지 하락하는 것이 아니라 초록 점선에서 가격을 지켜 주며 반등하는 모습이 있기 때문에 새로운 판바닥이 초록 점선에서 만들어진 것을 확인할 수 있다. 오르막 판바닥이 만들어졌다는 것은 고점에서 상승을 바라는 투자자와 수익 실현을 하려는 투자자의 의견이 부딪혀 주가가 방향을 정하지 못하고 일정 기간 횡보하게 되는 것인데 하락하다가도 다시 오르막 판바닥에서 멈추고 반등하려는 모습을 보인다면 주가를 상승시키려는 주체가 매도하려는 주체보다 강하여 재돌파하는 가능성이 있다는 것을 예측해 볼 수 있다. 다른 예도 살펴보자.

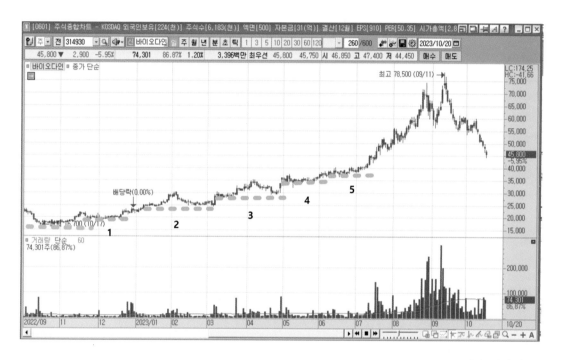

■ 바이오다인 일봉

노란 점선으로 표시된 원바닥이 16,000원대에 형성된 후 점차적으로 상승하며 2만 원대인 연두 점선에서 1번 판바닥을 형성했다. 1번 판바닥 지역을 돌파한 후 위에서 2번 판바닥을 만들었는데 판바닥을 딛고 상승하다가 실패한 주가는 다시 하락했지만 판바닥 자리에서 하락을 멈추며 횡보하는 모습을 보인다. 하락 추세를 돌려서 판바닥에서 횡보하는 모습을 보이면 상승 여력이 있다고 생각하고 관심 종목에 넣고 기다려야 하는데 장대양봉을 만들며 3번 판바닥대에 진입하더니 다시 횡보하는 모습을 보였다. 3번에서도 바닥을 딛고 상승하다가 꺾이더라도 판바닥 가격을 지키더니 이후 4, 5번 판바닥을 만들고 고점에서도 같은 형태로 비교적 짧은 판바닥을 만들며 78,500원까지 상승한 모습을 보여 준다. 이와 같이 계단식으로 상승하며 판바닥을 만드는 경우에는 전에 만들어진 판바닥을 훼손하지 않고 판바닥을 만드는지 확인하고 관심 종목에 저장해 놓는다면 수익 기회를 찾을 수 있다. 다른 예도 살펴보자.

■ 에코프로비엠 일봉

판바닥이 긴 기간 동안 만들어지는 종목이 있고 짧게 만들어지는 종목이 있는데 에코프로비엠의 경우에는 노란 점선에서 판바닥을 1년가량 길게 만들고 상승하더니 초록 점선에서도 3개월가량의 판바닥 기간을 만들었다. 반대의 경우도 살펴보자.

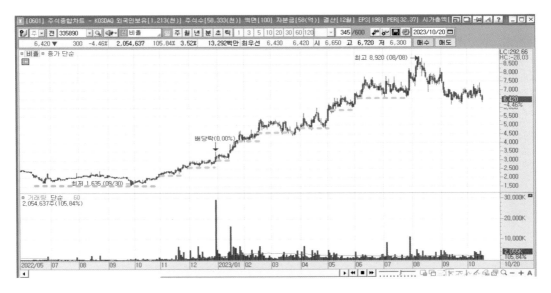

■ 비올 일봉

1,600원대인 노란 점선에서 원바닥이 만들어지고 바닥을 딛고 상승하더니 초록 점선에서 짧게 오르막 판바닥을 만들며 상승하는 경우이다. 같은 판바닥이어도 종목의 특성에 따라 기간이 다르게 만들어지기 때문에 유연한 사고로 종목을 바라봐야 있는 그대로 해석할 수 있다. 다음 차트를 살펴보자.

• 감성코퍼레이션 일봉

1,500원대인 노란 점선에서 판바닥을 길게 만들며 횡보하다가 상승하여 초록 점선으로 표시된 2천 원대에서 3달을 횡보하며 오르막 판바닥을 만들었다. 초록 점선에서 만들어진 판바닥을 보면 상승과 하락을 반복하는 도중에도 전에 만들어진 판바닥인 노란 점선까지 하락하여 바닥을 훼손하는 일 없이 초록 점선 위에서만 안정적으로 횡보하는 모습이다. 이런 모습이 확인되면 빨간 화살표와 같은 자리에서 매수 진입이 가능하다. 매수 가능한 부분을 확대해서 살펴보자.

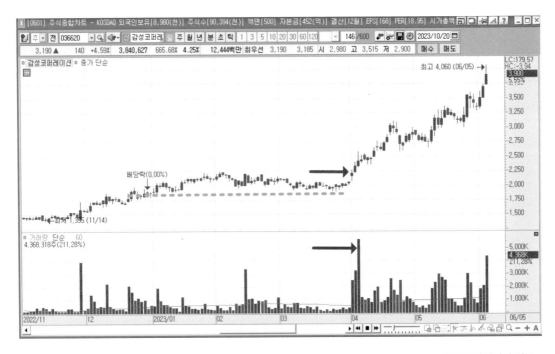

■ 감성코퍼레이션 일봉

앞의 차트를 확대해서 보니 2천 원대인 초록 점선을 기준으로 주가가 움직이다가 빨간 화살표에서 대량 거래량과 함께 고가 10%까지 상승했다가 종가를 7%로 마무리하는 장대양봉이 만들어졌다. 바닥이 만들어진 것을 확인했다고 해서 3달간의 횡보 기간에 미리 진입하여 마음고생을 할 필요 없이 거래량을 동반한 장대양봉이 강하게 매물을 돌파해 주는 모습을 확인한 후 진입한다면 이후에도 안정적으로 짧은 시간에 수익 실현이 가능하다. 판바닥은 오래 형성될수록 신뢰가 강한데 아무리 오랜 기간 횡보하고 있어 신뢰성이 있는 바닥처럼 보이더라도 미리 진입하면 수익성과 회전성을 잃기 때문에 매물을 돌파해 주는 장대양봉을 기다려야 한다는 것을 잊지 말자.

⑤ 판바닥: 반등 모색 내리막 판바닥

오르막이 있으면 내리막이 있듯이, 판바닥에도 오르막 판바닥만 있는 것이 아니라 내리막 판바닥이 있다. 내리막 판바닥을 제대로 이해한다면 반등 모색하는 판바닥을 찾을 수 있어 수익 기회를 찾을 수 있기 때문에, 차트를 살펴보며 내리막 판바닥에 익숙해져 보자.

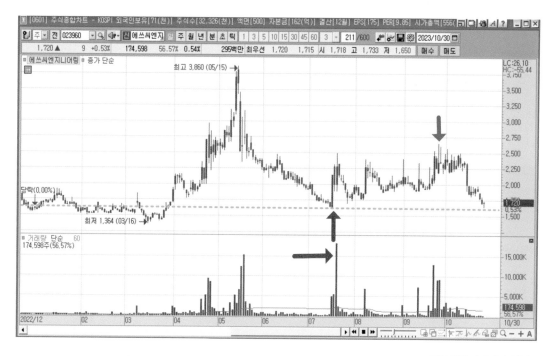

■ 에쓰씨엔지니어링 일봉

　　에쓰씨엔지니어링 일봉 차트를 확인해 보자. 차트 왼쪽부터 보니 1,500원대에서 5개월가량 횡보하는 모습이 보이는데 차트 중앙을 보면 3,860원까지 상승했다가 다시 1,500원대까지 급락했다. 여기서 주목해야 할 것은 빨간 화살표인데 반등하기 전 차트 왼편에서 만들어진 판바닥과 같은 자리에서 480만 주의 대량 거래량과 함께 장대양봉이 만들어졌다. 장대양봉이 발생한 이후 주가는 조정 기간을 거치며 하락했지만 판바닥 위치인 노란 점선까지 하락하지 않고 저점을 높여 가는 모습을 볼 수 있다. 빨간 화살표에서 장대양봉이 만들어진 이후에 하락할 때마다 장대양봉이 만들어지며 다시 상승을 반복해 주는 모습을 볼 수 있는데 이렇게 저점을 높이며 상승하는 경우에는 내리막 판바닥에 강한 매수세가 버티고 있어서 내리막 판바닥을 딛고 상승하는 것을 예측해 볼 수 있다. 빨간 화살표에서 앞의 거래량을 압도하는 대량 거래량이 발생하며 주가가 상한가에 도달했기 때문에 진입하지 못했다면 이후에 바닥을 높여가는 모습을 확인한 후 진입할 수 있고 혹시 상한가에 진입하여 물량을 확보했다면 파란 화살표와 같은 자리에서 10% 이상의 수익을 챙기고 나올 수 있다. 물론 내리막 판바닥을 딛고 상승세를 이어 가면 좋겠지만 차트 오른편에서와 같이 장대음봉이 만들어진다면 하락 추세로 전환되는 신호일 가능성도 있기 때문에 빨간 화살표 이후에 진입했다면 욕심을 버리고 원칙대로 수익 실현을 해 주는 것이 좋다. 만약 상한가에 진입하지 못했다면 바로 왼쪽에 하락하며 만들어진 매물대가 많기 때문에 다음 날 바로 매수하지 않고 관심 종목에 저장해 두었다가 내리막 판바닥인 노란 점선에서 다시 반등해 주며 주가를 지켜 주는지 확인하고 매수해야 한다는 것을 잊지 말자.

■ 일진전기 일봉

일봉으로 보니 7,890원까지 상승했던 종목이 4,020원까지 하락했는데 바닥을 찍고 상승하다가 노란 점선에서 잠시 판바닥을 만드는 모습을 보여 준다. 검은 화살표를 따라 상승했지만 뻗어 나가지 못하고 다시 하락했는데, 주가가 다시 내리막 추세로 전환한 것 같아도 판바닥인 노란 점선을 훼손하지 않고 횡보하는 모습을 보인다면 언젠가는 다시 상승할 가능성이 있는 주식이라 생각하고 관망하는 것이 좋다. 이와 같은 종목은 관심 종목에 저장해 두고 주가가 판바닥을 잘 지켜 주는지 확인하다가 빨간 화살표에서와 같이 판바닥을 딛고 대량 거래량과 함께 장대양봉이 만들어진다면 종가에 진입해 볼 수 있다. 빨간 화살표에서 앞의 거래량을 뛰어넘는 2천만 주의 거래량이 발생하며 상한가에 진입했다가 종가 5%로 마무리했는데 이때 바닥을 믿고 종가에 진입했다면 어떻게 되었을까? 다음 차트를 살펴보자.

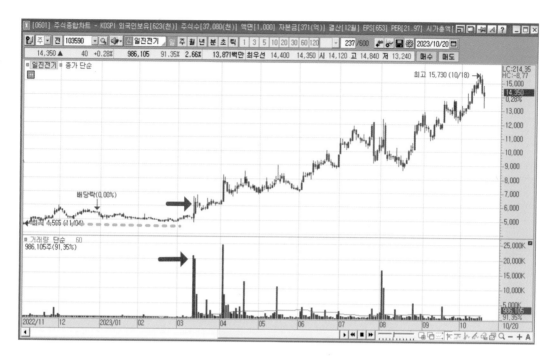

■ 일진전기 일봉

　　빨간 화살표에서 상한가에 도달했다가 긴 꼬리를 달고 5%로 마무리했다. 장중에 -6%까지 하락한 적도 있어서 진입하기 무섭겠지만 노란 점선인 내리막 판바닥을 훼손하지 않고 다시 상승했기 때문에 판바닥과 거래량을 믿고 종가에 진입할 수 있다. 빨간 화살표 이후에도 여러 개의 장대양봉이 만들어지며 저점을 높여 갔는데 장대양봉이 발생하고 주가가 조정을 받을 때는 거래량 없이 하락하고 다시 상승할 때는 장대양봉을 만들기를 반복하며 다수의 오르막 판바닥과 함께 상승했기 때문에 수익 기회가 많다. 반등을 모색하는 내리막 판바닥을 구별하면 쉽게 수익을 낼 수 있기 때문에 차트를 한 개 더 살펴보자.

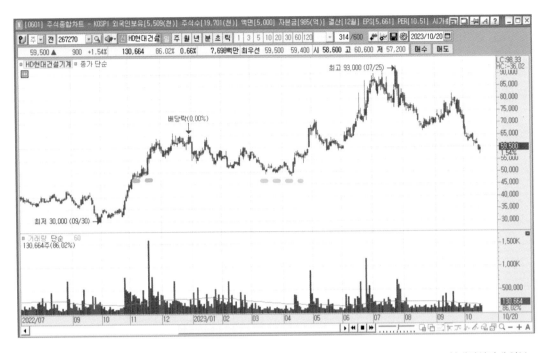

■ HD현대건설기계 일봉

　　차트 왼편부터 보면 3만 원까지 하락한 종목이 반등하여 노란 점선에서 판바닥을 만든 모습이 보인다. 잠시 숨 고르기를 하고 장대양봉이 만들어지며 상승했지만 주가가 뻗어 나가지 못하고 금세 하락했는데 하락하던 주가는 초록 점선에서 다시 내리막 판바닥을 만드는 모습을 보인다. 우리가 기억해야 할 것은 **본래의 판바닥까지 주가가 다시 하락하여 또다시 판바닥을 만든다면 딛고 올라갈 가능성이 상대적으로 높은** 것이다. 노란 점선과 동일한 가격대에서 만들어진 초록 점선에서는 내리막 판바닥이 만들어져서 바닥을 훼손하지 않고 횡보하는 모습을 보였기 때문에 바닥에서 미리 진입하지 않고 거래량을 동반한 장대양봉이 바닥을 딛고 상승한다면 종가에 진입해 볼 수 있다. 이 종목은 내리막 판바닥을 딛고 상승했지만 만약 하락하다가 바닥을 뚫고 강하게 하락한다면 어디까지 하락할지 예측할 수 없기 때문에 반등을 모색하는 내리막 판바닥인지 하락을 부르는 내리막 판바닥인지 분명히 구별해야 한다. 이번에는 하락을 모색하는 내리막 판바닥을 살펴보자.

⑤ 판바닥: 하락 모색 내리막 판바닥

앞에서 살펴본 내리막 판바닥은 기존의 판바닥 자리까지 하락하여 다시 상승을 모색하는 신뢰성 있는 판바닥이라고 할 수 있다. 신뢰성 있는 판바닥에만 익숙하다면 하락을 모색하는 판바닥을 골라낼 수 없기 때문에 이번에는 같은 내리막 판바닥이지만 하락을 모색하는 위험한 판바닥을 살펴보자.

■ 금양 일봉

차트 왼편부터 보면 저점에서 횡보하던 주식이 점차 상승하여 1번 노란 선에서 판바닥을 만들고 상승했다가 하락하지만 2번에서 내리막 판바닥을 만드는 모습을 볼 수 있다. 2번은 하락하더라도 1번 판바닥까지 도달하지 않고 저점을 높이며 횡보하고 있기 때문에 반등을 모색하는 내리막 판바닥이라 할 수 있으며 이와 같은 모습을 발견하면 거래량을 동반한 장대양봉과 함께 진입할 수 있다. 이후 상승하던 주가는 3번 초록 점선에서 판바닥을 만들고 4번 점선에서 내리막 판바닥을 만들며 같은 방식으로 반등을 모색했다. 지금까지는 앞에서 살펴본 오르막 판바닥의 예시였는데 파란 선으로 표시된 곳을 보면 고점인 194,000원에 도달하고 긴 꼬리 음봉과 함께 하락하다가 2달 동안 횡보하며 내리막 판바닥이 만들어졌다. **하지만 주가는 12만 원에서 13만 원 사이를 횡보하며 움직일 뿐 고점에서 만들어진 저항 14만 원대를 돌파하지 못하고 있으며 거래량마저 고점에서 줄어들고 있기 때문에 하락을 모색하는 내리막 판바닥이라고 할 수 있다.** 현재 10만 원대까지 하락했는데 대량 거래량을 동반한 장대양봉이 강하게 돌파하는 모습이 나오지 않으면 재반등은 어렵다. 이렇게 차트가 만들어지면 고점 대비 반토막이 됐어도 함부로 진입해서는 안 되고 고점 대비 얼마나 하락했느냐에 집중할 것이 아니라 상승하기 전 바닥 대비 얼마나 상승했느냐에 집중하는 것이 좋다. 이 주식은 2천 원, 4천 원대에서 긴 바닥을 형성한 적이 있기 때문에 바닥 대비 20배 상승했다고 볼 수 있다. 한번 하향세가 만들어지면 주가가 얼마나 하락할지는 아무도 모르기 때문에 매수를 하고 싶어도 하락 모색 판바닥인지 상승 모색 판바닥인지 확인하고 매수하는 것이 좋다. 다음 차트를 살펴보자.

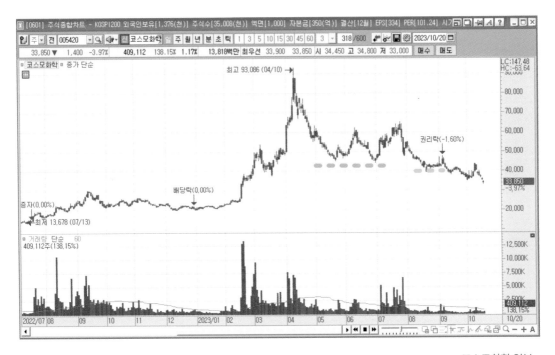

■ 코스모화학 일봉

만 원 수준에서 횡보하던 주가가 93,086원까지 상승했다. 고점에 도달하고 주가는 급락했는데 노란 점선에서 바닥을 만들며 반등을 모색했다. 얼핏 봐도 노란 점선에서 매수했다면 10% 수익을 챙기고 나오는 게 가능해 보이는데 이런 자리에서 진입해도 되는 것일까? 답은

"안 된다."이다. 급등하기 전에 바닥이 만들어져 있었기 때문에 같은 자리에서 가격이 추가 하락하지 않고 횡보하는 모습을 보인다면 바닥을 믿고 매수하여 수익을 챙길 수 있었겠지만 장대양봉이 만들어지지 않았고 거래량 또한 줄고 있었기 때문에 매수 원칙에 어긋난다. 이와 같은 조그마한 수익에 욕심내며 주식시장이 주는 모든 돈을 다 가져가려고 했다가는 더 큰돈을 잃게 된다. 기준에 맞지 않는 것은 철저히 무시하는 것이 좋다. 이후 초록 점선에서도 전고점을 돌파하지 못하고 또다시 하락하는 것이 보이는데 반등하는 모습이 보이더라도 물량을 미처 정리하지 못한 세력의 마지막 설거지라고 생각하는 것이 좋다. 혹시나 중간에 반등하는 시도가 있다 하더라도 대량 거래량을 동반한 장대양봉이 만들어지며 매물대를 돌파하는 것이 아니면 힘없이 다시 무너질 가능성이 더 크다. 고점에서 하락하며 많은 매물이 만들어진 상태이고 조금만 오르려고 해도 고점 매수자는 손실을 줄이기 위해 물량을 던지기 때문에 상승이 어렵다. 이 종목은 톱니바퀴 모양을 만들며 3만 원대로 하락한 모습인데 여전히 바닥 대비 3배 오른 상태이기 때문에 매수로 접근해서는 안 되고, 3만 원대의 지지마저 무너질 경우에는 만 원대로 하락할 가능성도 크기 때문에 혹시나 내리막 판바닥에 속아 고점에서 매수했다면 절대로 물타기를 해서도 안 된다.

차트 왼편부터 살펴보자. 최저점 3,840원에 도달하고 오르막 판바닥을 만들며 천천히 상승하다가 빨간 화살표에서 대량 거래량과 함께 횡보 구간을 돌파하여 최고 43,900원까지 상승했다. 고점에 도달하고 하락하던 주가는 3만 원대에서 내리막 판바닥을 잠시 만들었지만 붕괴되었고 2만 원 수준인 파란 선까지 하락한 모습이다. 뒤에서 자세히 다루겠지만 수많은 매물대를 의미하는 다중턱, 다중봉이 첩첩산중처럼 만들어졌기 때문에 특별한 호재와 함께 대량 거래량이 발생하며 횡보 구간을 돌파하지 않으면 이 종목은 파란 선이 무너지는 동시에 만원 혹은 5천 원까지 하락할 가능성이 있다. 비록 현재 가격이 고점 대비 많이 하락하여 매력적으로 보이는 가격이지만 저점 대비 5배 상승한 위치라는 것을 기억해야 한다. 다음 차트를 살펴보자.

주식 초보자 나에게 물어봐

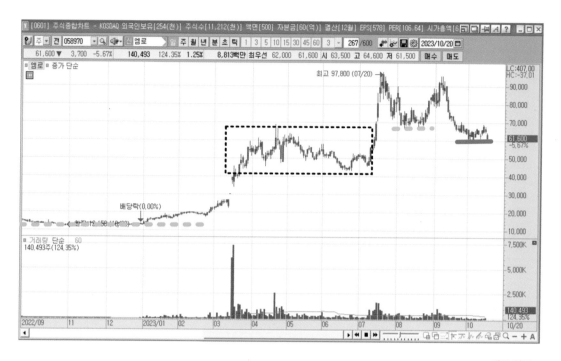

　　노란 점선을 따라서 오랜 기간 바닥을 형성하고 있다가 오르막 판바닥을 만들며 결국 97,800원까지 상승했다. 초록 점선에서 바닥을 만들며 다시 전고점을 향해 상승했지만 돌파하지 못하고 파란 선으로 표시된 6만 원대까지 하락한 모습이다. 현재는 6만 원에서 7만 원대를 횡보하며 움직이는 모습이 보이지만 이 종목은 장대양봉이 발생하여 7만 원대를 돌파한다고 해도 고점에서 많은 매물이 만들어졌기 때문에 쉽게 상승을 이어 갈 수 없다. 차트 왼쪽을 보면 검은 점선 안에 많은 매물이 만들어져 있고 매물의 고점대와 같은 자리에 내리막 판바닥이 만들어지는 것이 확인되는데 혹시나 파란 선을 깨고 하락하게 되면 5만 원, 4만 원까지 하락할 수 있고 4만 원까지 붕괴되면 지지해 주는 바닥이 없기 때문에 1만 원대까지도 내려올 가능성이 크다. 물론 파란 선이 검은 점선의 고점과 같은 자리에 위치하기 때문에 상승할 가능성도 있지만 지지가 붕괴되고 하락하는 주식에 매수로 참여하는 것은 화약을 들고 불에 뛰어드는 것과 같기 때문에 내리막 판바닥이 하락을 모색하는지 상승을 모색하는지 제대로 확인하고 매수하는 것이 좋다.

　　2천 원대에서 횡보하던 종목이 최고 10,570원까지 상승했다. 하락하는 도중에 이 주식을 발견했다고 가정해 보자. 검은 화살표에서는 외국인 9일 연속 순매수 행진이라는 뉴스가 발표되고 빨간 화살표가 가리키는 날은 폭스바겐이 5조 원대 전기 차 핵심 부품을 수주했다는 소식과 함께 덕양산업이 장중 강세라고 하며 뉴스가 나오는데 매수하지 않을 수 있었을까? 하락하는 도중에 개인 투자자들의 마음을 사로잡는 뉴스들은 다양한 형태로 때맞추어 나온다. 이러한 방식에 당하지 않으려면 무엇을 알아야 할까? 먼저 하락하는 형태를 보면 주식 계좌 깡통으로 만드는 12가지 유형 중 하나인 내리막 계단으로 하락하는 것을 알 수 있다. 뒤에서 자세히 살펴보겠지만 내리막 계단은 가랑비에 옷 젖듯이 하락하여 나도 모르게 큰 손실을 안겨 주는 유형을 말하는데 이런 유형에 당하다가는 나도 모르게 계좌가 망가진다. 만 원까지 상승했던 주식이 5천 원까지 하락했으니 초록 점선과 같은 자리에서 횡보하는 모습을 보면 진입해 보고 싶겠지만 차트 왼쪽을 보면 파란 점선 안에 아무런 바닥이 만들어지지 않고 상승했기 때문에 지지가 무너지는 순간 추가 하락할 가능성이 더 크다. 물론 파란 원 아래에는 판바닥이 만들어진 적이 있기 때문에 시간이 지나면 하락하다가도 다시 반등할 가능성이 있지만 이 차트에서 기억해야 하는 것은 과거에 바닥이 만들어진 적이 없는 가격대에서는 제동 없이 계속 하락할 가능성이 크다는 것이다. 주가가 급등하면 낙폭 또한 과대하게 된다는 것을 잊지 말아야 하고, 판바닥이 앞에 있었는지 없었는지를 꼭 확인해야 한다. 내리막 판바닥은 오르막 판바닥보다 훨씬 조심해야 하고, 내리막 판바닥 중에서도 고점에 도달하기 전 의지할 만한 판바닥이 있었는지 없었는지에 따라서, 하락하며 생긴 지지의 강도를 파악할 수 있다.

원바닥, 판바닥 개념을 잘 이해해서 차트를 기술적으로 해석하는 데 활용하길 바란다. 형태는 다양하지만 매일 차트를 살펴보다 보면 원바닥, 오르막 판바닥, 내리막 판바닥의 다양한 종류를 쉽게 구별할 것이라 생각한다. 바닥이 깨지지 않고 상승해야 수익을 낼 수 있기 때문에, 바닥의 개념을 이해하는 것은 정말 중요하다. 차트를 공부할 때 바닥이 얼마나 단단한지 습관적으로 확인한다면 안정적으로 투자할 수 있다.

03

주식 계좌 깡통으로
만드는 12가지 유형
앞폭탄, 뒤폭탄 파헤치기

필자가 과거에 5만 건 이상을 거래하며 다양하게 물려 봤지만 첫 번째로 많이 물린 경우가 앞폭탄, 두 번째로 많이 물린본 경우가 뒤폭탄, 세 번째로 많이 물린 경우가 내리막 외봉이다. 용어가 생소하겠지만 먼저 앞폭탄부터 하나씩 알아보자. **앞폭탄**은 **바닥 대비 2배 이상 상승하는 경우**를 말한다. 앞폭탄에 가까울수록 폭발하여 폭락할 가능성 크기 때문에 경계하고자 필자가 붙인 이름이다.

앞폭탄은 함정을 숨긴 채 개인 투자자들을 유혹한다. 앞폭탄이 생길 때쯤 되면 대부분의 경우 많은 거래량이 발생하여 마치 더 상승할 것 같은 모습을 보여 주기 때문에 매수하고 싶은 생각이 든다. 앞폭탄을 공부하며 기억해야 하는 것은 원바닥, 판바닥의 2배 이상 상승하여 앞폭탄이 만들어지면 가급적 피해야 하고, 거래량이 아무리 많이 발생해도 유혹당해서는 안 된다는 것이다. 사례를 통해 주식 계좌 깡통으로 만드는 12가지 유형 중 하나인 앞폭탄을 살펴보자.

⑤ 앞폭탄: 최다 유형

앞폭탄에도 다양한 유형이 있지만 먼저 가장 흔하게 등장하는 유형을 살펴보자.

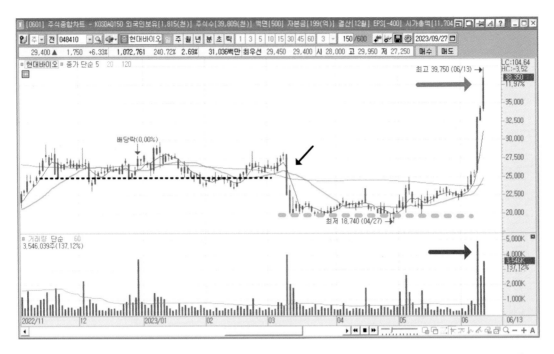

■ 현대바이오 일봉

    차트의 왼쪽부터 보면 검은 점선에서 판바닥이 생기고 일정 기간 횡보하다가 검은 화살표에서 갑자기 만들어진 장대음봉과 함께 바닥이 무너지는 것이 보인다. 하락하던 주가는 노란 점선으로 표시된 2만 원대에서 다시 한번 판바닥을 만들며 하락을 멈추고 3개월가량 횡보하는 모습을 보였는데 빨간 화살표에서 최대 거래량이 발생하며 판바닥을 딛고 강한 상승세를 이어 나갔다. 판바닥 대비 두 배 수준인 4만 원대에 이르자 파란 화살표에서 장대양봉을 만들어 내는 모습을 볼 수 있는데, 장대양봉이 연속으로 발생하며 강하게 상승하는 종목은 바닥 대비 두 배 수준에 도달했더라도 추가 상승할 것이라는 기대감을 준다. 하지만 앞폭탄은 세력들이 고점에서 개미 투자자들과 단타 트레이더를 불러 모아 오랫동안 저점에서 모아 온 물량을 모두 털어 내고 나가는 구간인 경우가 많다. 세력은 보유하고 있는 거대 물량을 털어 내기 위해서 바닥 대비 최소 50~100%를 상승시키기 때문에 엄청난 거래량을 터트려 장대양봉을 만들며 개미 투자자들을 불러 모은다. 이 종목은 2만 원대의 판바닥에서 파란 화살표까지 2배가 올랐는데 이와 같은 차트를 발견하면 상승추세를 이어 나갈 것이라는 장밋빛 상상을 하며 매수로 접근하는 것보다는 세력의 물량 털기로 인해 계속 내리막길을 걸을 가능성이 더 크다는 것을 기억해야 한다. 필자가 앞폭탄이라는 개념을 만든 것은 비슷한 차트 패턴에 수없이 많이 당했고 많은 거래를 하다 보니 이런 주가의 현상이 자주 일어나는 것을 발견했기 때문이다. 빨간 화살표에서부터 최대 거래량이 터지며 상승세를 이어 가는 동안 천만 주의 거래량이 발생하고 검은 점선에서 횡보하던 매물대도 돌파하는 모습이 나왔기 때문에 주식거래를 하는 사람이라면 누구나 매수하고 싶게 만드는 모습인데 이후의 차트는 어떤 모습인지 살펴보자.

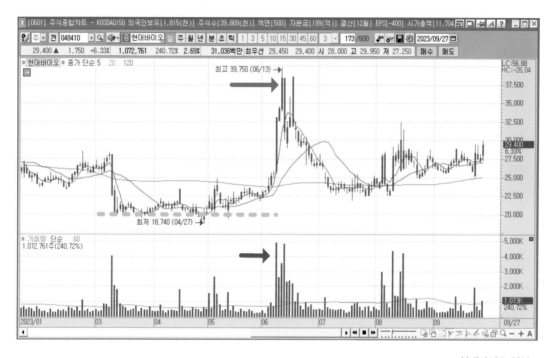

■ 현대바이오 일봉

　판바닥 대비 두 배 상승한 파란 화살표에서 장대양봉을 만들며 상승세를 이어 갈 것 같은 모습을 보여 주었지만 앞폭탄인지 모르고 매수했다면 다음 날 장중 최고 -21%까지 하락하며 만들어진 장대음봉으로 인해 큰 손실을 감당해야 한다. 장대음봉이 생긴 후에 두 개의 양봉을 만들며 반등을 모색하더니 한 번 더 16%의 갭상승을 하며 상승을 시도했지만 파란 화살표에서 상승을 기대하고 진입했다가 물려 있던 투자자들의 매물대를 이기지 못하고 한 번 더 장대음봉을 만들며 이후 계속 하락하는 모습을 보여 준다. 판바닥 대비 2배 이상 올랐을 때 장대양봉이 생기면 세력이 물량을 털어 내기 때문에 추가 상승이 어렵다는 것은 알겠지만 단순히 세력의 매도 물량 때문이었을까? 일봉에서는 보이지 않는 단서를 찾기 위해 이번에는 주봉으로 살펴보자.

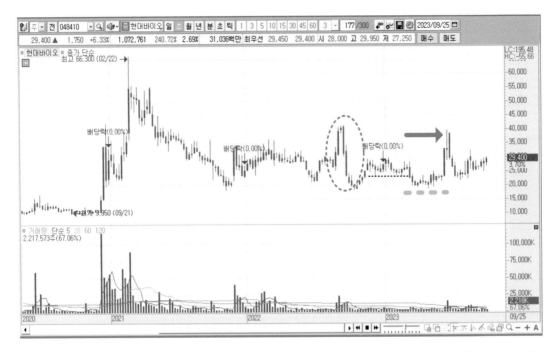

■ 현대바이오 주봉

주봉 차트로 전환하여 과거 주가 흐름을 살펴보니 파란 점선 안에서 만들어진 장대음봉을 확인할 수 있는데 이때 높은 가격에서 주식을 매입했다가 오랫동안 물려 있던 투자자들이 상승을 하려고만 하면 본인의 평단가 근처에서 팔기 때문에 파란 화살표에서는 추가 상승하기 어려운 것이다. 판바닥 대비 2배 이상 오른 지점에서 앞폭탄이 만들어진 것과 더불어 과거에 파란 원 안에서 수많은 매물대가 만들어졌기 때문에 장대양봉이 연속으로 출현하며 주가를 상승시키더라도 추가 상승할 것이라는 기대보다는 하락 가능성을 염두에 두며 보수적으로 접근하는 것이 올바른 판단이라고 할 수 있다. 같은 유형의 다음 예도 살펴보자.

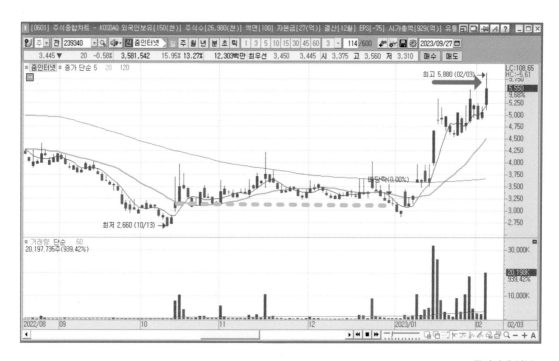

■ 줌인터넷 일봉

　　노란 점선으로 표시된 3천 원대에 판바닥이 형성되었고 거의 2배 가격인 5,800원에 도달하여 앞폭탄을 만들었다. 파란 화살표가 가리키는 하루에만 2천만 주의 대량 거래량과 함께 장대양봉이 발생했기 때문에 이와 같은 차트를 보면 "가는 놈이 간다."와 같은 주식 격언이 생각나서 매수하고 싶은 생각이 든다. 판바닥 대비 2배 이상 상승했지만 거래량을 믿고 매수했다면 어떻게 됐을지 이번에는 월봉 차트를 통해 살펴보자

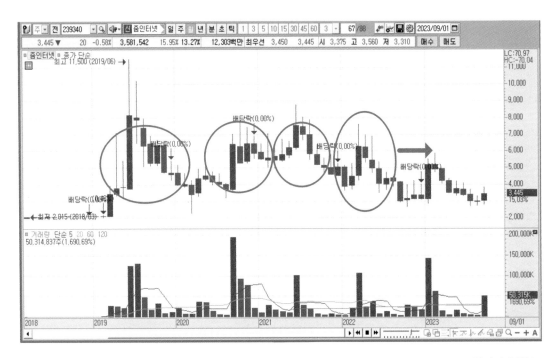

　　월봉 차트를 통해 과거의 움직임을 살펴보면 파란 원 안에 물린 사람이 수없이 많아 상승하기에는 녹록지 않다는 것을 볼 수 있다. 주식 격언 "가는 놈이 간다."는 최고가를 갱신하는 종목이 더 상승하는 것을 뜻하는데 일봉에서는 최고가로 보이던 가격이 월봉으로 보니 과거의 수많은 매물대에 막혀 상승하기 어려운 가격대에 위치한 것을 확인할 수 있다. 초보 투자자는 일봉 차트를 간략하게 확인하고 월봉, 주봉 차트를 활용하지 않는 경우가 많지만 다른 관점으로 주식을 바라보기 위해서는 모든 차트를 확인해야 한다. 월봉 차트에서 매물대가 많기 때문에 파란 화살표에서 주가가 상승하려고만 하면 물려 있던 사람들이 보유 수량을 매도하여 주가 상승이 쉽지 않다는 것은 확인했다. 좀 더 세밀하게 확인하기 위해 이번에는 일봉을 확대해서 흐름을 살펴보자.

빨간 원 안에 500을 입력하면 일봉 500일 차트가 생성되어 500일 동안의 일봉 흐름을 확인할 수 있다. 차트 가운데에 위치한 검은 점선을 보면 파란 화살표에서 추가 상승하지 못하고 하락하는 이유를 알 수 있는데 500일 동안 5,500원대에서 단단한 **지지와 저항**이 만들어진 것을 확인할 수 있다. 주식에서 빈번하게 언급되는 지지와 저항을 간단하게 설명하자면 가격이 한 방향으로 움직이는 것을 멈추거나 방향을 변경하는 가격대를 말하는데 쉽게 말해 하락하던 주식이 특정 가격대에 오면 하락을 멈추고 다시 상승하거나, 상승하던 주식이 특정 가격대에 도달하면 상승을 멈추고 하락으로 전환하는 경우를 말한다. 지지와 저항을 기반으로 주가의 흐름을 예측하여 매수와 매도 결정을 할 수 있는데 초보 투자자가 기억할 만한 중요한 특징으로는 **기능 전환**이다. 즉, 가격이 하락하지 않도록 지지되던 가격대를 뚫고 주가가 하락하게 되면 지지가 저항으로 전환되어 주가가 다시 상승하려고만 하면 상승을 막는다. 반대로 저항의 역할을 하던 가격대를 돌파하게 되면 저항이 지지로 전환되어 추가 하락하지 않도록 전환된다. 예를 들어 100원대에서 상승과 하락을 반복하는 주식이 있다면 100원이 지지 가격대라고 할 수 있는데 어느 날 악재를 만나 하락하여 80원까지 하락했다고 가정해 보자. 80원까지 하락한 주식은 다시 상승하다가 100원까지 도달하지만 지지였던 100원의 가격대는 저항으로 바뀌어 쉽사리 100원 이상으로 상승하지 못하게 막는다. 반대로 100원 가격대를 돌파하여 110원까지 안착했지만 다시 가격 조정을 받아 하락했다면 100원이 저항에서 지지로 전환되었기 때문에 추가 하락하지 않고 가격을 지켜 주려는 모습을 보게 된다. 지지와 저항이 이와 같이 만들어지면 특정 기간에 한정되는 경우도 있지만 과거에 형성된 중요한 가격대가 현재에도 강력한 영향을 주는 경우가 있기 때문에 과거 차트에서 지지와 저항이 만들어진다면 현재에도 영향을 미칠 가능성이 있다는 생각으로 유의하여 살펴봐야 한다.

줌인터넷 500일 차트를 왼쪽에서부터 보면 검은 점선에서 지지와 저항이 만들어져서 검은 점선을 딛고 가격이 상승하고 상승하던 가격이 하락하다가 검은 점선에서 지지가 되어 다시 상승하고 검은 점선을 뚫고 하락했던 주식이 검은 점선의 저항에 부딪혀 상승하지 못하고 하락하는 반복되는 모습을 볼 수 있다. 파란 화살표에서 상승하기 어려운 이유가 세 가지가 있는데 첫 번째로 노란 점선에서 2배 상승한 앞폭탄 위치였기 때문에 세력이 물량을 털고 나가는 지점일 가능성이 크고 두 번째로는 월봉으로 확인했을 때 비슷한 가격대에 물려 있는 투자자들의 매물이 많아서 상승하기 어려우며 마지막으로는 파란 화살표 지점에 과거에서부터 지지와 저항이 발생된 지점이기 때문에 추가 상승이 어렵다. 초급 투자자의 경우에는 세 가지 모두 한눈에 알아보기 어려울 수 있지만 반복 학습하다 보면 쉽게 알아볼 수 있을 것이라 생각한다. 판바닥에서 2배 이상 상승한 종목은 차트가 좋아 보여도 바닥에서부터 물량을 모은 세력이 수익을 실현하고 나가기에 좋은 지점이라는 것만 기억해도 손해를 피할 수 있기 때문에 다양한 차트를 살펴보며 반복 학습하는 것도 좋다. 마지막으로 최다 유형 차트를 한 가지만 더 확인해 보자.

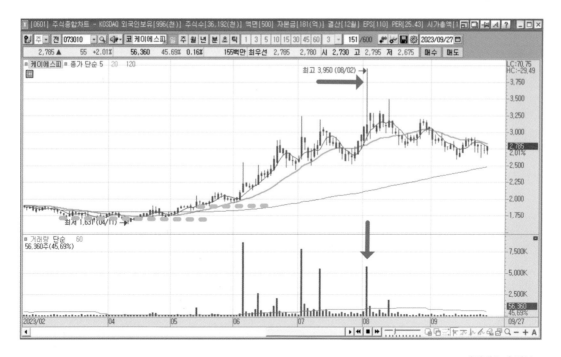

원바닥인 1,500원대를 딛고 2천 원대에서 비교적 짧은 판바닥이 만들어졌는데 이후 상승 추세를 이어 가더니 바닥 대비 두 배인 4천 원 근처까지 도달했다. 하지만 파란 화살표 이후 차트를 보면 주가가 뻗어 나가지 못하고 꼬리를 만들며 하락한 모습을 볼 수 있다. 만약 파란 화살표에서 이 주식을 발견했다면 진입하지 않을 수 있었을지 상상해 보자. 거대 거래량과 함께 앞의 매물대를 돌파했고 장중의 호가창을 보면 힘 있게 상승하기 때문에 앞으로 상승은 불 보듯 뻔하다고 생각이 되어 다음 날 하락하더라도 건강한 조정이라 생각하여 손절하지 않을 가능성이 크다. 하지만 결과는 어떤가? 주가는 계속 하락했고 손절하지 않았다면 손실금은 점점 불어났을 것이다. 이번에는 월봉으로 확인해 보자.

■ 케이에스피 월봉

파란 화살표가 일봉에서 확인했던 위치인데 52주 신고가(1년 동안 거래된 최고 주가)였던 것을 확인할 수 있다. 강한 상승이 나왔을 때 '케이에스피' 52주 신고가 경신, 최대 실적 랠리의 시작이라는 증권사 리포트도 때마침 발행되었기 때문에 매물대 없는 차트, 긍정적 리포트, 상승하는 주가의 힘, 시장의 관심 등을 종합해서 생각하다 보면 진입하지 않을 수가 없다는 생각이 든다. 필자가 이런 상황에서 얼마나 많이 물려 봤으면 앞폭탄이라는 이름을 붙였을까? 이와 같이 장밋빛 미래만 있을 것 같은 상황을 만들어 놓고 원바닥, 판바닥의 2배가 되면 주가가 흘러내리는 모습은 자주 만들어지기 때문에 특별히 조심해야 한다. 신고가에서는 강한 상승이 나오기도 하고 주가가 하락하다가도 시장 상황에 변화가 생기면 다시 반등할 수도 있지만 초급 투자자일수록 판바닥에서 2배 이상 상승한 상황에서는 일단 진입하지 말고 주가가 어떻게 진행되는지 차분히 살펴보는 것이 좋다.

판바닥은 고점에서만 발생하는 것이 아니고 하락하면서도 계속 발생할 수 있다는 것을 앞에서 배웠는데 앞폭탄도 마찬가지다. 차트를 통해 하락 중 만들어지는 앞폭탄 유형에 대해 자세히 살펴보자.

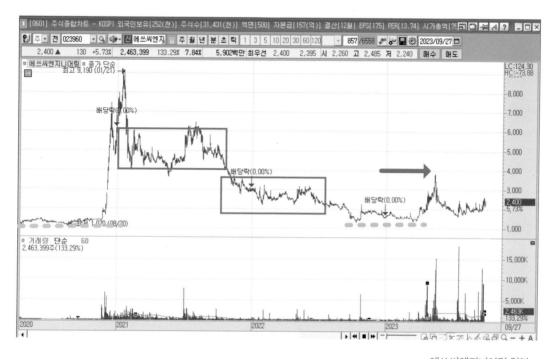

■ 에쓰씨엔지니어링 일봉

이번에는 차트의 왼쪽이 아닌 오른쪽 먼저 살펴보자. 노란 점선으로 표시된 1,500원대에서 판바닥이 형성되었고 이후 파란 화살표가 가리키는 3,800원까지 바닥 대비 두 배 상승했다. 혹시라도 노란 점선에서 차트 왼편에 있는 과거 판바닥과 동일한 자리에 다시 판바닥이 만들어지는 것을 보고 매수했다면, 파란 화살표 지점에서는 판바닥 대비 2배 상승하기도 했고, 하락하면서 만들어진 엄청난 매물대도 파란 네모 안에 기다리고 있기 때문에 추가 상승을 기대하는 것보다는 매도로 대응하는 것이 좋다. 월봉, 주봉도 빠르게 확인해 보자.

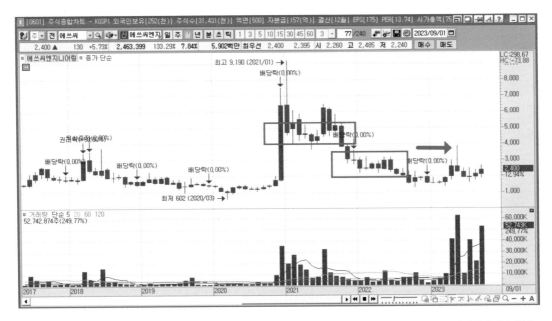

■ 에쓰씨엔지니어링 월봉

파란 화살표가 판바닥 대비 2배 오른 시점을 가리키는데 파란 네모 칸에 많은 매물이 쌓여 있어서 상승하기 어려운 것을 월봉으로 한눈에 확인할 수 있다. 이번에는 주봉으로 확인해 보자.

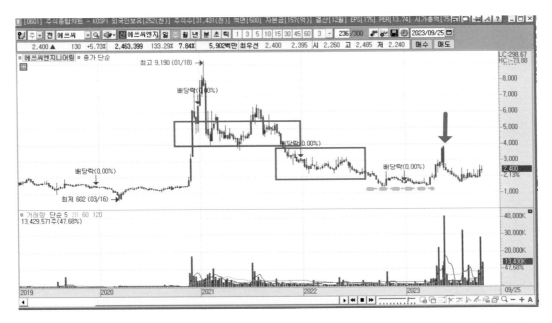

■ 에쓰씨엔지니어링 주봉

노란 점선으로 표시된 판바닥에서 파란 화살표까지 두 배 올랐지만 주봉에서 확인해도 왼쪽의 파란 네모 안에 엄청난 매물이 쌓여 있어서 매물대를 이기지 못하고 주저앉은 모습을 볼 수 있다. 이와 같이 앞폭탄은 고점에서만 발생하는 것이 아니고 주가가 움직이면서 언제든지 발생할 수 있다. 다음 예시를 살펴보자.

■ 한국화장품 일봉

고점에 도달하고 계속 하락 중이던 주가가 2022년 초 파란 점선인 7천 원대에서 판바닥을 만들고 파란 화살표까지 2배 상승하였다. 파란 화살표에서는 반등을 시도하였지만 바닥 대비 2배 가격대를 벗어나지 못하고 하락했는데 차트 오른편에 있는 초록 화살표를 보니 초록 점선에서 만들어진 판바닥 대비 2배가량 상승하다가 앞폭탄 가격에서 조정을 받고 하락하는 모습을 보여 준다. 초록 점선에서 판바닥이 만들어졌지만 바닥이 무너지며 계속 하락했는데 빨간 화살표에서부터 거대 거래량이 발생하며 연속 상한가에 도달했기 때문에 초록 화살표에서 이 종목을 발견하면 이번만큼은 상승을 이어 갈 것이라는 생각을 하게 된다. 하지만 차트의 왼쪽을 보면 파란 네모 안에서 만들어진 매물이 층층이 쌓여 있기 때문에 13,000원 가격대가 오면 상승이 어려워진다. 상한가에 2번 연속 도달하고 다음 날 21%의 상승을 하여 주가가 3일 만에 81% 급등하는 모습을 보게 되면 끝없이 상승할 것만 같지만 매물대의 벽에 막혀 하락하는 가능성이 더 크다고 판단하고 앞폭탄 자리에서는 신규 진입은 하지 말아야 한다. 다른 예를 한 개 더 살펴보자.

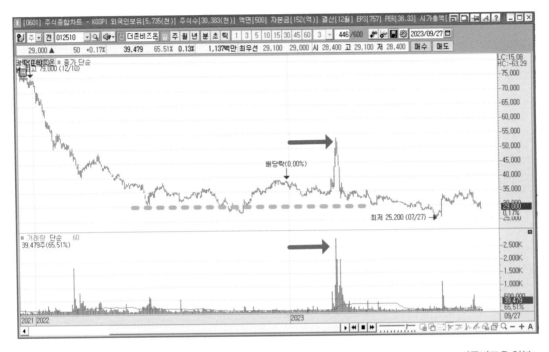

■ 더존비즈온 일봉

차트를 보면 하락 추세에 놓인 종목의 모습인데 하락하는 도중 노란 점선으로 표시된 3만 원대에서 판바닥을 만들고 바닥 대비 2배인 5만 5천 원대까지 상승하여 앞폭탄을 만들고 하락하는 모습을 보여 준다. 차트를 보면 두 개의 파란 화살표가 있는데 아래의 파란 화살표가 가리키는 거래량 차트를 보면 하락하며 만들어진 거래량을 압도하는 최대 거래량이 발생한 것이 보이는데 위의 파란 화살표를 보니 하락하며 만들어진 많은 매물을 이기지 못하고 상승이 가파르게 꺾이는 모습이 보인다. 고점에서부터 오랜 기간 지속적으로 하락했고 충분한 바닥을 만들었으며 앞의 모든 거래량을 압도하는 최대 거래량이 출현하며 상승했기 때문에 드디어 전고점을 향해 계속 상승할 것이라고 예상할 수 있지만 바닥에서 2배에 이르는 가격에 도달하면 앞폭탄을 의심하여 추가 하락할 가능성이 크다는 생각을 하고 대응해야 한다.

뒤폭탄도 앞폭탄과 마찬가지로 우리를 고점에서 물리게 하는 굉장히 나쁜 패턴이다. 앞에서 살펴본 앞폭탄이 원바닥, 판바닥 대비 2배의 가격대에서 많이 발생하는 것과 다르게, **뒤폭탄은 몇 배가 상승하더라도 일단 고점을 찍고 내려온 주식이 어느 정도 하락하다가 갑자기 대량 거래량을 발생시키면서 마치 더 상승할 것 같은 상황을 만들 때 발생한다.** 다시 말해 **고점에서 대량 거래량이 터지면서 가격이 재급등했으나 전고점**(이전의 고점)**을 돌파하지 못하고 다시 하락하는 상태를 말한다.** 뒤폭탄이 발생할 때는 세력이 개인 투자자가 매수할 수밖에 없는 매력적인 호가창을 의도적으로 만들어서 유혹한다. 뒤폭탄을 피하는 방법은 두 가지로 정리할 수 있다.

1. 꼭지에서(고점에서) 내려온 주식이 갑자기 거래량이 발생하면서 급등하고 있는데 전고점(최고점)을 넘지 못하는 경우에 진입하지 않는다.
2. 장중에 절대 진입하지 않고 끝까지 종가가 최고점을 넘고 마무리하는지 확인한다.

설명만으로는 이해가 어려울 수 있기 때문에 다양한 사례를 차트로 하나씩 살펴보자.

■ 서원 일봉

　천 원대에서 오랜 기간 바닥을 만들며 횡보하던 주식이 3,130원까지 3배 상승했는데 장대음봉을 만들며 하락하는 모습을 보여 주었다. 장대음봉을 만들 때 8천만 주의 대량 거래량이 고점에서 발생했고 3일 연속 하락했기 때문에 하락 추세로 전환하나 싶었는데 갑자기 이틀 연속 상한가에 도달하며 장대양봉과 함께 파란 화살표까지 도달했다. 이와 같이 이틀 연속 상한가에 도달하는 흔하지 않은 모습을 보면 앞에 장대음봉이 있더라도 개인 투자자들은 다시 상승한다는 신호로 받아들이고 자신 있게 진입하는 경우가 많다. 필자도 과거에 많이 그랬고 이와 같은 방식에 많이 당했다. 상승할 당시의 호가창을 보면 매수 버튼을 누를 수밖에 없도록 세력이 만든다. 비록 매수 버튼은 나의 판단으로 나의 눈과 나의 손이 누른다고 착각하지만 사실은 세력의 의중에 따르고 있는 것이다. 차트와 호가창은 세력의 돈으로 그리는 그림으로서, 차트와 호가창을 뚫어지게 보고 있으면 자신도 모르게 빠져들게 되고 거래량을 동반한 매력적인 뒤폭탄에 진입하게 된다. 평소 같으면 절대로 진입하지 않겠지만 활발한 호가창과 끝없이 상승하고 있는 차트를 목격하면 유혹에 쉽게 빠지게 된다. 초전도체 테마 관련 주들이 일제히 상한가를 기록하고 한국초전도저온학회 검증위원회가 2주 정도면 재현 시료를 합성해 측정에 나설 수 있다고 발표함에 따라 주식시장의 자금도 몰리는 상황이었기 때문에 파란 화살표에서는 한번 진입해 보고 싶은 생각이 들게 된다. 고점을 뚫고 끝없이 상승할 것 같은 거대 거래량에 동반하여 용기 있게 진입했다고 가정하고 이후의 상황을 차트로 확인해 보자.

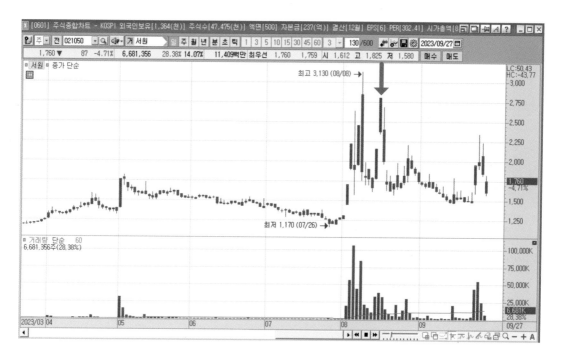

■ 서원 일봉

파란 화살표가 뒤폭탄이었다는 것을 모른 채 강하게 상승하는 장대양봉이 전고점인 3,130원을 돌파할 것이라는 생각으로 진입했다면 다음 날 시가 -14%로 시작하는 장대음봉에 크게 당하게 된다. 뒤폭탄 이후로 주가는 판바닥 위치로 돌아가려는 모습을 보이며 하락 추세를 이어 가는 것을 볼 수 있다. 이 차트를 보면서 뒤폭탄이 얼마나 무서운지 기억해야 한다. 혹시 전고점을 돌파할 것이라고 생각하고 진입했다면 손절로 대응해야 하는데 시가에 손절하더라도 원금의 -14%를 잃는 상황이 발생한다. 뒤폭탄 차트를 보며 우리가 기억해야 하는 것은 **고점을 찍고 내려오다가 급반등하는 것 같으면 어떠한 상황에도 쉽사리 진입하지 않는 것이 좋다는 것이다.**

서원 차트의 경우에는 파란 화살표에서 큰 거래량이 터지긴 했지만 최대 거래량은 발생하

지 않았다. 만약 하락 도중에 고점보다 큰 거래량이 출현하여 상승하면 진입해도 되는지 다음
사례를 살펴보자.

■ 엘앤에프 일봉

2차 전지 산업의 미래 실적에 대한 기대감으로 관련 종목이 파죽지세로 상승했다. 차트 왼
쪽부터 중간까지를 보면 엘앤에프도 2023년 초에 17만 원대를 유지하다가 34만 원까지 약 두
배가 올랐는데 바닥 대비 두 배가 상승했음에도 동종업체 대비 현저한 저평가 상태이고 중장
기 성장성이 더욱 높아지고 있어서 매력도가 높아 비중 확대를 추천한다는 증권 리포트가 발
행되었다. 34만 원의 고점을 찍고 하락하던 도중에도 완만하게 상승하는 모습을 보였으나 전
고점을 돌파하지 못하고 하락했는데 갑자기 파란 화살표에서 앞의 거래량을 압도하는 대량
거래량이 발생하며 17%나 상승한 것을 볼 수 있다. 시장 참여자들의 전폭적인 지지를 받아 2
차 전지 관련주에 돈이 몰리고 있던 상황이고 거래량이 갑자기 많이 늘어나며 강하게 상승했
기 때문에 상승 추세로 보일 수밖에 없는 상황이다. 최대 거래량이 발생하며 강하게 상승하는
모습을 발견하고 같이 진입했다면 어떤 상황이 발생했을지 이후 주가의 흐름을 살펴보자.

■ 엘앤에프 일봉

　　최대 거래량이 발생했던 파란 화살표 이후의 모습을 보면 바로 하락하지는 않았지만 전고점까지 상승하지 못하고 하락하여 상승 전 바닥 지점까지 도달하게 되었다. 결과적으로 보았을 때 최대 거래량을 보고 종가에 진입하였다면 긴 꼬리 장대음봉이 만들어진 5일 후 목표 수익률인 10%를 챙기고 나올 수 있는 기회가 있었지만 반대로 하락할 가능성도 컸기 때문에 초보 투자자의 경우에는 이런 투자는 피하는 것이 좋다. 고점에서는 하락 중에 최대 거래량이 발생하여 강하게 상승하더라도 섣불리 진입하지 않는 것이 상책이고 혹시 진입한다면 전고점을 넘는지 확인하고 기다렸다가 진입해야 한다. 원금을 지켜야 복리의 효과가 생긴다는 것을 잊지 말자. 고점에서 발생하는 뒤폭탄 유형을 한 가지 더 확인해 보자.

■ 포스코스틸리온 일봉

　　포스코그룹의 상승세로 3만 원대에서 횡보하던 종목이 최고 103,700원까지 급상승했다. 이후 고점에서 긴 꼬리를 만들고 오랫동안 하락하더니 파란 화살표에서는 4백만 주의 거래량이 발생하며 종가를 15%로 마무리했다. 이런 경우는 세력의 뒷설거지라고 할 수 있는데 앞에서 떠넘기지 못한 본인들의 물량을 털어 내기 위해 느닷없이 대량 거래량을 터트려 개인 투자자를 유혹하는 것이다. 세력의 뒷설거지 이후에 진입하면 어떻게 되는지 차트를 살펴보자.

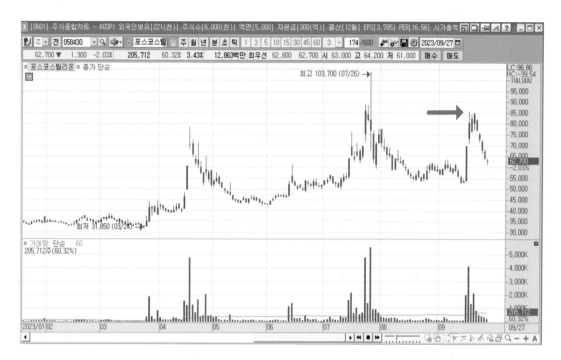

■ 포스코스틸리온 일봉

　　포스코그룹의 주가 상승세가 강했기 때문에 파란 화살표 전날 상한가에 도달하고 추가로 상승하는 모습을 보면 유혹을 이기지 못하고 진입하게 되는데 파란 화살표 이후에는 이렇다 할 수익의 기회가 없다는 것을 확인할 수 있다. 앞서 살펴본 엘앤에프의 경우에는 최대 거래량이 발생하고 수익 기회가 한 번이라도 있었지만 별다른 상승 없이 하락하는 경우가 압도적으로 더 많기 때문에 고점에서 발생하는 뒤폭탄을 우연히 발견한다면 대부분의 경우 세력이 보유 물량을 고점에서 다 털어 내지 못했을 때 마지막으로 개인 투자자들에게 떠넘기기 위한 뒷설거지라 생각하고 매수를 삼가야 한다.

04

내리막 폭포,
내리막 계단 파헤치기

　　내리막 폭포는 주가가 고점을 찍은 후 하락하는 도중에 살금살금 내려오다가 어느 날 갑자기 20% 이상 급락하는 경우를 말한다. 내리막 폭포가 발생한 당일 진입하지 말아야 하는 것은 당연하고 이후에도 가급적 진입을 자제해야 한다. 당일 낙폭이 과대되었다고 저점에 매입하기 위해 진입하는 경우가 많지만 우리는 이럴 때일수록 몸조심해야 한다. 내리막 폭포가 발생한 뒤에는 상승하는 척을 하지만 대부분의 경우 추가 하락하는 경우가 더 많기 때문에 일단 내리막 폭포가 발생한 종목은 가급적 진입하지 않는 것이 좋다. 혹시 진입하더라도 충분한 횡보 기간을 거친 후 장대양봉이 발생한 후에 진입하는 것이 좋다.

　　내리막 계단은 하루에 20~30% 높은 산에서 폭포 떨어지듯이 폭락하는 현상을 뜻하는 내리막 폭포와 다르게 **계단 내려가듯이 천천히 하루 1%, 2%, 3%, 5% 계단을 딛고 내려오는 경우를 말한다.** 이렇게 조금씩 내려가도 결국 모이면 내리막폭포만큼 하락하게 되는데 주봉이나, 월봉으로 보면 내리막 폭포의 모습을 할 때가 많다. 미지근한 물에 개구리를 넣고 천천히 끓이면 위험을 인지하지 못하고 죽는다는 유명한 은유가 있는데 내리막 계단은 투자금의 변화를 감지하지 못하도록 우리를 서서히 갉아먹는다. 크게 물리지만 않아도 80%는 성공이기 때문에 내리막 폭포와 내리막 계단은 반드시 피해야 할 유형이다. 차트와 함께 두 유형을 살펴보자.

■ 앤디포스 일봉

　일봉 200일 차트로 보면 고점에서부터 계속 하락하다가 파란 화살표에서 하루에만 2백만 주의 대량 거래량이 발생하며 장대음봉을 만든 것을 볼 수 있다. 이날 조광 ILI 대표의 조작, 횡령 뉴스에 그룹주 혹은 지분 관계가 얽힌 기업들이 일제히 가격 제한 폭인 30%까지 급락하는 흔치 않은 일이 발생했는데, 여기서 주목해야 할 것은 이렇게 많이 하락하는데도 거대 거래량이 발생하며 매수하는 투자자가 있었다는 것이다. 물론 낙폭이 과대되었으니 상승할 것을 기대하고 매수할 수도 있지만 이후에 반등 확률이 낮음에도 불구하고 종목의 특성이나 시황을 고려하지 않고 진입하는 투자자가 많아 안타까운 마음이 든다. 내리막 폭포가 발생하며 30% 급락한 뒤에는 어떻게 주가가 움직였는지 살펴보자.

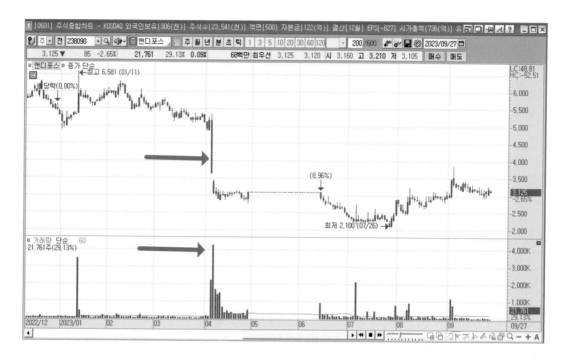

■ 앤디포스 일봉

　　장대음봉이 출현한 이후의 주가 흐름을 보면 다음 날 갭하락 장대음봉이 만들어지고 이후 지속적으로 흘러내리다가 이렇다 할 반등 없이 횡보하더니 두 달간 거래 정지까지 당하고 거래 정지가 풀린 다음에도 한동안 흘러내리는 것을 확인할 수 있다. 파란 화살표와 같이 내리막 폭포가 출현하면 계속된 하락이 예상되기 때문에 절대로 바로 뒤에 진입해서는 안 되고 충분한 횡보 기간을 거쳐야 한다. 아래에 있는 거래량 차트를 보면 파란 화살표가 가리키는 날 과거에 천천히 하락하면서 생긴 모든 거래량을 압도하는 장대음봉 거래량이 하루 만에 발생한 것을 볼 수 있다. 이날 충분히 하락했다고 판단하여 매수했다면 급작스럽게 하락한 주식에 물린 사람 또한 수없이 많아서 조금만 반등하는 조짐을 보여도 본인의 매물을 매도하기 때문에 즉각 상승하는 것이 어렵다는 것도 기억해야 한다. 이와 같이 내리막 폭포가 출현했을 때는 비록 차트가 상승 모양을 만들고 있더라도 섣불리 진입하지 말고 최소 몇 달은 기다린다는 마음으로 지켜보는 것이 좋다. 다른 차트도 살펴보자.

■ 오킨스전자 일봉

    22,800원까지 상승했던 종목이 서서히 하락하다가 파란 화살표에서 내리막 폭포를 만드는 모습이다. 시가 -1.72%부터 시작해서 -30%인 하한가에 도달했는데 이날 하루에만 백만 주가 거래되었고 다음 날은 초록 화살표에서 290만 주가 거래되며 다시 한번 하한가에 도달했다. 다시 말해 이틀 사이에 60%가 하락한 것이다. 첫 번째 내리막 폭포를 만들며 30% 급락할 때 백만 주의 거래량이 발생했다는 것은 매수하려는 사람이 있었다는 것을 말해 주는데, 다음 날에 3백만 주 거래량 가까이 터진 것은 더 많은 사람이 낙폭 과대라고 생각하여 매수하였기 때문이다. 60%를 급락했으니 반등할 것이라는 생각으로 매수했다면 어떠한 현상이 일어났을지 차트의 다음 흐름을 찾아보자.

■ 오킨스전자 일봉

　　내리막 폭포를 시작으로 60% 급락하며 대형 거래량이 발생했는데 다음 날에는 천만 주의 압도적인 거래량이 발생했다. 시가 -12%로 시작해서 장중에 -21%까지 하락했다가 종가 8%까지는 반등해 주었는데 다음 날부터는 다시 큰 반등 없이 4천 원대까지 계속 하락하는 모습이다. 내리막 폭포가 발생하면 반등해 줄 거라는 생각에 많은 투자자가 진입하지만 계속된 하락이 만들어질 가능성이 더 크기 때문에 절대로 바로 뒤에 진입해서는 안 되고 충분한 횡보 기간을 거쳐야 한다. 아래 거래량을 보면 내리막 폭포가 발생한 백만 주와 다음 날 삼백만 주의 거래량이 보이지도 않을 정도로 큰 천만 주의 거대 거래량이 하루 만에 발생했는데도 상승을 이어 가지 못하는 모습을 보인다. 내리막 폭포가 발생한 날 충분히 하락했다고 판단하며 매수한다면 급작스럽게 하락한 주식에 물린 사람 또한 수없이 많아서 조금만 반등하는 조짐을 보여도 본인의 매물을 매도하기 때문에 즉각 상승하는 것이 어렵다는 것도 기억해야 한다. 이와 같이 내리막 폭포가 출현했을 때는 비록 차트가 상승할 것만 같은 느낌을 주더라도 섣불리 진입하지 말고 최소 몇 달은 기다린다는 마음으로 지켜보는 것이 좋다. 다른 차트도 살펴보자.

　특별한 호재 없이 오랜 기간 신고가를 써 가며 끝없이 상승하던 종목들이 갑작스레 무더기 하한가를 맞았다. 외국계 증권사인 SG증권 창구를 통해 대량 물량이 나왔는데 이때 하림지주, 삼천리, 세방, 대성홀딩스, 서울가스, 다우데이타, 선광이 하한가로 직행하거나 폭락세로 마감했다. 내리막 폭포가 발생한 파란 화살표에서 2만 주의 거래량밖에 발생하지 않았고 점하한가가 발생하여 연속 두 번 -30% 급락이 있었을 때도 거래량이 거의 발생하지 않았기 때문에 이때는 매수하려는 사람이 없었다는 것을 말해 주지만, 4거래일째 되는 날에는 낙폭 과대라고 생각한 투자자들이 매수로 참여하여 초록 화살표에서 190만 주의 거래량이 발생했다. 연속 큰 폭으로 주가가 하락하면서 시장에서 '하따(하한가 따라잡기)', 즉 낙폭 과대 종목에 진입하여 기술적 반등을 노리는 단기 매매 기법을 사용하는 투자자들이 유입된 것인데 매수 기회라고 생각해서 매수했다면 어떠한 현상이 일어났을지 차트의 다음 흐름을 찾아보자.

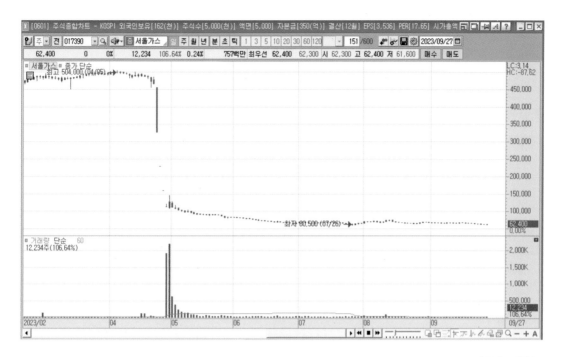

하따에 성공하여 당일 수익을 만들어 낼 수도 있겠지만 차트에서 보이는 것처럼 최대 거래량이 발생하고도 반등 없이 계속 하락하는 것을 확인할 수 있다. 낙폭 과대라고 판단하여 매수하였다면 끝없는 수렁에 갇히게 되는데, 주가가 고점 대비 많이 하락했다고 섣불리 진입하지 말고 이런 종목이 눈에 띄면 일단 피하고 중간에 반등하는 것 같아도 진입하지 않는 것이 중요하다. 기술적 반등을 노리고 하한가 따라잡기를 하다가는 실리콘밸리은행 파산 사태 이후 퍼스트리퍼블릭 하따를 노리고 매수하다가 상장폐지 절차를 밟게 되는 것과 같이 대응할 수도 없는 큰 투자 위험이 있기 때문에 초보 투자자는 이런 차트는 멀리하는 것이 좋다. 그나마 저점에서 내리막 폭포가 발생한 경우에는 작은 가능성으로 약반등하는 경우도 있지만, 내리막 폭포가 고점에서 발생한 경우는 회복의 가능성이 거의 없기 때문에 절대 진입해서는 안 된다.

💲 내리막 계단 차트 분석

내리막 폭포가 -20%부터 하한가까지 단숨에 폭락하는 경우라면 **내리막 계단은 하루하루 조금씩 하락하여 결국 내리막 폭포만큼 하락하는 현상**을 말한다. 내리막 계단도 내리막 폭포만큼 반등하기 어렵기 때문에 조심해야 한다. 다양한 차트 예시를 통해 내리막 계단 차트를 익혀 보자.

■ 세종메디칼 주봉

고점에 도달한 이후 하락세를 이어 가다가 가장 위에 위치한 파란 화살표에서 -12% 하락이 시작된 이후로 조금씩 내려오다가 다시 밑에 있는 화살표에서 -16% 하락하고 마지막 화살표에서는 -19%가 하락했다. 이후에는 큰 폭의 하락 없이 조금씩 계단식으로 매주 하락하는 모습을 보여 주는데 계단식으로 내려가던 내리막 계단이 모이면 내리막 폭포의 형태가 만들어진다. 월봉으로 확인해 보자.

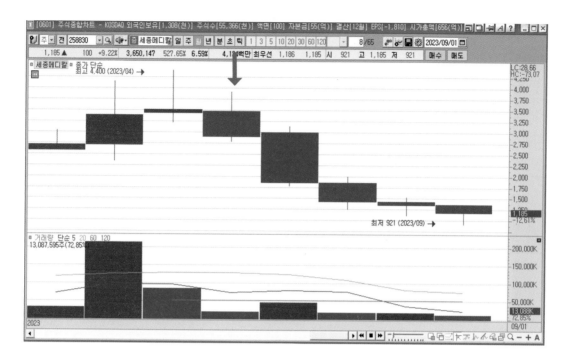

■ 세종메디칼 월봉

　　주봉에서는 내리막 계단식으로 하락하여 횡보하는 과정도 있던 모습이었는데 월봉으로 확인해 보니 급락하는 내리막 폭포로 차트가 이루어진 것을 확인할 수 있다. 만약 고점에서 매수하여 매주 계좌를 확인했다면 원금이 조금씩 줄어들다가 회복하는 모습을 보였겠지만 월 단위로 보면 나도 모르게 빠르게 돈이 줄어들고 있었던 것이다. 내리막 계단은 하락하는 도중에 가끔 반등하며 투자금이 조금씩 회복되는 모습을 보여 주기 때문에 손절매하기 어렵다. 가랑비에 옷 젖는 줄 모르고 소중한 계좌를 망치기 쉬운 유형이기 때문에 경각심을 가져야 한다. 일봉 차트도 함께 살펴보자.

　　일봉 차트로 보면 주가가 하락 추세에 있을 때 장대음봉과 함께 한 번에 급락하는 것이 아니라 횡보도 하고 중간중간 반등하려는 모습도 보이기 때문에 충분히 하락했다 판단하여 쉽사리 신규 진입하거나 물타기를 하여 평균 단가를 내리고 싶어진다. 하락하는 도중에도 조금씩 상승하는 모습을 보면 계좌가 회복될 것 같다는 행복한 상상에 빠지곤 하지만 내리막 계단에 한번 잘못 진입하면 가랑비에 옷이 젖듯이 서서히 소중한 수익을 앗아 가기 때문에 경계하고 또 경계해야 한다. 다른 차트로 한 개 더 살펴보자.

　　지어소프트의 자회사이자 2023년 상반기 '대어급' 공모주로 기대를 받았던 새벽 배송 업체 오아시스가 수요 예측 흥행에 실패하면서 상장 철회 가능성까지 나오고 있다는 소식에 하락했던 경우다. 처음에는 -7%, -3%로 천천히 하락하더니 3거래일에는 시간 외에서 하한가를 기록했다. 이후 반등을 시도하며 중간에서 양봉을 만들기도 했지만 다시 한번 -15% 급락하고 이후에는 거래량도 없이 조금씩 계단식으로 대세 하락하는 모습을 보인다. 이렇게 내리막 계단이 발생하여 천천히 하락하는 경우에는 주봉에서는 어떤 모습일지 살펴보자.

■ 지어소프트 주봉

　　주봉으로 확인하면 일봉에서 1%씩 천천히 하락하던 모습이 모여서 파란 화살표에서만 -19%, -17%씩 하락한 것을 볼 수 있다. 일봉에서는 하락하는 중에도 양봉을 만들며 조금씩 반등하려는 모습도 있지만 이렇게 주봉으로 확인해 보면 빠르게 하락하는 과정이었다는 것을 알게 된다. 빠르게 하락하고 있는 주식에 무모하게 진입할 필요도 없지만, 혹시라도 고점에서 진입했다면 더 늦기 전에 매도로 대응해야 한다. 하락하는 과정에서 많은 매물이 발생했기 때문에 웬만한 거래량으로는 반등을 시도할 수 없다는 것도 기억해야 하며 상승하려는 시도가 중간에 보이더라도 먼저 진입하지 말고 주가의 전체적인 추세를 파악하며 경계해야 한다.

05
내리막 외봉,
톱니바퀴 파헤치기

⑤ 내리막 외봉이란?

내리막 외봉은 주가가 상승을 마치고 하락하는 도중에 어느 날 갑자기 장대양봉을 발생시키는 경우를 말한다. 전일 대비 수백 퍼센트 혹은 수천 퍼센트 증가한 거래량이 불꽃처럼 발생하며 주가가 급등하는데 마치 주가가 계속 상승할 것 같은 착시 현상을 일으킨다. 내리막 외봉이 발생할 때 호가창은 굉장히 빠르게 움직이고 분봉은 전약후강의 형태(초반에 약하고 후반에 강한 모습)를 가지고 있기 때문에 호가창과 분봉을 쳐다보고 있으면 저절로 손이 나가도록 세력들이 설계한다. 필자도 내리막 외봉에 많이 당했기 때문에 내리막 외봉이라는 이름을 붙여 계좌를 깡통으로 만드는 유형으로 분류해 두었다. 내리막 외봉에 당하지 않기 위해 다양한 차트 모습을 살펴보자.

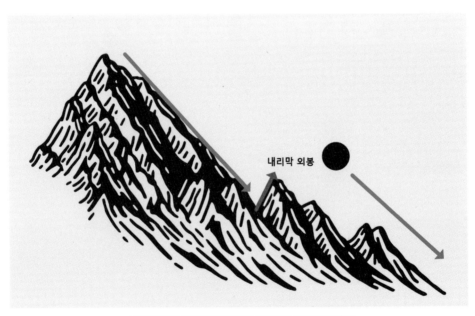

▲ 하락 중에 장대양봉과 함께 등장하는 내리막 외봉

■ 애경케미칼 일봉

27,800원까지 상승했던 주가가 고점을 점점 낮추며 추세 하락하는 모습이다. 파란 화살표가 가리키는 곳을 보면 하락 중에 과거 판바닥이 만들어졌던 동일한 가격대에서 전일 대비 104%가 증가한 천백만 주의 거래량이 발생한 것을 확인할 수 있다. 이날 시가 0%로 시작해서 장중 최고 25%까지 상승했다가 11%로 마무리되었는데 이 뜻은 장 초반에는 약했다가 장 후반에 강해지는 전약후강 형태로 진행되었다는 것을 말한다. 장 초반에는 약하던 주식이 시간이 지날수록 강한 상승을 보여 주었기 때문에 많은 사람이 바닥을 지지받고 다시 상승할 것이라고 판단하여 매수로 참여했다. 갑자기 증가한 거래량을 보고 매수로 참여했다면 주가는 어떻게 진행됐을지 살펴보자.

■ 애경케미칼 일봉

　　천백만 주의 대량 거래량이 발생했지만 주가는 상승을 이어 가지 못하고 다음 날부터 음봉을 만들며 하락하기 시작했는데 잠깐 반등하려는 시도가 있었지만 다시 힘없이 주저앉는 모습을 보인다. 거대 거래량이 발생했는데도 파란 화살표 이후에 상승세를 다시 이어 나가기 어려운 이유는 무엇일까? 파란 네모 안을 보면 고점에 도달하고 하락하던 도중에 전고점 돌파를 기대하고 매수했던 많은 물량을 확인할 수 있다. 많은 사람이 전고점 돌파를 기대하고 매수했지만 손절하지 못한 채 주식이 하락했고 오랜 시간 기다리고 있다가 평단가 근처에 도달해 주는 내리막 외봉이 발생할 때 본인의 물량을 던지기 때문에 매도 물량을 뚫고 상승하기 어려운 것이다. 매도 물량으로 인한 하락을 예상하지 않고 내리막 외봉이 발생할 때 만들어지는 강한 상승 힘에 이끌려 진입하게 된다면 엄청난 손실로 이어질 수 있기 때문에 고점을 찍고 내려오다가 장대양봉이 발생하면 내리막 외봉일 것이라고 의심하고 함부로 진입하지 않아야 자산을 지킬 수 있다. 다른 차트도 살펴보자.

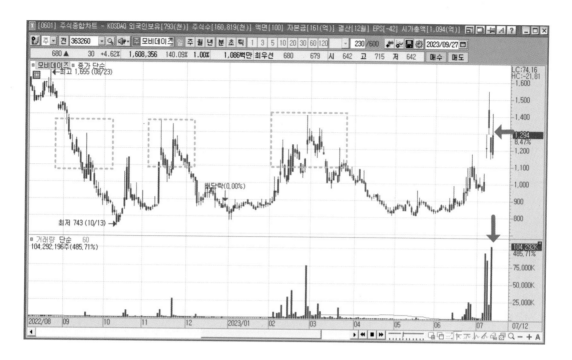

■ 모비데이즈 일봉

차트 왼쪽부터 보면 고점인 1,665원에 도달한 후 하락하고 세 번이나 다시 상승하려는 시도를 보였지만 고점에 도달하지 못하고 주저앉는 모습을 확인할 수 있다. 파란 화살표에서 전일 대비 485%가 증가한 1억 주의 대량 거래량이 발생했는데 천 원짜리 가벼운 종목에서 1억 주의 대량 거래량이 발생했기 때문에 이번에는 앞의 매물을 이겨 내고 상승할 것이라는 재반등의 신호로 착각하기 굉장히 쉽다. 이와 같은 거래량이 발생하면 파란 화살표와 비슷한 가격대에 만들어진 수많은 매물이 노란 점선 안에 보이더라도 무시하고 상승할 것이라는 생각이 지배하게 되는데 대량 거래량이 발생하고 매물 돌파가 되었는지 다음 차트에서 살펴보자.

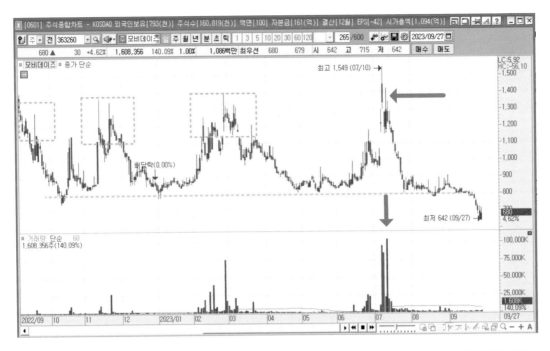

■ 모비데이즈 일봉

　　파란 화살표에서 내리막 외봉이 발생한 이후의 차트를 보면 다음 날부터 음봉이 만들어지
며 하락하는 모습을 보여 준다. 과거 판바닥이 만들어졌던 초록 점선에서는 하락을 멈추고 거
래량 없이 횡보하는 모습도 있었지만 판바닥이 깨지자 다시 추가 하락하는 모습이다. 내리막
외봉은 세력의 뒷설거지 중 하나이기 때문에 한번 잘못 진입하면 오래 물려 있어야 한다는 것
을 기억하고 조심해야 한다. 외봉이라는 이름 때문에 내리막 외봉은 한 번만 출현할 것 같은
느낌을 주지만 그렇지 않다. 이번에는 하락하던 중 여러 번 출현하는 내리막 외봉 차트를 살펴
보자.

■ 덕성 일봉

초전도체 관련 테마주로 14,800원까지 바닥 대비 5배나 한 달 동안 급등했는데 'LK-99'가 초전도체가 아니라는 주장이 나오면서 급락했다. 노란 화살표에서 뒤폭탄이 만들어지고 전고점을 돌파하지 못하더니 다음 날 점하한가로 하락하고 그다음 날에도 -30% 하락했다. 이틀 연속 하한가를 기록한 주가는 다음 날 양봉을 만들며 다시 상승하는 것 같은 모습을 만든 뒤 파란 화살표에서 전일 대비 112%의 거래량이 상승한 3천만 주의 거래량이 발생하며 다시 한 번 급등할 것 같은 분위기를 만들었다. 하지만 상승을 이어 가지 못했고 두 번째, 세 번째 화살표에서도 전일 대비 거래량이 폭발적으로 증가하며 반등하는 듯했지만 전고점을 넘지 못하고 계속 하락하는 모습이다. 두 번째, 세 번째 파란 화살표가 가리키는 내리막 외봉에서는 장중에 20% 이상 상승이 만들어졌다가 종가는 15%로 마무리했고 때마침 '초전도체는 과학 혁명'이라는 기사가 발행되며 관련 종목에 투심이 몰렸기 때문에 진입해 보고 싶은 생각이 들 수 있다. 하지만 내리막 외봉이 발생했을 때 거래량과 주식의 상승 폭만 보고 무작정 진입하면 큰 손실을 입게 되기 때문에 내리막 외봉이 출현했을 때는 추가 하락 가능성도 염두에 두어야 한다.

💲 톱니바퀴란?

필자가 진행하는 2시 라이브 방송에서 한번 걸리면 헤어 나오기 힘들다고 빈번하게 이야기하고 있는 **톱니바퀴는 바닥 대비 크게 상승한 종목이 하락할 때 상승하는 척하다가 하락하고, 다시 상승하는 척하다가 하락하고를 반복하여 차트를 톱니바퀴 모양으로 만드는 현상을 말한다.** 다시 상승해 줄 것만 같은 모습에 많은 사람이 하락 중에도 적극 매수하여 각 톱니바퀴에는 정리하지 못한 수많은 매물이 존재한다. 하락 중에 물린 사람들은 주가가 상승해 주기만을 기다리다가 본인의 평단가 근처에서 매물을 던져 탈출을 도모하고 있기 때문에 단순히 한때 반등하는 모습을 보인다고 해서 섣불리 진입했다가는 매물 벽에 막혀 손실을 보게 된다. 톱니바퀴를 거슬러서 상승하는 것이 얼마나 어려운지 차트 예시를 통해 살펴보자.

▲ 하락 중에 생긴 반등으로 만들어지는 톱니바퀴 차트

■ 카나리아바이오 일봉

　　노란 점선으로 표시된 12,000원이 심리적 지지선으로 작용되어 한 달 넘도록 노란 점선 위에서 횡보하다가 파란 화살표에서 내리막 계단이 생성되며 붕괴되는 모습이다. 하락 후 초록 화살표 부근에서 반등을 시도했으나 12,000원에서 지지선 역할을 하던 노란 점선이 저항으로 바뀌어 이를 뚫지 못하고 하락하기를 반복하며 톱니바퀴 차트를 만들다가 내리막 계단과 함께 오랜 기간 하락하게 된다. 급등했다가 폭락하는 주식은 개인 투자자들이 겁을 먹게 되어 진입하는 것을 자제하는데 톱니바퀴처럼 살짝 내려오다가 올라가는 것을 반복하며 희망 고문을 할 때는 오히려 속기 쉽다. 기존 보유자들도 조금 내려가다가 다시 상승할 것처럼 올라가는 모습에 쉽게 손절하지 못하고 서서히 손실액을 키워 가는 것이 다반사다.

■ 세토피아 일봉

정부가 중국 희토류 수출 금지 리스크 대응 전략을 발표했다는 소식에 상승세를 이어 가다가 베트남산 희토류 산화물 첫 발주 계약 소식에 파란 화살표가 가리키고 있는 고점인 5,560원에 도달했다. 이날 시가 17%로 강하게 시작하여 장중에 상한가를 기록했다가 종가는 -2%로 마무리했는데 최저 -13%까지 도달했기 때문에 하루에만 고점 대비 40%까지 하락하는 심한 급등락이 만들어졌다는 것을 알 수 있다. 파란 화살표 하루에만 2800만 주의 거래량이 발생했는데 이후의 차트 모습을 보면 톱니바퀴 모양을 만들며 하락 추세로 전환된 것을 알 수 있다. 파란 화살표에서 장대음봉을 만들며 급락하던 당시에 발생한 거래량은 얼핏 보아도 상승하면서 만들어진 거래량을 압도하는 긴 막대그래프로 표현된 것을 아래 거래량 차트에서 볼 수 있는데 이렇게 많은 거래량이 발생했다는 것은 급격한 변동성이 만들어질 때 수익 기회를 포착한 많은 사람이 매수했다는 것을 말한다. 상한가에 도달했다가 -13%까지 하락하는 급등락이 심한 날에 모든 사람이 매수하여 수익을 내면 좋겠지만 이런 날에는 예측하기 어려운 변동성 때문에 매수한 대부분의 투자자가 고점에 물리게 된다. 파란 화살표가 가리키는 거래일 이후에 상승이 가능하려면 고점에서 만들어진 모든 매도 물량을 소화할 수 있는 거대한 거래량이 동반되어 강하게 상승을 시도해야 한다. 하지만 이후 거래량을 보면 파란 화살표에서 생성되는 거래량보다 현저히 적은 거래량만 발생한 것을 확인할 수 있다. 노란 네모 점선 안에서 서서히 반등하며 상승을 도모하는 모습을 보였지만 돌파다운 돌파를 하지 못하고 다시 매물대에 막혀 계속 하락하는 모습을 보인다. 하락 중에도 상승을 시도하려다가 만들어진 톱니바퀴와 내리막 폭포, 내리막 계단이 지속적으로 발생하는 이와 같은 차트에서는 겹겹이 물린 수많은 투자자가 기다리고 있다가 조금만 상승하는 조짐이 보여도 매도 물량을 던지기 때문에 언제까지 하락할지 가늠하기 어렵고 상승은 더더욱 어렵기 때문에 신규 진입을 자제해야 한다.

▪ 새로닉스 일봉

파란 화살표가 가리키는 곳을 보니 장대양봉이 만들어졌는데 이날 전일 대비 700%가 상승한 140만 주의 거래량이 발생했다. 검은 화살표에서 장대음봉을 만든 후 하락 추세에 있던 종목에서 대량 거래량과 함께 상승하는 장대양봉을 보면 상승 추세로 전환될 것을 기대하고 매수하는 개인 투자자들이 많다. 물론 횡보하는 기간인 초록 점선 안에서 거래량이 거의 없었는데 횡보하는 동안 발생한 모든 거래량을 압도하는 장대양봉이 발생하면 진입하고 싶은 것이 사실이다. 하지만 거래량을 자세히 보면 검은 화살표에서 급등할 때 발생한 거래량의 절반도 안 되는 수준의 거래량이 발생한 것이기 때문에 파란 화살표에서의 상승은 개미들을 유혹하는 속임수일 가능성이 크다고 의심해 봐야 한다. 차트 왼편을 보면 이 종목은 14,000원대에서 오랜 기간 횡보하다가 고점인 검은 화살표까지 거의 5배가 급등했는데 이미 바닥 대비 몇 배 이상 상승한 종목에서 고점 긴 꼬리 음봉과 장대음봉이 만들어지며 하락했기 때문에 다른 종목을 찾는 것이 더 효과적이라고 할 수 있다. 바닥에서부터 급등한 종목은 하락할 때 바로 하락하지 않고 초록 점선 안처럼 조그마한 상승을 보여 주거나 파란 화살표처럼 장대양봉을 만들어 내며 하락 중에도 상승할 것 같은 모습을 반복하는데 이런 종목을 나중에 찾아보면 상승과 하락이 반복되어 차트가 톱니바퀴처럼 되어 있다. 파란 화살표 이후의 모습을 살펴보자.

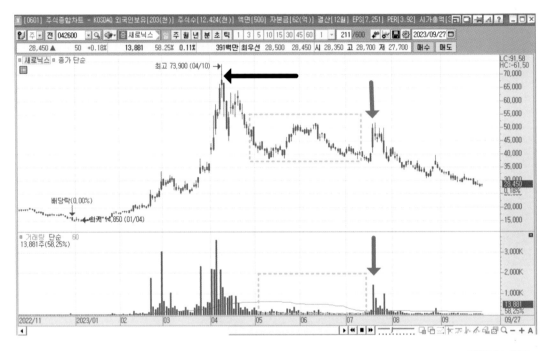

■ 새로닉스 일봉

파란 화살표에서 장대양봉이 만들어졌지만 차트는 상승할 듯하다가 하락하고, 다시 상승할 듯하다가 하락하는 모습을 반복하며 톱니바퀴 모양의 차트를 만들었다. 고점까지 급등했는데 장대음봉과 함께 하락한 종목에서 조정 후 재상승의 조짐이 보인다고 하더라도 세력이 정리하지 못한 물량을 처리하는 뒤폭탄의 일종이라고 예측하여 섣불리 진입하지 않는 것이 좋다. 이와 같이 차트가 만들어지면 고점까지 돌아오는 데 얼마나 걸릴지 아무도 예측할 수 없기 때문에 빨간색의 장대양봉을 보고 불나방처럼 뛰어들어서는 안 된다.

06

다중꼬리,
쌍봉 파헤치기

⑤ 다중꼬리란?

다중꼬리는 특정한 가격대에 도달하기만 하면 긴 꼬리를 달고 하락하는 현상이 여러 번 발생하는 것을 말하는데 차트를 볼 때 **많은 꼬리가 달려 있으면 다중꼬리**라 생각하면 된다. 다중꼬리가 발생하는 종목에서는 꼬리 부분에 매물대가 많기 때문에 거래량을 동반한 장대양봉이 발생하더라도 쉽게 진입해서는 안 되며 언제든지 하락하여 물릴 수 있다는 것을 인지해야 한다. 이후에 다중턱, 다중봉을 따로 분류하여 설명하겠지만 개념이 다소 겹치는 부분이 있기 때문에 실제 매수 판단을 할 때는 같은 개념이라 생각하고 활용하는 것이 좋다. 차트 예시를 통해 다중꼬리의 위험성을 살펴보자.

▲ 매물대가 많아 상승하기 어려운 다중 꼬리 차트

■ 디에스케이 일봉

　파란 화살표로 세 개의 꼬리를 표시해 두었다. 잘 상승하다가도 7천 원 이상만 되면 꼬리를 달고 힘없이 하락하는 기이한 현상을 만드는 것을 확인할 수 있는데 상승할 때 만들어진 거래량을 보면 횡보할 때 발생한 모든 거래량을 압도하는 대량 거래량이 동반된 것을 확인할 수 있다. 이렇게 많은 꼬리가 있는 종목은 대량 거래량이 발생하더라도 추가 상승하기 어렵기 때문에 애초에 고점에서 추가 상승을 기대하고 매수하지 않는 것이 좋다.

　꼬리가 만들어지면 고점에서 물린 투자자가 많아 매물이 생기고 추가 상승하기 어렵다는 것은 알겠는데 무엇 때문에 이렇게나 많은 꼬리가 만들어지는 것일까? 이번에는 주봉으로 확인해 보자.

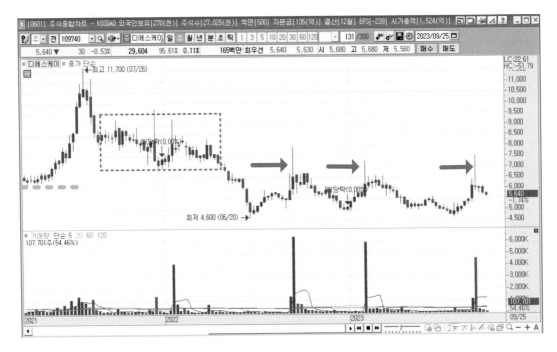

■ 디에스케이 주봉

차트 왼쪽부터 살펴보자. 노란 점선으로 표시된 곳을 보면 6,000원에서 바닥을 만들더니 단기간에 11,700원까지 폭등했다. 바닥 대비 2배가 단기간에 상승한 모습을 보여 주었기 때문에 급격하게 하락하더라도 이 종목은 다시 크게 상승할 것이라고 믿는 투자자들이 하락 중에도 매수에 참여하게 된다. 파란 점선으로 표시된 부분을 보면 장중에 상승했다가 급격하게 하락하며 많은 긴 꼬리가 만들어진 것이 보이는데 투자자들은 이때 상승을 기대하고 고점에 매수했다가 하락할 때 대응하지 못하고 물리게 된다. 오랜 기간 물려 있다가 파란 화살표에서 본인의 평단가 근처로 상승하기만 하면 보유 물량을 시장에 던지기 때문에 추가 상승이 어렵다. 가늘어 보이는 꼬리 안에 수많은 사람의 물량이 물려 있다고 생각하여 꼬리가 많을 때는 대량 거래량과 함께 장대양봉이 만들어지더라도 언제든지 하락할 수 있다는 것을 기억하고 함부로 진입해서는 안 된다. 다른 차트 예시도 살펴보자.

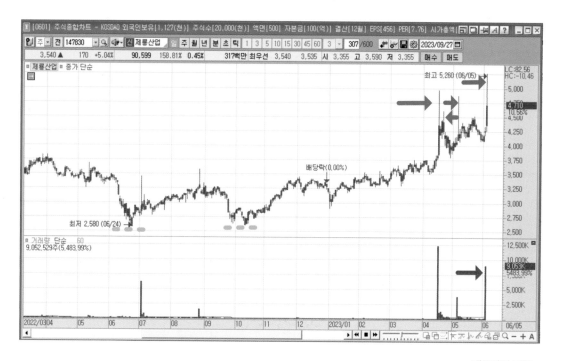

■ 제룡산업 일봉

　노란 점선에서 하락을 멈추고 바닥을 다지며 우상향하는 종목의 차트이다. 하지만 상승하던 주가는 파란 화살표가 가리키는 부분인 4,500원 근처에만 가면 긴 꼬리를 만들고 하락하고 있다. 아래의 거래량 차트를 보면 빨간 화살표로 900만 주의 대량 거래량이 발생한 날을 표시해 두었는데 꼬리가 많이 보이는 차트에서는 대량 거래량이 발생하며 장대양봉이 생기더라도 안일하게 매수해서는 안 된다. 다중꼬리 차트를 발견하면 특정 가격에서 매물을 던지는 매도 주체로 인해 언제든지 긴 꼬리를 만들고 하락할 수 있다는 것을 먼저 생각해야 한다. 장대양봉은 상승의 신호탄으로도 볼 수 있지만 이런 상황에서는 장대양봉으로도 특정한 가격대를 뚫기 어려울 것이라고 경계하며 차트를 바라보는 것이 좋다. 긴 꼬리가 생기는 원인을 정확히 파악하기 위해 주봉 차트도 함께 확인해 보자.

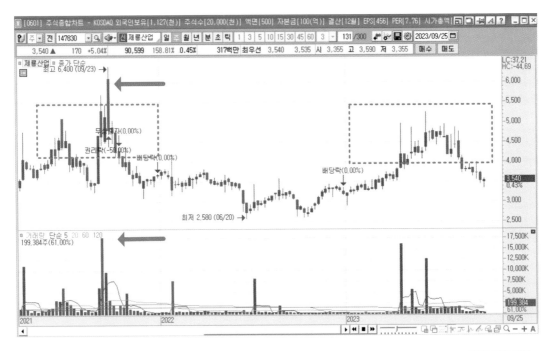

■ 제룡산업 주봉

주봉으로 확인해 보면 차트 왼편에서 6,400원까지 급등했다가 상승 전 가격으로 주가가 돌아온 것을 확인할 수 있다. 파란 화살표를 보면 하락할 당시에도 대량 거래량과 함께 장대음봉을 만들며 급락했는데 수많은 사람이 하락 중에도 매수했다. 이때 매수한 투자자들은 본인의 평단가 근처에만 도달하면 본전 회복을 위해 매물을 던지기 때문에 상승하기 어려운데, 많은 매도 물량으로 인해 꼬리가 반복적으로 만들어지는 모습이 보이면 실망 매물이 쏟아지게 되어 하락 추세로 변하게 된다. 다중꼬리가 연속으로 생긴다면 특정한 가격대에서 매도 물량을 던져 주가를 하락시키는 주체가 있다는 것을 기억하고 안일하게 진입하지 말아야 한다. 과거에 매물대가 있어서 상승하기 어렵다는 것은 이해가 되는데 신고가에 도달한 차트는 어떻게 다중꼬리가 만들어질까? 다음 차트에서 살펴보자.

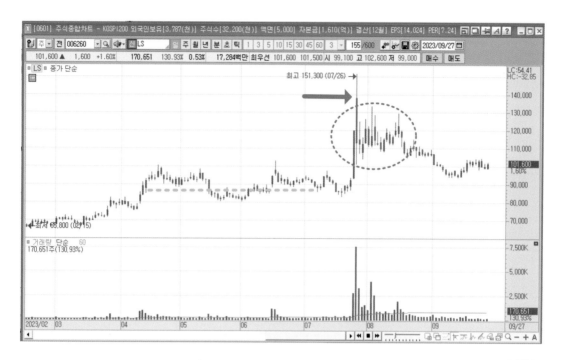

2차 전지에 대한 투자 열풍이 이어지던 중 '제3의 에코프로', '제2의 포스코홀딩스'로 LS가 지목되며 매수세가 몰려 52주 신고가에 도달했다. 상승할 당시 LS가 2차 전지 재활용 영역으로 사업을 넓혀 가는 등 미래 성장 가능성이 크다고 분석하고 실적이 예상보다 선전할 것이라는 리포트도 때맞춰서 나왔기 때문에 750만 주 이상의 대량 거래량이 터졌다. 2007년도 이후에 15만 원대에 도달한 적이 없었고 파란 화살표가 가리키는 거래일에는 호실적이 예상된다며 적극 매수하라는 리포트와 함께 16만 원을 목표가로 잡은 리포트도 발행되었기 때문에 끝없이 상승할 것 같았다. 하지만 이날 끝없이 상승하던 2차 전지 관련 주 모두 느닷없이 급락하여 25%까지 상승하던 종목이 -5%까지 하락하며 장대음봉으로 마무리되었다. 비록 급락을 했지만 회사에 대한 리포트도 좋고 성장성도 좋기 때문에 많은 투자자가 여전히 매수하여 파란 원 안에서도 많은 거래가 이루어졌지만 대량 거래량과 함께 장대음봉이 만들어진 날 많은 투자자가 고점에서 매수하여 물렸기 때문에 상승하려고만 하면 보유 중인 매물을 던져 꼬리를 만들고 하락하는 모습이다. 파란 화살표가 가리키는 날 LS 혼자 하락한 것이 아니라 2차 전지 관련주가 단체로 폭락했고 장대음봉이 만들어진 날 전일 대비 320%의 대량 거래량이 발생하며 하락했기 때문에 매도 물량이 많아 상승하기 어렵다고 생각하고 파란 원 안과 같은 자리에서는 함부로 매수해서는 안 된다. LS가 오후 들어 갑자기 급락하던 중에도 증권가에서는 LS가 LS전선, LS ELECTRIC(일렉트릭), LSMnM 등 자회사를 가지고 있어 모든 사업 부문이 전기로 수직 계열화되어 있기 때문에 상승 여력이 있다는 분석을 내놓았고, 급락한 다음 날에도 입황 호황기에 진입하였고 사상 최대 영업익 전망이라는 리포트를 내놓았기 때문에 개인 투자자는 회사의 성장성을 믿고 무작정 언젠가는 오르겠지 싶은 마음에 매수 버튼을 누르게 된다. 하지만 파죽지세로 상승하던 2차 전지는 차익실현용 매물이 이미 고점에서 출회되었기 때문에 이미 바닥에서부터 천천히 모아온 대량 물량이 빠져나갔다고 봐야 하고 다시 상승할 때까지 얼마나 걸릴지는 가늠하기 어렵다. 회사의 성장성을 보고 장기적으로 투자하는 것을 선호하는 투자자라도 대량 거래가 발생한 후 다중꼬리가 만들어지며 상승하지 못하는 모습을 보이는 자리에서 쉽게 매수했다가는 언제 다시 상승할지 모르는 주식에 물리게 되기 때문에 차트 분석에 대한 지식이 필요하다.

⑤ 쌍봉이란?

쌍봉은 차트를 설명할 때 흔히 사용하는 용어이지만 초보 투자자에게는 생소하게 느껴질 수 있다. **쌍봉**을 이해하기 위해서는 산봉우리를 상상하면 도움이 되는데 **한번 상승했다가 하락한 후 다시 고점을 돌파하려고 시도하다가 산봉우리 두 개처럼 봉우리 두 개가 차트에 만들어진 모습**을 말한다. 상승했던 주식이 하락했다가 다시 고점 근처까지 올랐는데 이전의 고점을 넘지 못하는 모습을 보이면 해당 종목의 한계를 확인했다고 생각한 투자자들의 실망 매물이 쏟아져 나와 급락이 나오기 때문에 쌍봉은 매도 신호로 여겨진다. 쌍봉을 제대로 이해하기 위해 차트 예시와 함께 살펴보자.

■ 비에이치아이 일봉

차트 왼쪽부터 보면 11,750원까지 도달했던 주가가 4,700원까지 하락했는데 빨간 원 안에서 갭상승을 하며 18%, 10%, 22%의 연속 상승을 만들어 냈다. 강한 상승세임에도 불구하고 차트 왼편에 쌓인 매물이 많아 하락을 이어 가다가 다시 차트 중간에서 상승을 시도하는 모습을 보이는데 빨간 원에서 만든 고점을 넘어섰지만 결국 힘을 잃고 무너졌다. 마지막으로 차트 가장 오른편에 위치한 초록 점선을 보면 갑자기 상한가에 도달하며 전일 대비 1,585% 거래량이 상승한 8백만 주의 막대한 거래량이 발생했는데 다음 날에도 전일 대비 거래량이 128% 늘어나며 천만 주의 거래량과 함께 강한 상승을 이어 나갔다. 이와 같은 차트가 만들어지면 개인 투자자는 전일 대비 천 프로의 거래량이 넘는 대량 거래량과 강한 매수세가 만들어 내는 상승을 보고 앞으로도 추가 상승할 것 같은 기분이 들어 당장이라도 매수하고 싶다는 생각을 하게 된다. 성급하게 매수하기 전에 잠시 눈을 돌려 차트 왼편도 살펴보자.

파란 점선 안에서 첫 번째 산봉우리가 만들어지고 하락한 뒤 10개월이 지나 초록 점선에서 다시 한번 봉우리가 만들어지며 쌍봉이 형성되는 모습이다. 아래의 거래량 차트를 확인해 보아도 첫 번째 봉우리인 파란 점선에서는 거래량이 거의 없었고 두 번째 봉우리인 초록 점선에서는 대량 거래량이 발생했다. 두 번째 봉우리에서 발생한 거래량이 압도적으로 많았고 첫 번째 산봉우리가 만들어진 후 10개월이라는 긴 시간이 지났기 때문에 두 번째 봉우리 이후에는 추가 상승을 노리고 진입해도 될 것 같은 모습이다. 하지만 필자는 이런 차트를 보면 '봉우리는 봉우리다.'라는 생각을 하며 쌍봉을 일단 경계하는데, 쌍봉이 만들어지고 어떻게 주가가 움직였는지 살펴보자.

■ 비에이치아이 일봉

파란 점선과 초록 점선에서 쌍봉이 형성되었는데 두 번째 봉인 초록 점선에서는 전고점인 11,750원까지 도달하지 못하고 급락해서 결국 반토막 수준까지 하락한 모습이다. 거래량 차트를 확인해 보면 두 번째 봉우리에서 첫 번째 봉우리가 만들어질 때와는 비교할 수 없는 거대한 거래량이 발생하며 힘차게 상승했지만 결국 첫 번째 봉우리를 넘지 못하고 주저앉았다. 봉우리가 발견되면 아무리 거래량을 동반하여 강하게 상승하더라도 하락 가능성이 더 크다는 것을 잊지 말자.

두 번째 봉우리에서 훨씬 많은 거래량이 발생했음에도 고점을 돌파하지 못하고 주가가 주저앉는 것을 보았는데 그렇다면 첫 번째 봉우리에서 대량 거래량이 발생하고 두 번째 봉우리에서는 적은 거래량이 발생하는 반대의 상황에서는 진입해도 되는 것일까? 쌍봉의 다음 유형을 살펴보자.

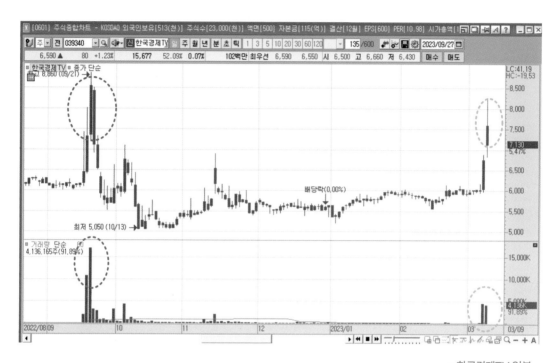

■ 한국경제TV 일봉

파란 점선에서 첫 번째 봉우리가 만들어질 때 천만 주의 거래량이 터지며 상승하고 고점에서 1700만 주의 대량 거래량이 발생했는데 다음 날 상승을 이어 가지 못하고 장대음봉과 함께 급락했다. 6개월 동안의 횡보 과정을 거치다가 초록 점선에서 4백만 주의 거래량과 함께 장대양봉을 만들고 고점에서도 4백만 주의 거래량이 발생하며 장대음봉이 만들어졌다. 첫 번째 봉우리를 보면 대량 거래량이 발생했는데도 뻗어 나가지 못하고 다음 날 느닷없이 내리막 폭포를 만들며 급락했는데 두 번째 봉우리에서도 뻗어 나가지 못하고 폭락할 가능성이 있다는 것을 염두에 두고 있어야 한다. 이와 같은 폭락은 자연스럽게 만들어지는 것이 아니고 누군가 커다란 물량을 던졌을 경우에 발생하는데 대량 매도 물량에 놀란 투자자들이 보유 물량을 함께 던지기 때문에 더욱 주의해야 한다. 쌍봉이 만들어지고 초록 점선 이후에는 어떻게 차트가 움직였는지 확인해 보자.

■ 한국경제TV 일봉

첫 번째 봉우리에서 고점에 도달한 후 내리막 폭포를 만들며 급락했던 것처럼 두 번째 봉우리에서도 쌍봉을 이겨 내지 못하고 똑같은 패턴으로 급락하는 것을 볼 수 있다. 두 번째 봉우리에서는 다음 날 시가 -7%로 시작하여 추가 하락하더니 -12%로 마무리했고 그다음 날도 갭하락하여 -3%로 시작했다. 두 봉우리에서 고점에 도달한 후 비슷한 방식으로 폭락하는 형국인데 거래량 차트를 보면 두 번째 봉우리에서는 거래량마저 약했고 주가 또한 첫 번째 봉우리의 고점 근처였기 때문에 불안 요소가 더 많았다.

쌍봉의 첫 번째 예시로 살펴본 비에이치아이 차트에서는 두 번째 봉우리에서 거래량이 월등히 많았는데 쌍봉이 만들어지자 폭락했고 두 번째 예시인 한국경제TV 차트에서는 첫 번째 봉우리에서 거래량이 월등히 많았는데 쌍봉이 만들어지자 하락했다. 혹시 발생한 거래량이 달라서 하락한 것은 아닐까? 이번에는 두 봉우리에서 거래량이 균형 있게 발생한 경우를 살펴보자.

■ 알에스오토메이션 일봉

　첫 번째 봉우리인 파란 점선에서 긴 위꼬리가 만들어지며 하락했는데 앞에서 살펴본 두 쌍봉 차트와 다르게 천천히 하락하는 모습을 보인다. 아래 거래량 차트를 육안으로 확인해 보아도 두 봉우리에서 발생한 거래량 막대의 길이도 비슷하고 만들어진 고점도 비슷하기 때문에 앞에서 살펴보았던 차트보다 더 균형 있게 쌍봉이 만들어진 느낌이 든다. 특히 두 번째 봉우리에서 상승할 당시에는 52주 신고가를 경신하기도 했고 두산로보틱스의 코스피 상장 절차가 본격화되고 있었기 때문에 로봇 관련 종목이 단체로 강하게 상승하며 고점을 넘을 것 같은 생각이 들기 쉽다. 이와 같은 상황에서 쌍봉 이후의 차트는 어떻게 만들어졌는지 다음 차트에서 확인해 보자.

로봇주에 대한 시장의 관심이 컸고 52주 신고가에 도달했음에도 초록 점선 이후의 상황을 보면 쌍봉을 이기지 못하고 22,000원 근처까지 도달했던 주식이 15,000원대로 하락한 모습을 보게 된다. 쌍봉의 결투에서 패배한 주가는 판바닥 수준까지 밀려날 가능성이 크다. 첫 번째 봉우리에서 대량 거래량이 발생하거나, 두 번째 봉우리에서 대량 거래량이 발생하거나, 두 봉우리 비슷하게 거래량이 발생하거나, 쌍봉 차트는 거래량의 크기와 관계없다는 것을 알 수 있다. 쌍봉에서 반드시 기억해야 할 점은 고점에서 쌍봉이 만들어지면 '봉우리는 봉우리다.'라는 생각을 가져야 하는 것이고 언제든지 폭락할 수 있는 위험한 상태이기 때문에 아무리 좋은 리포트와 기사가 발행되더라도 주의해야 한다는 것이다.

07

다중턱, 다중봉
파헤치기

⑤ 다중턱, 다중봉이란?

다중은 여러 개가 겹쳐 있다는 것을 뜻하는데 **다중턱은 턱 모양이 여러 개가 겹쳐 있는 것,
다중봉은 봉 모양이 여러 개가 겹쳐 있는 것을 말한다.** 책에서 공부할 때는 다중턱, 다중봉, 다
중꼬리라고 구분 짓고 따로 살펴보겠지만 실무적으로 3가지를 확연하게 구별하기는 어렵다.
복잡하게 생각할 것 없이 다중턱, 다중봉, 다중꼬리 모두 일단 피해야 하는 위험한 차트라고
기억하는 것이 좋다. 차트 예시를 통해 하나씩 살펴보자.

▲ 여러 산봉우리가 겹쳐 있는 모습을 상상해 보자.

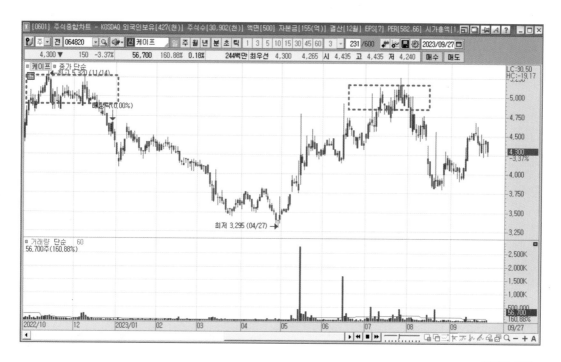

■ 케이프 일봉

　　차트 왼쪽부터 보면 5천 원 이상을 크게 벗어나지 않고 비슷한 가격대에서 횡보하며 다중턱을 만드는 것이 보인다. 저점을 깨고 5달 동안 긴 하락을 이어 가다가 최저점인 3,295원에 도달하고 다시 반등하기 시작했는데 다시 차트 오른쪽에서 5천 원대 이상에 도달하니 다중턱을 한 번 더 만들다가 상승하지 못하고 하락하는 모습이다. 아래의 거래량 차트를 보면 큰 거래가 발생한 것도 아닌 것 같은데 5천 원의 벽을 넘지 못하고 주가가 흘러내리는 이유는 무엇일까? 전체적인 차트 흐름을 알기 위해 더 많은 일봉을 볼 수 있는 일봉 600일로 설정해서 찾아보자.

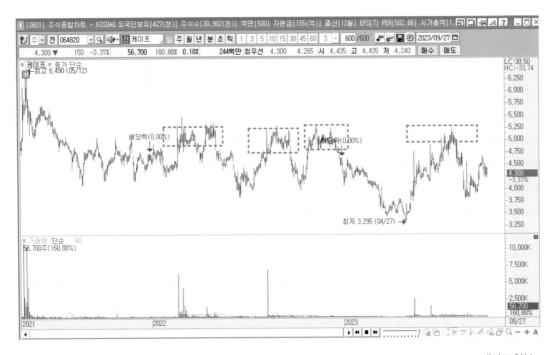

■ 케이프 일봉

600일 동안의 거래일을 보니 1년 전부터 다중턱이 5,000원대에서 계속 만들어지며 주가가 그 이상 상승하지 못하는 것을 확인할 수 있다. 하락하다가도 다중턱까지 반등해 주는 모습을 보이지만 비슷한 가격대에 다중턱이 포진해 있으면 거래가 많이 이루어져 매물이 많다는 뜻으로 다중턱 이상으로 상승할 수 있는 가능성이 크지 않다는 것을 뜻한다. 일봉 600일로 확인해 보니 처음에는 찾을 수 없던 매물대가 추가로 보이는데 이번에는 더 넓은 관점으로 차트의 흐름을 파악하기 위해 주봉도 확인해 보자.

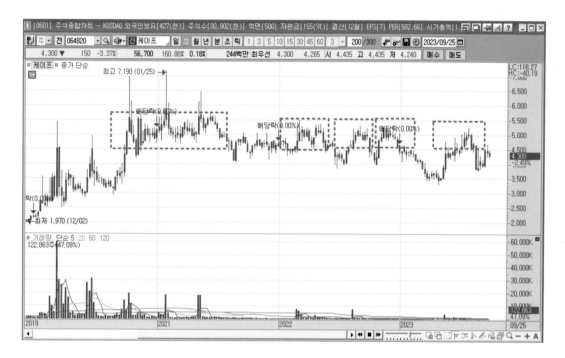

　주봉으로 확인해 보니 일봉에서 확인했을 때보다 더 많은 다중턱이 숨어 있던 것을 알 수 있다. 차트 왼쪽에 있는 다중턱에서는 오랜 기간 횡보하며 턱이 만들어지고 5천 원 이상 상승해 보려는 시도가 있었지만 주가가 뻗어 나가지 못하고 긴 꼬리와 함께 하락하는 모습을 보여 준다. 일봉에서도 수많은 다중턱이 있었는데 주봉에서도 같은 가격대에 악성 매물이 많이 쌓여 있으면 추가 상승이 쉽지 않다는 것을 예측해 볼 수 있다. 마지막으로 월봉도 함께 확인해 보자.

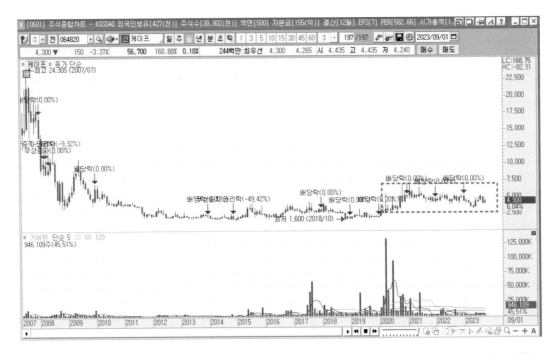

■ 케이프 월봉

　월봉으로 확인해 보니 2천 원대에서 바닥이 만들어지며 큰 가격 변화 없이 10년을 횡보했는데 파란 점선에서도 2년 동안 주가의 큰 변화 없이 비슷한 가격대에서 횡보하는 모습을 볼 수 있다. 월봉 차트로 확인해 보면 같은 가격대에 다중턱이 몰려 있는 것이 한눈에 보이는데 이런 차트에서는 오랜 기간 축적된 대량 매물을 이기지 못하고 주가가 하락할 가능성이 상승할 가능성보다 크다. 이와 같이 다중턱이 포진한다면 일단 보수적인 관점으로 차트를 바라보며 진입하지 않는 것이 원칙이다. 다음 차트를 살펴보자.

■ 바텍 일봉

파란 점선 안을 보니 4만 원대 이상으로 상승하면 다중턱이 만들어지는 것을 알 수 있는데 이런 차트를 보면 누군가가 4만 원이 넘는 것을 원하지 않는다고 생각하며 다중턱 위에서는 함부로 진입하지 않아야 한다. 과거 빨간 화살표에서 거대한 장대양봉이 만들어지며 급상승하는 모습들이 있었기 때문에 이런 차트에서 주가가 하락하면 저점이라고 판단하여 한번 매수해 보는 개인 투자자들이 많다. 하지만 언제 상승할지 모르는 주식에 무작정 진입해서는 안 되고 특히 다중턱이 만들어지는 고점에서는 더더욱 안 된다. 과거에 만들어진 커다란 장대양봉을 미래에 상승할 수 있다는 실마리로 해석하는 것이 아니라 오랜 기간 장대양봉 고점에 물려 있는 투자자들이 내가 진입하기만 기다렸다가 보유 매물을 던지려고 준비하는 매물의 집합이라는 것을 기억해야 한다. 차트 오른쪽 끝을 보면 충분히 하락한 것 같아서 앞으로 상승 여력이 많을 것으로 생각하고 미리 진입해 보고 싶은데, 혹시나 이런 자리에서 주식을 발견하면 대량 거래량과 함께 강하게 돌파하는 것을 확인하고 진입해야 안전하고 단기간에 수익을 낼 수 있다. 주봉으로도 확인해 보자.

　　주봉으로 확인해 보니 다중턱이 명확히 보인다. 4만 원만 넘으면 상승을 시도하려고 오랜 기간 횡보하지만 꼬리를 달고 내려오거나 급격하게 하락하는 모습이다. 이런 차트에서 수익을 안전하게 내기 위해서는 관심 종목에 넣고 기다리다가 다중봉이 모여 있는 4만 원대를 대량 거래량을 동반한 장대양봉이 강하게 돌파하는 모습을 보고 종가에 진입하는 것이다. 개인 투자자들은 흔히 대량 거래량을 보고 장 초반에 진입하여 더 큰 수익을 도모하지만 장중에도 언제든지 매물대를 이기지 못하고 꼬리를 만들며 하락할 수 있기 때문에 종가에 확실히 돌파하는 모습을 보고 진입하는 것이 중요하다. 또한 주가가 하락할 때 미리 저점에 진입하여 기다리다가 운 좋게 수익을 만들 수도 있겠지만 내일의 주가가 어떻게 될지는 예측할 수 없기 때문에 세력의 큰돈을 믿고 확실한 증거가 있을 때만 진입해야 한다.

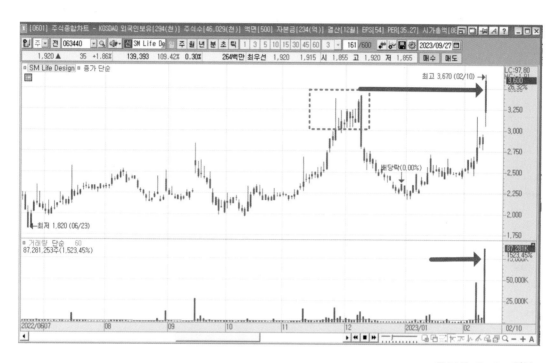

▪ SM Life Design 일봉

빨간 화살표가 가리키는 곳을 보니 장대양봉이 전고점을 돌파하여 26% 상승했다. 이날 전일 대비 1,523% 증가한 8700만 주의 대량 거래량이 발생했고 하이브가 에스엠 창업자인 이수만 전 총괄 프로듀서의 지분을 대거 인수한다는 소식에 SM과 SM 계열사들이 같이 상승했다. 앞에서 살펴본 다중턱 차트인 바텍에서 다중봉이 모여 있는 가격대를 대량 거래량을 동반한 장대양봉이 강하게 돌파하면 종가에 진입한다고 공부했었다. 이 차트를 발견했을 때가 장 마감이 20분 남은 오후 3시라고 생각하고 차트를 살펴보자. 장 마감 직전인데도 주가는 하락할 생각을 안 하고 대량 거래량도 발생했으며 전고점도 강하게 돌파했다. 뉴스도 좋고 가격도 3천 원대이니 여기서 하락해 봤자 얼마나 하락할까? 대량 거래량을 동반한 장대양봉은 상승의 신호탄이라고 했고 회사 주인도 바뀐다고 하니 이번에는 매수해도 괜찮을 것 같은 생각이 든다. 빨간 화살표 이후의 차트를 살펴보자.

• SM Life Design 일봉

　부푼 기대를 안고 종가에 매수했더니 다음 날 장대음봉이 생기며 -10% 하락했다. 그다음 날은 -4%가 추가 하락했는데 시장에 관심을 많이 받는 주식이니 다시 반등할 것이라는 기대를 가지고 버텨 본다. 역시나 3거래일에 장대양봉이 생기더니 15%까지 상승했다가 6%로 마무리했다. 시세가 끝나지 않았다는 생각이 든다. 그다음 날도 6% 상승하고 이어서 -3%, -8% 하락했다. 그 후 천천히 하락하는데 이 정도 하락은 각오했기 때문에 괜찮다. 이런 식으로 주가가 하락하는데도 합리화하며 버티다 보니 어느새 고점 대비 50% 하락해서 크게 줄어든 투자금을 마주하게 된다. 모든 게 맞아떨어지는 것 같았는데 무엇이 문제였을까? 문제를 찾기 위해 이번에는 주봉으로 살펴보자.

• SM Life Design 주봉

전고점을 돌파했다고 생각했지만 주봉을 보니 차트 왼편에 훨씬 더 많은 다중봉이 형성되어 있는 것이 보인다. 주봉으로만 확인했을 때 이 종목의 전고점은 검은 화살표가 가리키는 긴 꼬리 장대양봉과 다음에 만들어진 장대음봉인데 과거에 초록 화살표에서 대량 거래량이 발생하며 상승을 시도했으나 실패한 적이 있다. 초록 화살표 이후에도 주가는 조금씩 상승하며 전고점 돌파를 여러 번 시도했으나 긴 꼬리와 함께 다중봉이 만들어지는 모습을 보이고 있기 때문에 빨간 화살표에서도 다중봉이 만들어진 가격대에서 더 뻗어 나가지 못하고 하락할 확률이 높다고 보는 것이 합리적이다. 이런 차트에서 가장 안전하게 수익을 내려면 검은 화살표가 만든 고점을 대량 거래량과 함께 돌파하는 순간 진입해야 한다. 초보 투자자들은 차트의 단편적인 모습을 보고 큰 흐름을 놓치는데 항상 일봉도 확대해서 살펴보고 주봉, 월봉, 그리고 때에 따라서는 연봉까지 확인해서 매수 전에 확보할 수 있는 모든 정보를 수집해야 한다. 이번에는 월봉으로 살펴보자.

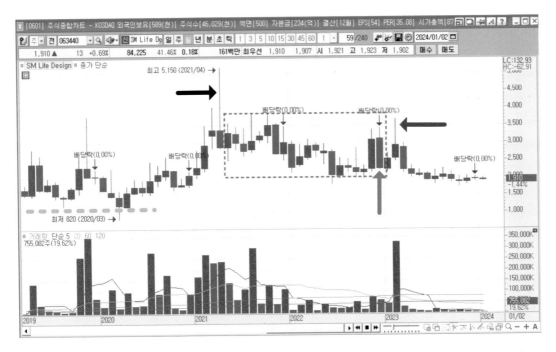

• SM Life Design 월봉

월봉을 보니 검은 화살표가 가리키는 전고점에 긴 꼬리 장대음봉이 만들어지며 대량 매물이 만들어진 것이 보이고 파란 점선 안을 보면 오랜 기간 비슷한 가격대를 횡보하며 다중봉이 만들어지는 것이 보인다. 일봉을 확대해서 살펴보았을 때 전고점이었던 파란 화살표는 다중봉 중 하나였고, 전고점을 돌파하려는 시도가 많았지만 매번 실패하는 모습을 포착했다면, 빨간 화살표에서 대량 거래량을 동반한 장대양봉이 발생하더라도 하락의 가능성을 염두에 두어야 한다. 월봉으로 확인해 보니 1,200원대에서 바닥을 만들며 횡보하던 차트가 단기간에 4배인 5,150원까지 상승 후 하락 중이었던 것을 알 수 있다. 빨간 화살표에서 대량 거래량이 발생하며 상승하더라도, 과거 단기간에 급등한 종목을 보고 고점에서 매수했다가 물린 사람이 많기 때문에 다시 상승하려면 긴 시간의 주가 조정 기간이 필요하다. 필자가 초보 투자자 시절에 차트의 단편적인 모습만 보고 확대해석하여 큰 손실을 입었지만 독자 여러분은 필자의 경험을 발판으로 같은 실수를 하는 일이 없길 바란다. 다음 차트를 살펴보자.

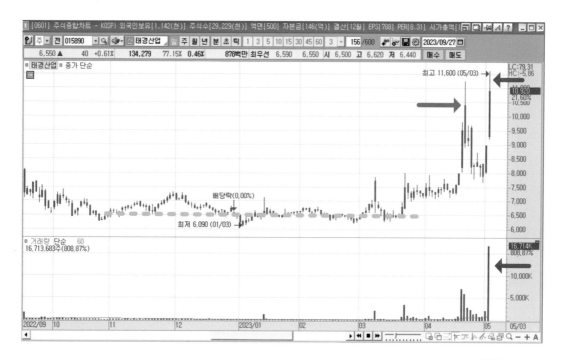

　6천 원대인 노란 점선에서 바닥을 만들며 횡보하던 주식이 조금씩 상승하다가 외국인의 순매수에 힘입어 파란 화살표에서 앞폭탄 수준으로 바닥 대비 2배 상승했다. 52주 신고가에 도달했음에도 앞폭탄 수준이 되자 주가는 급락했는데 이후 페라이트 필수 원료인 아연 분야에서 국내 업체로 해외 시장 점유율 1위라는 기록과 함께 또 다른 필수 원료인 망간 산업도 영위 중이라는 사실이 알려지며 빨간 화살표에서 전일 대비 808% 증가한 1600만 주의 대량 거래량이 발생하며 주가가 상승했다. 이때 마침 테슬라가 희토류의 대체품으로 페라이트 사용을 고민하는 것으로 알려져서 시장 점유율 1위라는 태경산업이 앞으로 상승할 것이라고 예측한 많은 투자자의 매수세로 상승세를 이어 갈 것 같은 분위기를 만들어 냈다. 빨간 화살표 전날에는 꼬리도 없이 강하게 상승하고 빨간 화살표에서는 고점에서 최대 거래량과 함께 다시 한번 힘차게 상승하는 모습이 만들어졌는데 이런 모습을 보고도 매수하지 않고 참을 수 있었을까? 하지만 매수하기 전에는 항상 주위를 둘러보아야 한다. 상승하는 데 정신을 빼앗겼지만 바로 옆을 보니 파란 화살표에서 앞폭탄을 만들고 하락한 것을 볼 수 있다. 빨간 화살표 이후에 주가는 어떻게 변했는지 확인해 보자.

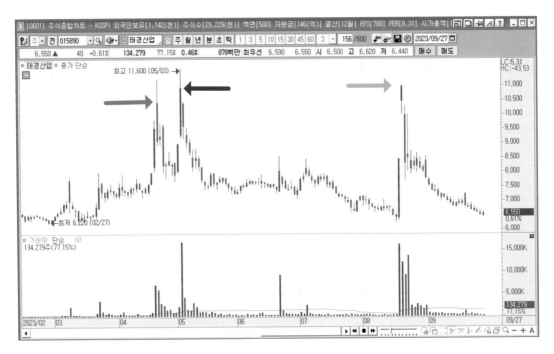

■ 태경산업 일봉

　　대량 거래량이 발생한 빨간 화살표 이후를 확인해 보니 갭하락 장대음봉이 만들어지며 이후 3달 동안 하락세를 이어 간 것을 확인할 수 있다. 긴 하락세를 이어 가던 종목이 차트 오른편에서 갑자기 상한가에 도달하며 대량 거래량과 함께 장대양봉을 만들어 내고 초록 화살표에까지 도달하며 다시 한번 상한가에 안착했는데 다음 날부터 장대음봉을 만들며 급락하는 모습을 볼 수 있다. 과거에 파란 화살표와 빨간 화살표에서 상승을 시도하다가 비슷한 가격대에서 급락하며 다중봉을 만드는 모습을 보여 주었기 때문에 초록 화살표에서 대량 거래량이 발생하고 상한가에 도달하여 끝없이 상승할 것만 같더라도 함부로 매수에 참여해서는 안 된다. 이와 같이 다중봉이 만들어지면 다중봉 위로 주가가 높아지는 것이 결코 쉽지 않고, 혹시나 상승하더라도 힘없이 하락하는 모습을 보이기 때문에 다중봉이 만들어지면 일단 피하는 것이 좋다. 차트를 한 개 더 살펴보며 반드시 피해야 할 다중봉 상황을 확실히 공부해 보자.

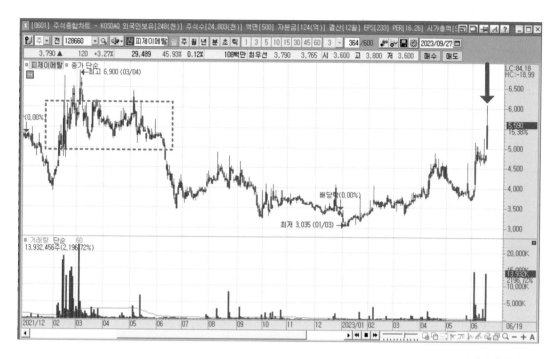

■ 피제이메탈 일봉

　파란 점선에서 다중봉이 만들어지고 하락했는데 이후 1년 정도의 긴 횡보 기간을 거쳐 빨간 화살표까지 상승했다. 빨간 화살표에서만 전일 대비 2,100% 상승한 1300만 주의 거래량이 발생하며 종가를 15%로 마무리했는데 1년이나 횡보하며 매물을 소화하는 충분한 기간이 있었기 때문에 이제는 슬쩍 진입해 봐도 될 것 같다는 생각이 든다. 횡보 기간이 충분하다면 빨간 화살표에서 강한 상승이 만들어졌을 때 매수해 봐도 괜찮을까? 보다 정확하게 확인해 보기 위해서 일봉 600일 차트를 살펴보자.

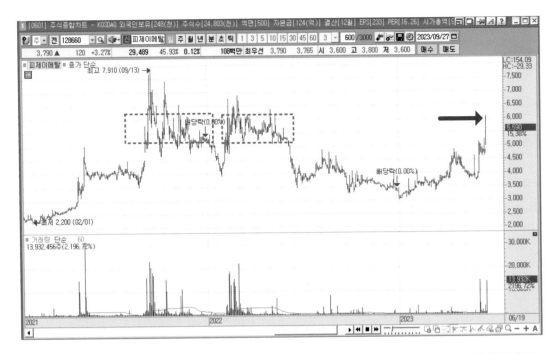

■ 피제이메탈 일봉

600일 일봉으로 변환하여 더 많은 일봉을 확인해 보니 많은 봉이 밀집한 다중봉이 한 개 더 있다는 것을 발견할 수 있다. 처음에 보았던 일봉에서는 봉우리가 한 개라 생각했는데 과거 차트까지 살펴보니 봉우리가 다중으로 걸려 있다. 이런 경우에는 대량 거래량이 발생하며 장대양봉이 만들어졌다고 하더라도 첩첩산중과 같은 다중봉을 넘기가 어렵다고 판단하고 일단 진입하지 않는 것이 상책이다. 월봉은 어떤 모습일지 확인해 보자.

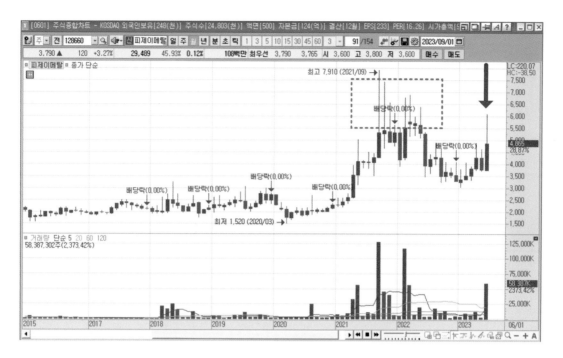

　　빨간 화살표에서 추가 상승이 어려운 이유는 과거에서 찾을 수 있는데 파란 점선 안을 보니 역사적 신고가에 도달했던 것을 확인할 수 있다. 역사적 신고가에 도달했던 주가는 기세 좋게 상승하여 많은 투자자가 매수로 참여하게 만들었지만 이후 하락하며 고점에 물린 투자자들의 매물을 만들어 냈다. 역사적 신고가에 도달했기 때문에 하락하는 중에도 추가 상승을 기대하고 매수해서 오랜 기간 보유하고 있는 투자자들이 본인의 평단가 근처에만 오면 투자금 회복을 위해 던지는 매물들 때문에 상승이 어려울 것이라고 판단해야 한다. 마지막으로 빨간 화살표 이후에는 주가가 어떻게 움직였는지 일봉 차트를 확인해 보자.

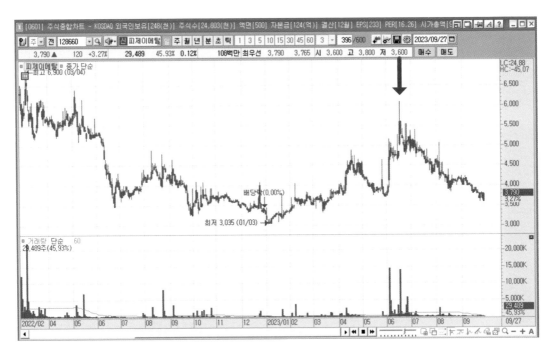

　　빨간 화살표에서 다중봉에 걸려 하락한 뒤 큰 반등 없이 우하향하는 종목의 모습이다. 혹시라도 하락하다가 다중봉을 넘을 것 같은 거래량이 발생하며 반등하는 모습이 만들어지고 긍정적인 뉴스나 증권사 리포트가 발행되더라도 이번에는 돌파할 것이라고 안일하게 생각해서는 안 되며 다중봉 매물이 확실하게 대량 거래량과 함께 돌파하는 모습을 기다렸다가 비싸게 진입해서 더 비싸게 파는 것이 오히려 안전하게 수익을 극대화할 수 있는 방법이다.

　　지금까지 다중봉, 다중턱, 다중꼬리를 살펴보았는데 실제 매수할 때는 굳이 세 가지를 구분해서 이해하지 않아도 된다. 세 가지를 구별하여 이해하려는 것보다는 이와 같은 모양이 차트에 만들어지면 과거 차트를 함께 살펴보며 매수에 신중해야 한다는 것을 기억하자.

⓪8
쌍꼬리와 고점 횡보 파헤치기

주식 계좌 깡통으로 만드는 12가지 유형 중 최종 유형인 쌍꼬리와 고점 횡보는 주식투자를 하면서 자주 만나는 형태다. 주식을 매수하기 전에 꼭 기억해야 할 마음가짐이 있는데 주식은 '폭탄 돌리기'로 다른 사람들이 내가 산 가격보다 더 높은 가격으로 사 줄 때만 수익이 가능하다는 것이다. 필자는 탐욕에 휩싸여 5년이 넘도록 고점에 진입했고, 이로 인해 7번의 깡통을 찼으며, 원바닥, 판바닥 대비 2배 이상 상승한 종목에만 불나방처럼 뛰어들어 처참한 결과를 경험했다. 고점에 진입해도 지수가 반등하면 같이 상승하여 수익 기회가 있을 것이라 생각하지만 이미 상승했던 종목은 주식시장의 분위기와 관계없이 치명적으로 하락한다. 우리는 좋은 주식이 아니라 **팔릴 주식**을 사야 한다. 쌍꼬리와 고점 횡보는 팔리지 않을 주식의 대표적인 유형이기 때문에 제대로 숙지하여 필자가 겪었던 시행착오를 겪지 않고 투자했으면 한다. 쌍꼬리와 고점 횡보는 특별히 정의 내릴 것도 없이 이름 그대로 꼬리가 두 개면 쌍꼬리, 주가의 고점에서 횡보하면 고점 횡보이기 때문에 추가 설명보다는 차트를 접하여 익숙해지는 게 효과적이라 생각한다. 필자를 깡통 차게 만든 마지막 유형을 차트로 살펴보자.

⑤ 쌍꼬리와 고점 횡보 차트 분석

▪ 쌍꼬리: 고점 유형
· ·

▪ YTN 일봉

노란 점선 부근에서 바닥을 형성하던 종목이 한 달 만에 빨간 화살표까지 약 2배 급등했다. 고점인 빨간 화살표에서 꼬리가 만들어졌는데 이후 일시적으로 하락하여 초록 점선 안에서 눌림목(상승 추세에 있던 주가가 일시적으로 하락하는 구간)을 만들다가 파란 화살표까지 한 번 더 상승한 모습이다. 빨간 화살표를 보면 시가 -2% 고가 12%, 종가는 -1%로 꼬리만 13%를 만들었는데 파란 화살표에서는 시가 -0.6% 고가 11%, 종가 -4%로 15% 꼬리를 만들었다. 차트를 보면 바닥 대비 2배 이상 상승한 고점에서 쌍꼬리를 만들었더라도 파란 화살표에서 힘 있게 상승하며 역사적 신고가에 진입했기 때문에 매물이 없어 끝없이 상승할 것 같은 생각이 든다. 역사적 신고가를 보고 무작정 진입하기 전에 일봉 600일로 환산해서 더 많은 일봉을 확인해 보자.

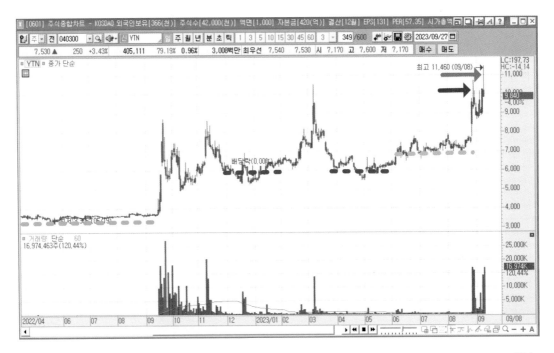

• YTN 일봉

일봉을 확대해 보니 바닥인 줄 알았던 노란 점선보다 더 아래에 위치한 보라 점선에서 이미 바닥이 만들어졌고 초록 점선에서는 긴 시간 동안 횡보하며 바닥을 다진 것을 확인할 수 있다. 초록 점선 이후 빨간, 파란 화살표까지 약 3배가 상승했는데 파란 화살표에서는 역사적 신고가였던 11,460원에 도달하였고, YTN 매각 소식과 함께 새 인수자가 YTN의 경영권을 인수하여 입찰 결과에 따라 미디어 시장 판도가 크게 뒤바뀔 수 있다는 전망이 있었기 때문에 추가 상승할 것이라는 희망을 갖게 해 준다. 하지만 역사적 신고가에 도달했다는 것과 호재로 보이는 뉴스를 잠시 배제하고 냉정하게 판단해 보면 현재 주가 위치는 초록 점선 바닥 대비 3배, 보라, 노랑 바닥 대비 2배로 상승한 고점이라고 볼 수 있다. 주봉에서는 어떤 모습일지 확인해보자.

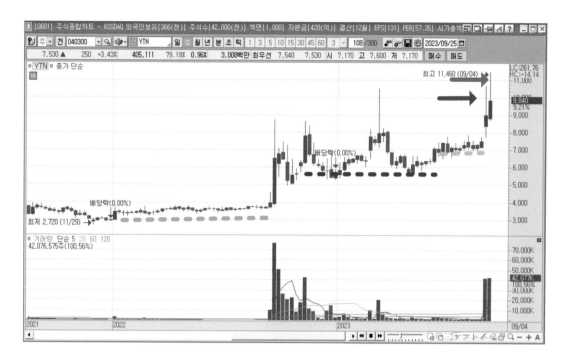

　주봉 차트로 확인해 봐도 3천 원대인 초록 점선에서 바닥이 만들어지고 파란, 빨간 화살표까지 상승한 모습이 일봉 차트와 크게 다르지 않다. 유일하게 다른 것이 일봉에서는 긴 꼬리 음봉이었던 것이 주봉에서는 일주일간 상승을 유지하고 있었기 때문에 긴 꼬리 양봉으로 표현된 것이지만 전체적인 판단에 큰 영향을 주지 않는다. 가끔 일봉, 주봉, 월봉 차트를 확인해 보아도 차트의 모양이 크게 다르지 않을 때가 있는데 그럼에도 불구하고 항상 습관적으로 가능한 모든 정보를 먼저 확인한다면 성공적인 투자를 할 수 있다. 이번에는 월봉을 살펴보자.

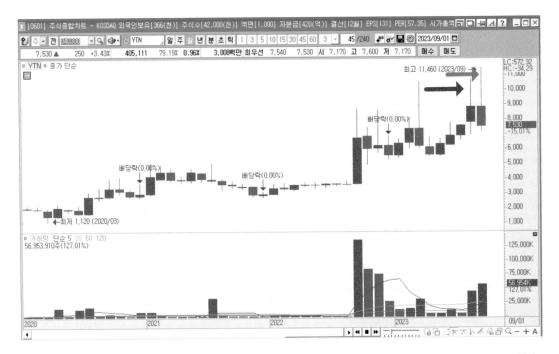

• YTN 월봉

　월봉 차트 역시 일봉, 주봉 차트와 마찬가지로 바닥을 다지고 역사적 신고가까지 급등한 모습을 보인다. 다시 한번 강조하자면 일봉, 주봉, 월봉을 확인했을 때 주가의 모습이 비슷하다면 비교적 가벼운 마음으로 지나가도 좋다. 하지만 일봉에서 볼 수 없던 것을 주봉에서, 주봉에서 볼 수 없던 것을 월봉에서 보는 경우가 훨씬 더 많기 때문에 항상 습관적으로 일봉, 주봉, 월봉 차트를 확인하는 습관을 가져야 한다. 이제 쌍꼬리가 출현한 후 주가가 어떻게 진행됐는지 이후의 일봉 차트를 살펴보자.

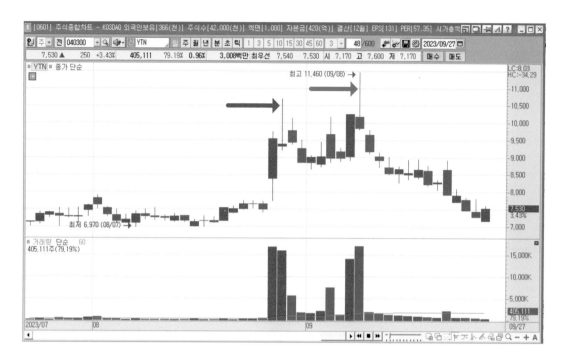

• YTN 일봉

　빨간 화살표에서 첫 꼬리가 만들어지고 역사적 신고가였던 파란 화살표에서 꼬리를 만들며 고점에서 쌍꼬리를 만들었는데 상승을 이어 가지 못하고 다음 날부터 갭하락하면서 이후에도 하락세를 이어 가는 모습이다. 역사적 신고가에 도달한 주식은 보통 폭발적으로 상승을 이어 가는 경우가 많고 꼬리를 만들더라도 큰 거래량이 발생했기 때문에 추가 상승할 것이라고 판단하여 쉽사리 진입하기 쉽다. 하지만 꼬리가 나왔다는 것은 주가가 상승하지 못하도록 매도하는 세력이 고점에 존재한다는 뜻이기 때문에 쌍꼬리가 고점에서 출현하게 되면 일단 피해야 한다는 것을 잊지 말아야 한다. 쌍꼬리 고점 유형을 한 개 더 살펴보자.

　　앞에서 살펴본 YTN 차트에서 쌍꼬리는 첫 꼬리가 만들어진 후 한 달 뒤에 두 번째 꼬리가 생성되었지만, 쌍꼬리는 고점에서 다음 날 바로 만들어지기도 한다. 차트 왼쪽을 보면 5천 원에서 횡보하던 종목이 15,000원까지 3배 상승했는데 파란 화살표에서 장대음봉을 만들며 주가 조정을 받는 모습을 보여 주었다. 눌림목을 만들며 횡보하던 주가는 다시 추세를 바꿔 장대양봉을 만들고 상승했는데 빨간 화살표에서 꼬리를 한 번 만들고 다음 날 두 번째 꼬리를 추가로 만들어서 고점에서 쌍꼬리를 만든 모양새이다. 첫 번째 꼬리에서는 고점에서 5% 하락하며 꼬리를 달았고 다음 날에는 7%의 꼬리를 만들었는데 여기서 기억해야 할 점은, 고점에서 꼬리가 생기면 굉장히 위험하다는 것이다. 쌍꼬리가 저점에서 생긴다면 그나마 위험성이 덜하지만 고점에서 쌍꼬리가 생기면 크게 물릴 수 있다는 것을 기억해야 한다. 쌍꼬리가 고점에서 만들어진 이후에는 주가가 어떻게 변했는지 살펴보자.

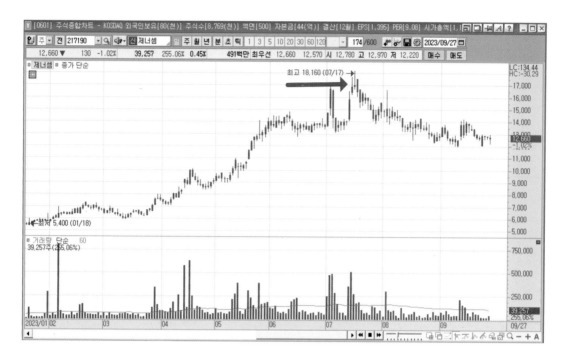

저점에서부터 외국인과 기관의 순매수 행진으로 연일 신고가를 돌파하며 상승했지만 쌍꼬리의 무게를 이겨 내지 못하고 갭상승 장대음봉을 만들며 하락했다. 제너셈의 경우는 역사적 신고가를 이뤄 내면서 상승했는데 과거에 만들어진 매물대가 없어서 어디까지 상승할 수 있을지 예측이 어렵다. 그렇기 때문에 개인 투자자들은 고점에서 쌍꼬리가 만들어지더라도 추가 상승을 기대하며 진입하는데 차트에서 보다시피 잘못 진입하면 하향 추세로 전환된 차트에 의해 큰 손실이 나게 된다. 물론 시장 상황이 전환되고 회사에 변화가 생겨 다시 반등하는 경우도 있지만 다시 고점까지 돌아온다는 기약은 없기 때문에 고점에서 쌍꼬리가 출현하면 일단 이유 불문하고 경계하여 저점에서 매수한 보유자라면 매도로 대응하고 신규 진입은 자제해야 한다.

▪ 쌍꼬리: 저점 유형

고점 쌍꼬리의 위험성은 앞에서 살펴보았지만 저점 쌍꼬리도 그에 못지않게 위험할 수 있다. 저점에서 쌍꼬리가 나타나면 언젠가는 다시 반등할 것이라는 생각에 가볍게 무시하고 싶은 생각이 들지만 저점 쌍꼬리에 잘못 진입해도 큰 손실을 보게 된다. 차트를 통해 살펴보자.

■ 압타머사이언스 일봉

9,225원까지 상승했던 종목이 3,295원까지 하락했다가 파란 화살표에서 거래량이 증가하며 다시 상승하는 모습을 보였다. 파란 화살표가 가리키는 첫 번째 꼬리에서는 장중 24%까지 상승했지만 종가 4%까지 하락하여 꼬리만 20%를 만들었고 두 번째 꼬리에서는 24%까지 상승했다가 종가를 8%로 마무리하는 심한 급등락을 보여 주었다. 변동성이 높은 과정에서 평균 천만 주의 거래량이 발생하며 강하게 상승했고 차트에서 보이는 고점인 9천 원에 비해 저점으로 판단되기 때문에 이와 같은 차트를 보면 쌍꼬리가 생긴 것과는 무관하게 드디어 바닥을 다지고 올라갈 수 있겠다는 생각에 진입하게 된다. 이번에는 600일 일봉을 확인해서 더 많은 일봉을 확인해 보자.

차트 왼쪽을 보니 고점인 19,175원에 도달한 적이 있었고 이후 계속 하락했기 때문에 파란 화살표가 가리키는 5천 원대에서 만들어진 쌍꼬리는 저점 중의 저점이라고 생각될 수 있다. 하지만 초록 화살표를 보면 고점에서 상당히 하락한 위치에서도 쌍꼬리를 만들며 하락하는 모습을 보였는데 이 종목은 조금만 올라가려고 하면 쌍꼬리를 달고 하락하는 특성이 있다는 것을 눈치채야 한다. 오랫동안 하락하는 종목을 보면 이제는 하락을 멈추고 반등하겠다는 생각을 하게 되지만, 하락하던 종목은 쌍꼬리를 달고 끝도 없이 하락하는 경우가 많다. 파란 화살표 이후의 차트 모습을 살펴보자.

■ 압타머사이언스 일봉

　저점이라고 생각되었던 파란 화살표에서 강하게 상승하는 모습을 보이며 쌍꼬리를 만들었는데 이때 진입했다면 어떻게 되었을까? 이미 하락할 만큼 했기 때문에 이제는 진입해도 되겠지 하고 안일하게 매수 버튼을 누르는 순간 쌍꼬리의 위협에 제대로 된 반등도 보지 못한 채 큰 손해를 입게 된다. 파란 화살표 이후에도 하락할 때 쌍꼬리를 만들고 하락하는 모습이 보이는데 종목마다 특성이 있기 때문에 이런 모습을 보이는 종목은 상승이 만들어지더라도 언제든지 꼬리를 만들고 수익을 뺏어 갈 수 있다는 것을 기억해야 한다. 쌍꼬리는 저점이라고 생각한 곳에서 출현해도 주가를 하락시킬 수 있으니 꼭 주의해야 한다. 저점 쌍꼬리 유형을 한 개 더 살펴보자.

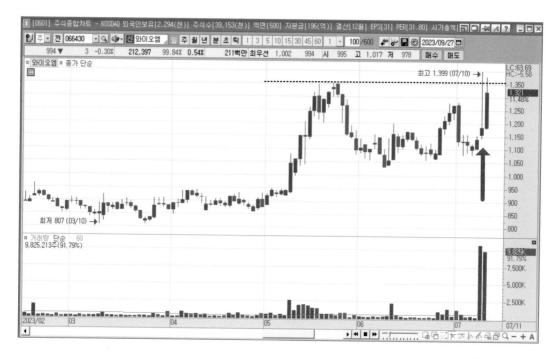

일봉 차트를 보니 빨간 화살표에서 전일 대비 3,960% 증가한 천만 주의 대량 거래량이 발생했다. 빨간 화살표 전날 장중 22%까지 강하게 상승하던 주가는 전고점인 검은 점선을 넘지 못하고 하락하여 종가 3%로 마무리되었는데 빨간 화살표에서도 비슷한 거래량이 발생하면서 16%까지 상승했지만 또다시 검은 점선을 넘지 못하고 꼬리를 만들며 하락했다. 전고점을 넘지 못하는 사이에 쌍꼬리가 만들어졌는데 과거에 어떤 매물이 만들어졌길래 이렇게 힘을 못 쓰는지 일봉을 확대해서 살펴보자.

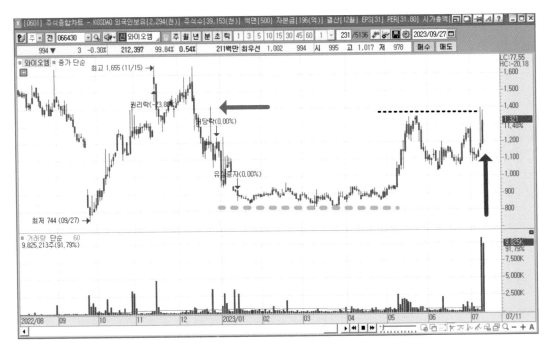

■ 와이오엠 일봉

　　일봉을 확대해 보니 파란 화살표가 가리키는 곳에 전고점이었던 검은 점선과 비슷한 가격
대에서 긴 꼬리가 만들어지며 하락한 것이 보인다. 바닥이 만들어졌던 노랑 점선부터 빨간 화
살표까지 2배 이하로 상승했고 거래량도 기존에 발생한 모든 거래량을 압도하는 대량 거래량
을 만들었지만 쌍꼬리를 만들며 앞에 만들어진 턱과 파란 화살표의 꼬리 지점을 돌파하지 못
했기 때문에 이 종목은 검은 점선을 넘기 어렵다고 판단하고 보수적으로 바라보는 것이 좋다.
매물을 넘지 못하고 꼬리를 만든 차트는 이후 어떻게 됐는지 확인해 보자.

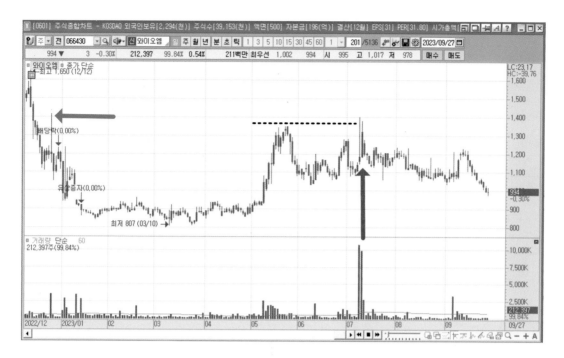

쌍꼬리를 만든 빨간 화살표 이후를 보니 다음 날부터 갭하락 음봉을 만들며 하락이 시작되었고 2달 동안 큰 반등 없이 계속 하락 조정을 받으며 어려운 시기를 보내고 있는 것이 확인된다. 쌍꼬리는 저점에 나타나도 큰 영향력을 행사할 수 있는데 고점에서 하락할 만큼 했고 거래량이 실린 양봉이 두 개나 연속으로 만들어지며 상승하고 있으니 이제는 들어가도 되겠지 하는 마음으로 진입하게 되면 쌍꼬리의 벽에 힘없이 무너져 내리는 계좌를 만나게 된다. 쌍꼬리는 특정 가격대에서 더 이상 상승하기 어렵다는 신호를 두 번이나 주는 신호로서 고점뿐만 아니라 곳곳에서 출현하기 때문에 항상 조심해야 한다.

💲 고점 횡보란?

고점 횡보는 주식 계좌 깡통으로 만드는 12가지 유형 중 마지막 유형이다. 주가가 **급등한 후에는 고점에서 거래량이 감소하며 횡보하는 경우가 많이 생기는데 이때는 굉장히 조심해야 한다.** 고점에서 횡보하다가 돌파하는 것이 아닌가 하는 생각이 들어 진입하거나 수익을 익절하지 않는 개인 투자자들이 많다. 고점 횡보의 위험성을 알아보기 위해 차트를 통해 살펴보자.

💲 고점 횡보 차트 분석

■ KIB플러그에너지 일봉

화공 기계 설비 분야에서 세계적인 기술력을 보유한 기업인데 장기간 바닥을 400원대에서 만들며 횡보하다가 석유화학 관련 주로 주목받으며 세 달 만에 세 배가 오르는 기염을 토했다. 상승하는 동안 큰 어려움 없이 주가가 움직였기 때문에 빨간 화살표에서 만들어진 장대양봉이 바닥 대비 크게 상승한 고점이더라도 추가 상승을 기대하며 진입하기 쉽다. 하지만 고점에서 거래량이 줄어들며 횡보하는 주식의 내일을 예측하는 것은 어렵다. 저점, 중점, 고점 중 고점은 가장 조심해야 할 부분이고 특히 횡보를 하는 경우에는 언젠가는 하락한다는 생각을 하며 특별히 조심해야 한다. 이후의 차트를 살펴보자.

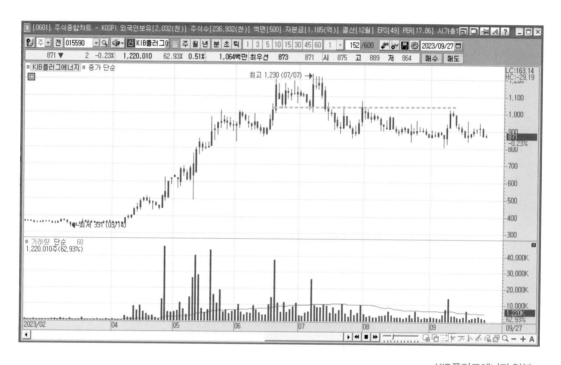

■ KIB플러그에너지 일봉

고점에서 횡보할 때를 보면 노란 점선을 지지선으로 삼아 하락하지 않고 고점에서 버텨 주던 모습이 있었는데 갑자기 만들어진 장대음봉이 지지선을 무너뜨렸다. 장대음봉으로 인해 하락한 후에는 주가를 지지하여 하락하지 못하게 버텨 주던 노란 점선이 태세를 바꿔 주가가 상승하지 못하게 막는 저항선으로 작용하여 장대양봉이 만들어져도 꼬리를 만들고 하락하는 모습이 보인다. 이후에 주가가 상승할지 하락할지는 다양한 요소가 결정하겠지만 중요한 것은 **바닥 대비 최소 3배 이상 상승한 종목이 고점에서 횡보하는 경우에는 쉽게 진입해서는 안 되고 혹시나 진입한다면 대량 거래량을 동반한 장대양봉이 출현하여 최고가를 만드는 순간에 진입해야 한다는 것이다.** 고점 횡보의 비슷한 사례를 한 개 더 살펴보자.

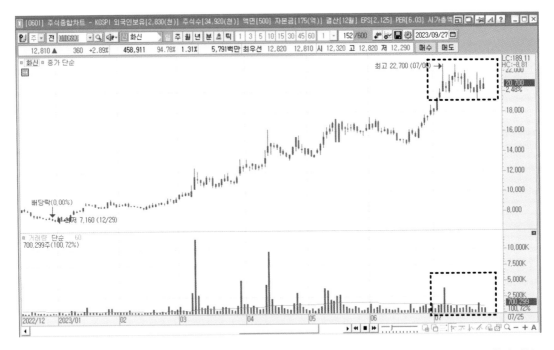

현대, 기아차 부품주 테마로 알려진 화신이다. 글로벌 신차 수요가 늘어나고 부품사들의
수익성이 개선되는 추세라는 소식에 7천 원대에서 바닥을 만들며 횡보하던 주식이 단기간에
3배가 상승한 22,700원까지 상승하는 모습을 보였다. 고점까지는 잘 상승했는데 검은 점선
안에서 거래량 없이 횡보하며 상승세를 멈추는 듯한 모습을 보인다. 고점에서 횡보 이후 차트
를 살펴보자.*

여기서 잠깐!

* 테마주란? 상승 원인이 같은 종목군을 말하는데 화신처럼 현대/기아차에 실제로 섀시 부품을 공급하여
현대/기아차에 호재가 발생할 때 동반 상승하는 테마가 있고 대선을 앞두고 특정 정치인과 어떤 상장사
의 고향이 같다는 이유로 상승하는 정치 테마주도 존재한다. 귀에 걸면 귀걸이, 코에 걸면 코걸이식으로
이슈가 부각되어 단기간에 큰 상승이 만들어지기도 하지만 상승하기 전 주가로 벼락같이 하락하는 경우
가 많으니 주의해야 한다.

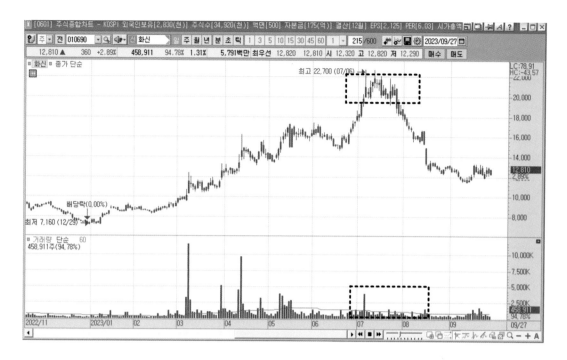

■ 화신 일봉

    고점에서 횡보하는 중에도 장대양봉을 만들어 내며 상승할 것 같은 모습이었지만 횡보 이후의 모습을 보니 추가 상승하지 못하고 12,810원까지 하락했다. 시간이 지나 주가가 다시 고점까지 회복된다면 다행이지만 고점 횡보는 잘못 진입하면 다시는 돌아오지 않는 가격대인 경우가 많아서 바닥 대비 폭등한 종목이 고점을 찍고 횡보하는 것을 발견한다면 눈길도 주지 않는 것이 좋다. 마지막으로 고점 횡보 차트를 한 개만 더 살펴보자.

• JYP Ent. 일봉

　　5만 원에서 7만 원 사이를 횡보하던 주가가 엔터 업종에 대한 시장의 관심이 높게 유지되며 고점인 146,600원까지 상승했다. 파란 화살표에서 장대양봉을 만들어 내며 검은 점선으로 표시된 전고점을 돌파하려는 시도가 나오는데 돌파할 때의 거래량을 보니 빨간 화살표가 가리키는 최대 거래량의 1/3 수준에도 못 미치는 거래량인 것을 확인할 수 있다. 초록 점선으로 표시된 횡보할 때의 거래량을 보면 거래량이 대폭 감소하고 있는데 이와 같은 거래량이 고점에서 발생하면 에너지가 많이 소진되어 상승하는 확률이 낮다고 판단하는 것이 좋다. 파란 화살표에서 빈약한 거래량으로 장대양봉을 만들며 전고점을 돌파하려는 시도가 나온 후 주가는 어떻게 변했는지 다음 차트에서 살펴보자.

　　파란 화살표 이후를 보니 부족한 거래량이 발생하여 힘에 부친 주가는 전고점을 강력하게 돌파하지 못하고 하락 추세로 전환한 것을 확인할 수 있다. 파란 화살표가 가리키는 거래일에 장대양봉이 만들어지면서 '훨훨' 나는 엔터주, [장중 수급 포착] JYP Ent 52wn 신고가 경신, 글로벌 끝판왕 엔터사로 긍정적 시각 유지, 탑픽 유지, 역대급 IP 정산으로 호실적 기대와 같은 수많은 기사와 증권사 리포트가 개인 투자자의 고점 매수를 유도했는데 고점에서 큰 거래량을 동반하며 강하게 전고점을 돌파하는 모습을 보이지 않으면 매수하지 않는 것이 내 소중한 계좌를 지키는 방법이다. 지나간 차트를 공부하다 보면 횡보하다가 주가가 살짝 조정을 받을 때 미리 진입했다가 장대양봉이 나올 때 팔고 나오는 전략을 사용해 보고 싶겠지만 그러다가 고점에서 크게 물리기 때문에 고점일수록 거래량을 제대로 분석하고 매수해야 한다.

09
봉 차트 기본
(캔들 차트)

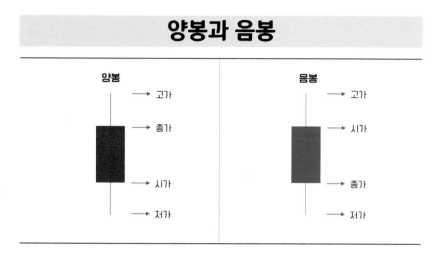

양봉과 음봉

≫ 100개도 넘는 봉차트 형태 중 우리가 공부할 것은?

봉 차트(캔들 차트)**란 일정 기간 동안 주가의 움직임이 막대 모양으로 표현된 주식 차트**를 뜻한다. 기간은 1분이 될 수도 있고, 하루가 될 수도 있고, 한 달이 될 수도 있으며, 일 년이 될 수도 있는데, 각각의 저가, 시가, 종가, 고가는 봉 차트에 집합되어 표시된다. 1분봉이 모여 5분봉이 되고, 일봉이 모여 주봉이 되기 때문에 봉 차트를 통해 거시적인 관점으로 전체의 흐름을 파악할 수도 있고, 미시적 관점으로 각 봉들의 움직임과 거래량을 분석하여 앞으로의 흐름을 예측해 볼 수 있다. 차트의 형태는 다양하지만 우리가 공부할 차트는 가장 널리 사용되는 봉 차트로서, 나중에 중급 과정에서 공부할 캔들 볼륨 차트와 렌코 차트와 쉽게 연계되는 장점을 가지고 있다.

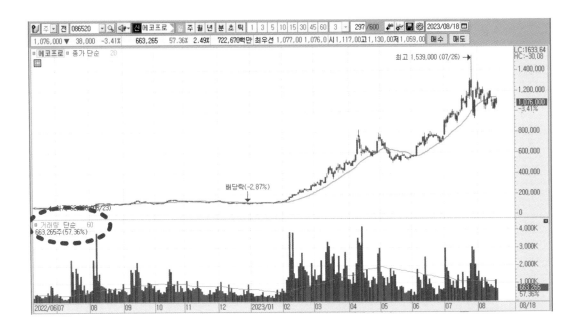

보편적인 봉 차트의 모습에서 특히 중요한 것이 빨간 점선으로 표시된 거래량 차트인데, 처음 증권사에서 제공하는 차트에는 거래량 차트가 추가되어 있지 않은 경우가 있다. 빠르게 거래량 차트를 추가해 보자.

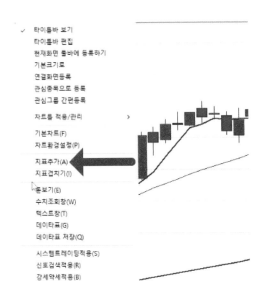

① 차트의 빈 공간에서 오른쪽 마우스를 클릭하여 지표 추가(A)를 선택한다.

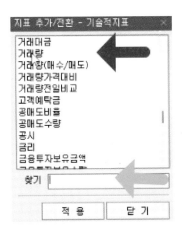

② 지표 추가/전환-기술적지표 창이 생성되면 아래로 내려서 거래량을 선택하거나 초록색 화살표 버튼에서 '거래량'이라고 입력하여 거래량 차트를 추가한다.

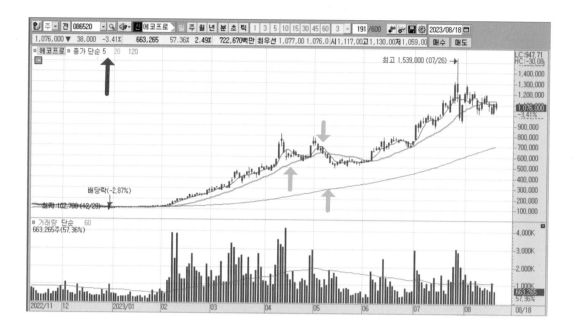

빨간 화살표는 이동평균선을 가리키고 있는데 필자는 간단하게 5일선, 20일선, 120선을 참고한다. 이동평균선은 **종가의 평균을 구하여 선으로 표시한 것**이다. 예를 들어 5일 선의 경우 1, 2, 3, 4, 5영업일의 종가 평균을 구하고 6일째 되면 2, 3, 4, 5, 6영업일의 종가 평균을 구해서 표시하는 것이다. 20일선, 60일선, 120일선도 마찬가지로 계산되는데, 필자는 이동평균선이 후행성이라 반은 맞고 반은 틀리다고 생각하여 크게 의존하지 않고 추세를 확인하는 데만 사용한다. 주식 고수일수록 차트 설정이 간단해지는데, 보조지표를 추가하는 것보다는 단순하게 유지하여 상황을 판단하는 것이 더 좋다.

봉 차트를 다시 살펴보자. 양봉은 보통 빨간색으로 표시되는데 시가보다 종가가 높이 끝나면 양봉이다. 양봉에서 고가가 종가보다 높으면 위로 긴 꼬리를 만들고 저가가 시가보다 낮으면 아래로 긴 꼬리를 만든다. 음봉은 보통 파란색으로 표시하며, 시가보다 종가가 더 낮을 때 만들어진다. 시가보다 고가가 높으면 위로 긴 꼬리를 만들고 저가가 종가보다 더 낮으면 아래로 긴 꼬리를 만든다.

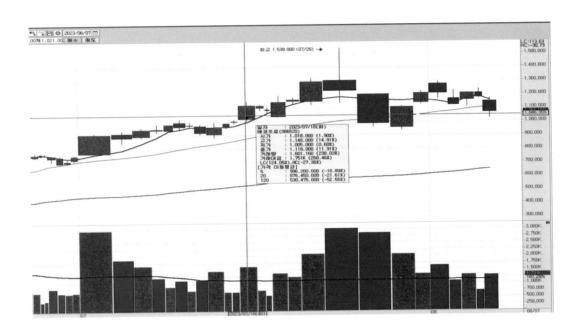

봉 차트 위에 마우스를 올려 두면 시가, 고가, 저가, 종가, 거래량을 확인할 수 있다. 7/18일에 1,018,000원으로 시작하여 종가는 11.91%로 마무리하였다. 장중에 최고로 1,148,000원까지 상승하여 고가는 14.91%로 기록되었는데 종가보다 높기 때문에 위로 긴 꼬리가 생겼다. 이와 같이 하나의 양봉으로 하루의 주가 흐름을 표시한다.

봉의 종류

	분봉: 1분봉 5분봉 10분봉 60분봉
01	일봉
02	
03	주봉
04	월봉
05	
	연봉

1분봉, 5분봉, 10분봉, 60분봉과 같이 분 단위로 계산되는 분봉이 있는데 각각 시가, 저가, 종가, 고가로 나누어져 있다. 초단타와 단타는 1분, 3분, 5분봉을 주로 사용하는데 단기 투자를 하는 필자는 10분봉을 사용한다. 일봉은 하루 단위, 주봉은 주 단위, 월봉은 월 단위, 연봉은 연 단위로 시가, 저가, 종가, 고가로 나누어져 있다.

⑤ 장대양봉과 장대 음봉

장대양봉과 장대음봉

• 거래량 없는 양봉과 장대양봉
• 갭상승 장대양봉
• 갭하락 장대양봉
• 거래량 없는 음봉과 장대음봉
• 갭상승 장대음봉
• 갭하락 장대음봉

양봉과 음봉 중에서도 의사 결정에 가장 중요한 역할을 하는 봉은 장대양봉과 장대음봉이다. 거래량이 없다는 뜻은 시장에 큰 관심을 받지 못했다는 뜻인데 거래량이 없는 봉 차트를 보며 의사 결정을 할 요소는 크게 없다. 반면에 장대양봉과 장대음봉은 전일 대비 크게 늘어난 거래량과 함께 출현하는 경우가 많아 의사 결정에 중요한 역할을 한다. 주식을 하다 보면 갭상승했다는 표현을 많이 듣게 되는데 갭은 영어의 Gap을 한글로 표기한 것으로 전날의 종가보다 시가가 차이(Gap)를 두고 시작한 것을 말한다. 예를 들어 종가가 100원으로 마무리된 종목이 갑자기 200원 시가로 다음 날 시작하게 되면 갭상승하였다고 표현한다. 갭상승하는 경우는 많은 시장 참여자가 이후에도 강력한 추가 상승이 일어날 가능성이 크다고 판단하여 매수하는 경우가 많기 때문에 갭상승 장대양봉이 출현하면 예의 주시하는 것이 좋다. 갭하락 장대양봉은 전일 종가보다 시가가 낮은 가격으로 출발했지만 거래량이 늘어나며 양봉으로 마무리하는 경우를 말한다(예시: 어제 200원으로 마무리한 종목이 오늘 100원으로 시작했다). 굳이 갭상승 장대양봉과 갭하락 장대양봉의 힘의 세기를 비교하자면 하락한 상태에서 강력한 힘으로 다시 상승을 만들어 낸 갭하락 장대양봉이 더 강하다고 할 수 있다.

양봉과 마찬가지로 거래량 없는 음봉도 대부분의 경우 크게 주목할 필요가 없고 거래량을 동반한 장대음봉이 출현하면 주의 깊게 살펴봐야 한다. 갭상승 장대음봉은 갭으로 상승했지만 상승세를 이어 가지 못하고 시가보다 종가가 낮은 음봉을 말한다. 갭상승 장대음봉이 고점에서 발생하면 하락 추세로 반전되는 경우가 많다. 갭하락 장대음봉은 전일 종가보다 시가가 더 낮게 시작했는데 거기서 거래량이 발생하며 추가 하락하는 경우를 뜻한다. 갭하락 장대음봉은 하락 여력이 강하다는 뜻이기 때문에 주식 투자자는 특별히 조심해야 한다.

양봉과 음봉

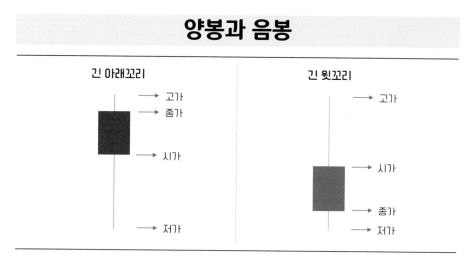

긴 아래꼬리

→ 고가
→ 종가
→ 시가
→ 저가

긴 윗꼬리

→ 고가
→ 시가
→ 종가
→ 저가

🔍 위치에 따른 해석 차이?

고점 긴 아래꼬리	고점 긴 윗꼬리
저점 긴 아래꼬리	저점 긴 윗꼬리

　긴 꼬리에는 긴 아래꼬리가 있고 긴 윗꼬리가 있는데 긴 아래꼬리는 시가 또는 종가와 저가의 차이가 크고 긴 윗꼬리는 시가 또는 종가와 고가의 차이가 크다. 쉽게 말하자면 주가가 여러 요인에 의해 시작 지점보다 크게 하락하거나 상승했다가 추세를 바꾼 것을 뜻하는데 긴 아래꼬리가 만들어졌다는 것은 하락하던 주식이 강한 매수 세력의 유입을 만나 반등했다는 뜻이고 긴 윗꼬리가 만들어졌다는 것은 상승하던 주식이 강한 매도 세력을 만나 하락했다는 뜻으로 해석할 수 있다. 꼬리 길이만으로 섣불리 매수, 매도 결정을 하기에는 근거가 부족하지만 긴꼬리가 만들어진 위치에 따라서 중요한 신호를 보내는 경우가 있기 때문에 꼬리가 만들어지는 발자취를 이해하면 이후의 움직임을 예측하는 데 용이하다. 차트를 통해 다양한 사례를 살펴보자.

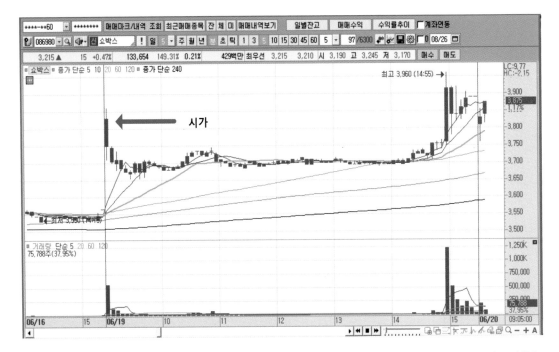

■ 쇼박스 5분봉

　　쇼박스의 5분봉 차트다. 시가를 7% 갭상승하여 강하게 시작했는데 상승세를 이어 가지 못하고 하락하여 횡보하더니 장 막판에 강하게 상승하여 시가보다 높은 9%에 종가가 형성되었다. 5분봉 차트에서 보니 시작 지점부터 하락하다가 막판에 상승했던 흐름인데 하루의 흐름을 압축해 놓은 일봉 차트에서는 어떤 모습이었는지 다음 차트를 통해 살펴보자.

■ 쇼박스 일봉

빨간 화살표로 표시된 쇼박스의 일봉 차트를 보면 긴 아래꼬리가 형성된 것을 볼 수 있다. 긴 아래꼬리는 양봉으로 끝날 수도 있고 음봉으로 끝날 수도 있는데, 하락하던 종목을 많은 사람이 매수하여 주가가 추가 하락하지 않고 다시 상승했기 때문에 긍정적인 매수 신호로 작용하여 쇼박스의 경우와 같이 다음 날 강한 상승이 출현하기도 한다. 하지만 긴 아래꼬리가 만들어진 위치에 따라 해석이 달라지기 때문에 맹신하지 말고 주의해서 참고하자.

긴 윗꼬리는 시가보다 높게 상승하던 종목이 힘없이 주저앉는 경우를 말한다. 긴 윗꼬리는 뜨거운 관심을 받는 테마주에서 쉽게 발견할 수 있는데 최근 주식시장을 흔들었던 초전도체 테마가 대표적인 예다. 초전도체가 부각되며 노벨상에 대한 기대 심리까지 더해져 연속으로 상한가에 도달했지만 기대 심리가 꺾이고 고점에서 긴 꼬리를 만들며 계속 하락하는 모습을 보여 주었다. 긴 꼬리를 만든 날의 분봉 차트를 살펴보자.

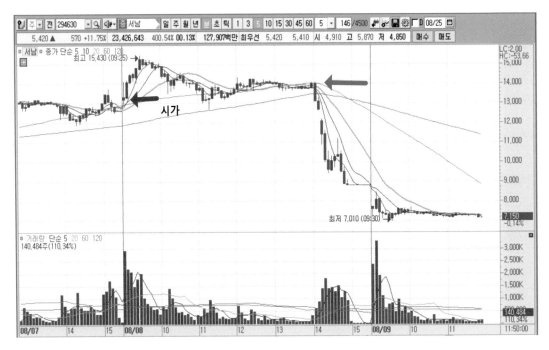

시가

최고 15,430 (09:25)

최저 7,010 (09:30)

■ 서남 5분봉

　상압, 상온에서 사용 가능한 초전도체를 개발했다는 소식에 관련 테마주들이 한동안 급등했다. 서남의 경우에는 상온, 상압이 아닌 절대온도에서 초전도 현상을 발현하는 제품을 만들기 때문에 이슈화된 LK-99와는 관련이 없는데도 주가가 급등하여 대주주는 고점에서 기분 좋게 지분을 처분하며 수익을 챙겨 나왔다. 관련성 없이 수급 쏠림으로 주가가 급등하면 차익 실현에 나서는 물량이 많아지기 때문에 고점에서는 특히 조심해야 한다. 위의 차트는 서남이 테마주의 분위기를 타고 최고점까지 도달했던 날의 분봉 모습인데 빨간 화살표로 표시된 시가 부분부터 강하게 상승했지만 주가가 하락하기 시작하고 파란 화살표에서는 느닷없이 급락하는 모습을 보여 주었다. 이때의 일봉 차트를 살펴보자.

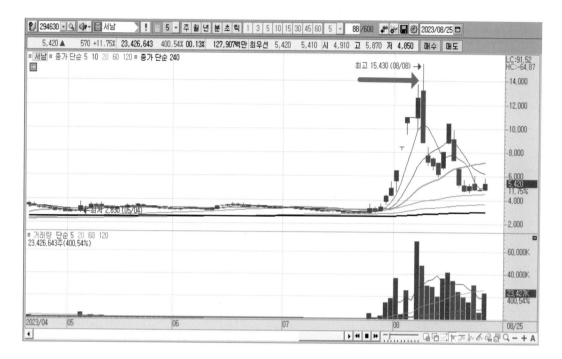

　원바닥을 형성하고 오래 횡보하던 종목이 초전도체 테마로 상한가에 여러 번 도달하며 바닥 대비 5배 이상까지 급등했지만 초전도체에 대한 투심이 악화되어 고점에서 긴 윗꼬리를 동반한 장대음봉을 만들며 하락하는 모습이다. 파란 화살표에서부터 긴 꼬리가 시작됐는데 분봉 차트에서 확인했듯이 이미 고점인데도 불구하고 시가보다 추가 상승하여 많은 매수자를 불러 모은 후 장 후반에 급락시킨다.

　긴 아래꼬리와 긴 윗꼬리의 예를 한 가지씩 참고했지만 어느 것이 좋고 어느 것이 나쁘다고 단정 지을 수 없고 **출현한 위치에 따라 다르게 해석해야 한다.** 고점에서 발생한 긴 아래꼬리는 세력이 적극적으로 관리하는 것으로 보이기는 하나 위험 요소가 많고, 저점에서 발생한 긴 아래꼬리는 강한 세력이 주가의 추가 하락을 방어하고 있다고 해석하여 추가 상승을 기대할 수 있다. 반대로 고점에서 긴 윗꼬리가 발생하면 세력이 보유하던 물량을 털어 내서 차익을 실현했다는 의미로 해석할 수 있고 저점에서 발생한 긴 윗꼬리는 세력이 의도적으로 가격의 등락 폭을 높여 개미들이 보유한 물량을 뺏어 가기 위해 만들어진 결과라고 해석할 수 있기 때문에 이와 같은 경우에는 오히려 위기를 기회로 해석하기도 한다. 4가지의 사례를 차트에서 살펴보자.

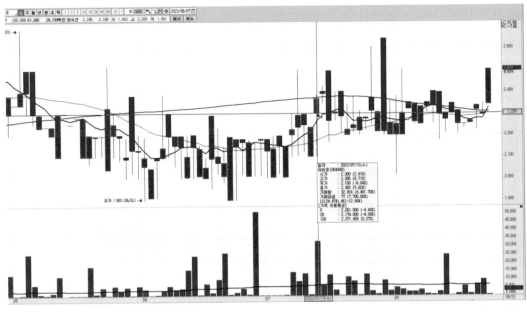

■ 유비온 일봉

고점에서 횡보하는 차트를 확대한 모습이다. 이 종목은 300원 이하에서 바닥을 만들고 2천 원대까지 상승했는데 하락을 하려고 하면 저점에서 지키고 있는 세력의 매수세로 긴 아래꼬리를 만들며 주가가 회복되는 것이 확인된다. 차트에 표시된 7/13일을 보면 시가 2.9%로 시작했는데 -6.04%까지 저가가 하락했으니 장중에 총 8%가 하락했다는 뜻인데 이후 세력의 강한 매수세가 주가를 끌어올려 결국 종가 5% 상승으로 마무리 지었다. 저점에 도달하기만 하면 강한 매수세로 주가를 상승시키기 때문에 고점임에도 불구하고 더 이상 주가가 하락하지 않고 상승할 것만 같은 기분이 든다. 고점에서 긴 아래꼬리가 여러 번 발생하면 진입해도 되는 것일까? 이번에는 일봉 차트를 넓게 확인하여 전체적인 흐름을 살펴보자.

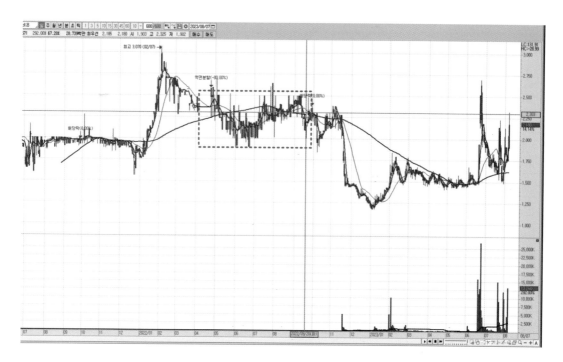

■ 유비온 일봉

    하락하려고 하면 긴 아래꼬리를 만들며 상승하던 부분이 파란 점선으로 표시되었는데 일봉 차트를 보니 기대와 다르게 하락세로 전환된 것이 보인다. 고점에서는 세력이 하락만 하면 강한 매수세로 주가를 상승시켜 주가를 관리하더라도 어느 순간 뉴스나 경제 상황과 같은 외부 요인이 발생하여 주가 관리가 되지 않는 상태가 만들어지면 순식간에 주가가 폭락하기도 한다. 고점에서는 더 이상 하락하지 않을 것 같은 느낌이 들고 강한 매수세로 인한 긴 아래꼬리를 많이 발견하더라도 언제든지 하락할 수 있다고 생각하며 주의해야 한다. 고점에서 발생한 아래꼬리의 다른 경우도 살펴보자.

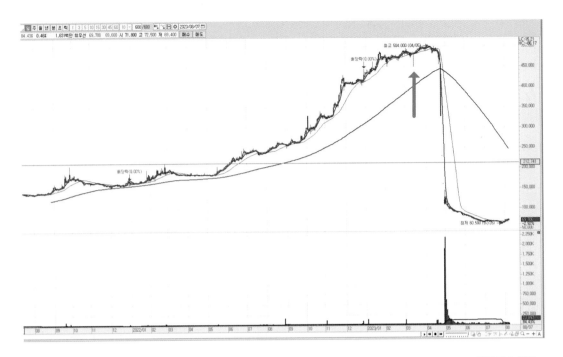

■ 서울가스 일봉

　'무더기 하한가' 사태가 발생한 8종목 중 하나인 서울가스의 일봉 차트다. 2021년부터 원바닥에서 횡보하더니 폭락 직전까지 416%가 상승했는데 파란 화살표가 가리키는 곳을 보면 폭락 전에 고점에서 긴 아래꼬리가 발생했다. 이때의 상황을 확대해서 살펴보자.*

여기서 잠깐!

　* 소시에테제네랄(SG)증권발 매도세로 삼천리, 다우데이타, 하림지주, 대성홀딩스, 셋방, 선광, 서울가스, 다올투자증권 총 8개 종목이 무더기로 하한가를 기록했다. 갑작스러운 급락에 놀란 보유자들이 보유 물량을 하한가에 내놓았지만 매수해 주는 사람이 거의 없어서 탈출할 수도 없었다. 특별한 내용 없이 급등하는 테마주, 작전주는 투자하지 않는 것이 원칙이라는 것을 기억하자.

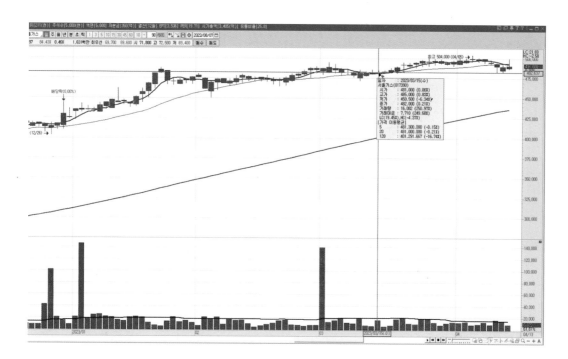

■ 서울가스 일봉

　　고점 긴 아래꼬리가 만들어진 날을 보면 시가 0%로 시작했지만 저가인 -6.34%까지 하락했다. 이때 주가가 50만 원에 육박했기 때문에 가격적인 측면에서 상당히 하락했다고 볼 수 있는데 아직은 하락시킬 때가 아니라고 판단한 세력의 강력한 매수세가 들어오면서 전일 대비 250% 상승한 거래량이 발생했다. SG 사태 주범으로 지목된 모 투자 컨설팅 대표는 수천 명의 계좌로 대규모 대출을 받아 주가가 떨어지면 사서 올리며 시세 조종을 해 왔는데 다우데이타의 최대 주주가 시간 외 대량 매매 방식으로 매각하며 반대매매를 촉발하여 무더기 하한가 사태가 벌어졌다. 세력이 주가를 관리하며 하락을 방지하더라도 고점에서는 외부 요인에 의해 순식간에 폭락할 수 있기 때문에 고점 긴 아래꼬리가 발생하면 일단 경계해야 한다.

⑤ 저점 긴 아래꼬리

고점에서 발생한 긴 아래꼬리가 위험신호였다면 저점에서 발생한 긴 아래 꼬리는 기회의 신호를 주기도 한다.

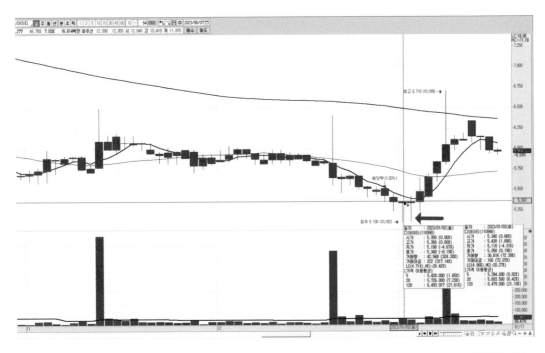

■ 디아이티 일봉

14,350원까지 상승했던 종목이 2년 동안 우하향하여 5,100원에 도달했다. 긴 아래꼬리가 생긴 곳은 빨간 화살표가 가리키고 있는데 시가 0%로 시작했지만 저가인 -4.67%까지 하락했고 장중에 출현한 강한 매수세로 인해 종가는 0.19% 상승으로 마무리했다. 그다음 날도 시가를 0%로 시작했지만 저가를 -4.31%까지 찍고 종가를 0.19% 상승 마무리하는 비슷한 양상을 보여 주었다. 계속 하락하던 주가가 저점 긴 아래꼬리를 연속으로 만들며 더 이상 하락하지 않겠다는 의지를 보여 주고 있기 때문에 긍정적 신호로 해석할 수 있다. 이후의 차트 흐름은 어떻게 변했는지 살펴보자.

■ 디아이티 일봉

　　차트 왼쪽의 고점부터 계속 하락하던 주가가 빨간 화살표에서 저점 긴 아래꼬리를 연속으로 만들며 추가 하락을 저지하는 의지를 보여 주었는데 이후 상승 추세로 바뀌며 5천 원에서 두 배 이상 상승했다. 통상적으로 보았을 때 주가가 장기적으로 하락하는 현상이 발생한다면 매도세가 매수세보다 오랜 기간 압도적으로 우위였기 때문이라고 해석할 수 있는데, 저점에서 긴 아래꼬리가 출현하면 대량 거래를 동반하지 않더라도 매도세를 이겨 내는 새로운 매수세가 등장했다고 추측해 볼 수 있다. 다음 차트도 살펴보자.

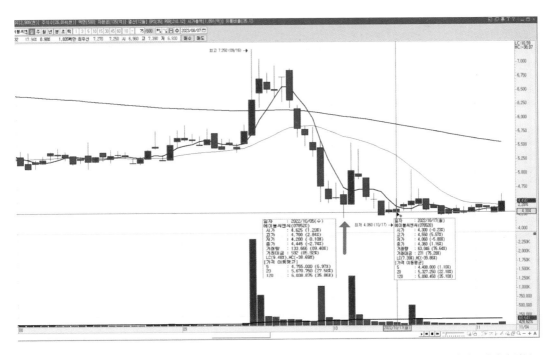

■ 에이블씨엔씨 일봉

차트에 두 개의 저점 긴 아래꼬리가 만들어진 날 세부 내용이 표시되어 있다. 오른쪽에 있는 긴 아래꼬리에서는 시가 -0.23%로 시작하여 저가인 -5.8%까지 하락했는데 매수 세력이 추가 하락을 허락하지 않고 주가를 다시 상승시키며 종가 1.16%로 마무리했다. 왼쪽의 파란 화살표에서 출현한 저점 긴 아래꼬리에서는 시가 1.2%로 시작하여 저가인 -8.1%까지 하락했다가 종가는 시가보다 아래인 -2.74%로 마무리했다. 다시 말해 오른쪽은 양봉으로 마무리했고 왼쪽은 음봉으로 마무리했다. 결과적으로 보자면 보다 더 강한 매수세로 인해 하락을 양봉으로 반전시킨 오른쪽에 있는 저점 긴 아래꼬리가 신뢰도가 높아 보여서 양봉일 때 진입해야겠다는 생각이 들겠지만 캔들 이론은 일반론이기 때문에 맞지 않는 경우도 생긴다. 물론 캔들 해석은 신뢰도가 높아 캔들에 의존하는 투자자도 많지만 거래량에 따라 해석이 달라지기도 하기 때문에 맹신하는 것보단 판단에 참고하는 것이 좋다. 이후의 차트 흐름을 살펴보자.

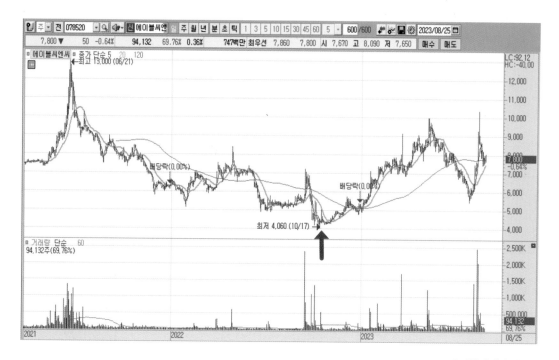

■ 에이블씨엔씨 일봉

　차트 왼쪽부터 보면 13,000원까지 상승했던 종목이 빨간 화살표까지 계속 하락한 것이 확인된다. 빨간 화살표에서 장중에 강한 매도세에 밀려 크게 하락했다가 새롭게 출현한 매수세로 인해 종가가 시가보다 위에 형성되며 저점 긴 아래꼬리가 만들어졌는데 이때 추세 반전의 신호를 알아차렸다면 4천 원대에 진입하여 만 원까지 상승한 수익을 가져갈 수 있다. 캔들 이론을 맹신해서는 안 되지만 저점 긴꼬리는 좋은 수익 기회를 제공하는 경우가 많기 때문에 저점 긴 아래꼬리가 발생하면 소액으로 진입하는 연습을 통해 다양한 상황을 경험해 보는 것이 좋다.

💲 고점 긴 윗꼬리

윗꼬리가 생성되는 원리에 대해 먼저 생각해 보자. 아래꼬리가 하락하던 주식이 강한 매수 세를 만나 반등하여 만들어졌다면 윗꼬리는 정반대라고 할 수 있다. 윗꼬리가 생성되기 위해서는 주가가 당일 상승하다가 강한 매도 세력을 만나 고점에서부터 내리꽂듯이 하락해야 한다. 윗꼬리가 길수록 고점에서부터 많이 밀렸다는 뜻인데 꼬리의 길이는 매도 세력의 힘을 나타내기도 한다. 특히 고점에서 출현한 긴 윗꼬리는 세력이 차익을 실현하고 떠나는 신호로 볼 수 있기 때문에 고점 긴 윗꼬리가 출현한 이후에는 추가 하락을 염두에 두어야 한다. 차트를 통해 살펴보자.

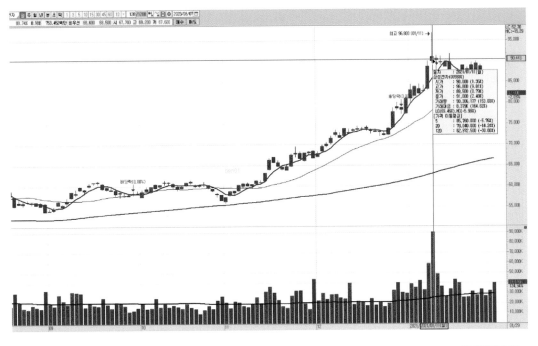

■ 삼성전자 일봉

움직임이 무거운 주식으로 유명한 삼성전자가 바닥에서부터 강한 상승을 보인 후에 고점에서 긴 윗꼬리를 만들었는데 이날 시가를 1.35%로 시작했고 당일 고점인 9%까지 상승했지만 하락하여 종가는 2.4%로 마무리했다. 고점에서부터 7% 하락하며 긴 윗꼬리를 만들었는데 이후의 차트 흐름을 살펴보자.

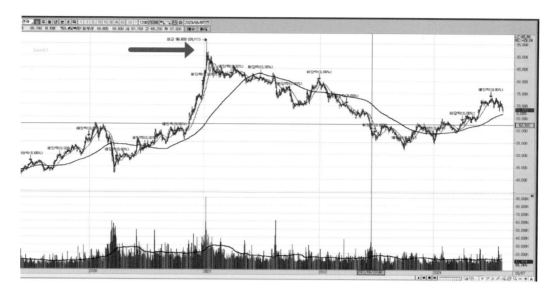

▪ 삼성전자 일봉

　　동학 개미 운동의 여파로 강하게 상승하여 파란 화살표에서 장중 역대 최고점인 9만 6800
원에 도달했지만 고점 긴 윗꼬리가 출현한 후에는 계속 하락하는 추세를 모면하지 못하고 있
다. 고점 긴 윗꼬리는 추가 하락으로 이어지는 경우가 많기 때문에 양봉, 음봉으로 긴 꼬리가
만들어지는 것을 구별하지 말고 일단 경계하는 것이 좋다. 다음 차트도 살펴보자.

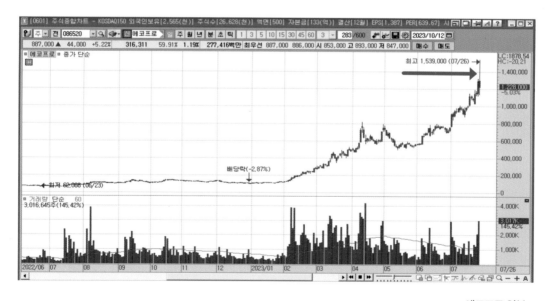

▪ 에코프로 일봉

2020년만 하더라도 만 원대를 유지하던 종목이 153만 원까지 상승하여 역사적 신고가를 갱신했는데 파란 화살표에서 고점 긴 윗꼬리를 만들며 하락의 신호탄을 쏘아 올렸다. 이날 3백만 주의 거래량이 발생하며 장중에 19%까지 상승했지만 저가 -12%까지 하락했다가 종가는 -5%로 마감했다. 고점 대비 24% 하락하며 꼬리를 만들고 마무리한 형국인데 저점에서부터 최고점까지 쉬지 않고 강하게 상승한 종목에서 긴 꼬리가 만들어지면 뒤돌아보지 않고 피해야 한다. 이후 차트는 어떻게 변했는지 살펴보자.

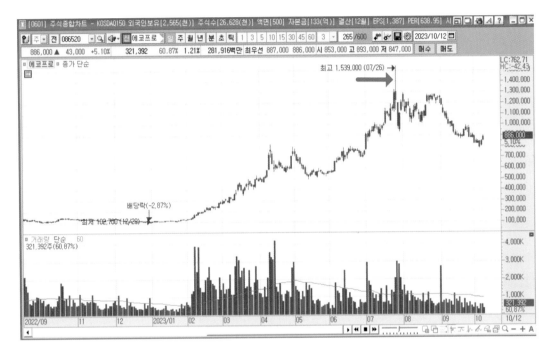

■ 에코프로 일봉

필자가 유튜브에 있는 815머니톡 채널과 김작가TV에 출현하여 이렇게 만들어진 차트는 하락할 확률이 70~80%가 넘기 때문에 절대 신규로 진입하지 말고 보유자들은 비중을 줄여야 한다고 언급한 적이 있다. 2차 전지 산업의 유망성을 믿고 장기 투자하는 투자자에게는 고점 긴 꼬리 이후 반등하려는 움직임이 나올 때 유튜브에 출현하여 하락할 것이라는 전망을 내놓는 필자의 분석이 비판적으로 보일 수밖에 없겠지만 바닥에서 최고점까지 약 150배가 상승했고 고점에서 긴 꼬리가 만들어졌으니 하락 가능성을 염두에 두어야 한다. 혹시나 2차 전지 산업의 전망을 믿고 장기 투자하여 특정 회사를 응원하고 싶더라도 비중을 조절하여 고점에서는 차익을 실현하고 저점에서 재매수하여 보유 수량을 늘리는 것이 좋다.

저점 긴 윗꼬리는 매수 세력이 주가를 상승시키기 전에 출현하는 경우가 많은데 개미들의 물량을 빼앗기 위해 상승하던 주식을 하락시켜 공포심으로 인한 손절을 유도한다. 저점 긴 윗 꼬리가 만들어지고 단기간에는 하락하지만 이후 저점을 높여 가며 다수의 긴 윗꼬리가 출현하기도 하는데 이럴 때는 상승할 가능성이 크기 때문에 저점 긴 윗꼬리의 특성을 잘 활용하면 계좌를 풍성하게 만들 수 있다. 차트를 통해 살펴보자.

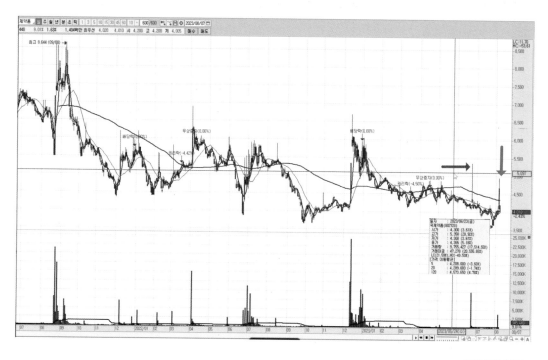

▪ 국제약품 일봉

빨간 화살표에서 시가 3.6%로 시작했다가 고가 28.92%까지 상승했고 다시 하락하여 종 가는 5.18%로 저가 긴 윗꼬리를 만들어 냈다. 결과적으로 고가에서부터 25%가 하락했기 때 문에 이런 움직임을 보면 상승 의지가 없는 것이 아닌가 하는 생각이 든다. 하지만 저점 긴 윗 꼬리는 세력이 공포심을 유발하여 개인 물량을 뺏어 오려고 할 때 출현하는 경우가 많다. 저점 긴 윗꼬리가 출현했을 때는 분할 매수로 대응하여 파란 화살표에서 수익을 실현하는 먹또먹 전략이 가능하다. 다른 경우도 살펴보자.

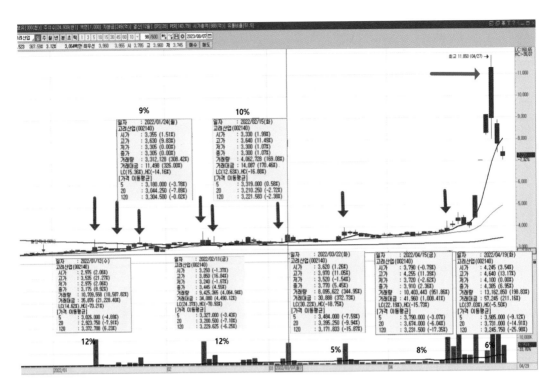

■ 고려산업 일봉

고려산업이 저점에서 4달가량 횡보하며 긴 윗꼬리를 만드는 모습이다. 위의 차트를 보면 횡보 기간 동안 수많은 저점 긴 윗꼬리를 만들며 우상향하고 있는데 꼬리 길이만 12%, 9%, 10%, 12%인 다수의 긴꼬리가 발생했다. 저점을 높여 가며 다양한 길이의 긴꼬리를 만드는 경우에는 강하게 상승하기 전 세력의 **'개미털기***' 수법이라고 생각하여 분할 매수 전략을 통해 긴 꼬리를 발견할 때마다 수익을 실현할 수 있고 분할 매수로 확보한 물량이 시기가 맞아 급상승하게 되면 파란 화살표와 같은 고점에서의 매도로 큰 수익 실현도 가능하다.

여기서 잠깐!

* 개미털기: 세력이 목표 금액까지 주가를 상승시키려면 많은 자금이 필요한데 개인들은 주가의 등락이 심해질수록 보유 물량을 매도하여 세력 입장에서는 주가를 상승시키기 어렵다. 개미털기는 세력이 본격적으로 주가를 상승시키기 전에 주가를 일시적으로 하락시켜 개인 투자자들을 저가에 매도하도록 유도한다는 주식 은어이다.

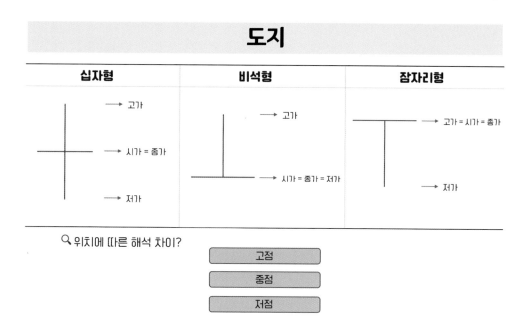

도지 캔들은 십자형, 비석형, 잠자리형으로 분류할 수 있다. 십자형 도지는 주가가 등락을 거듭했지만 시가와 종가가 같고 고가와 저가가 벌어져 있는 형태를 가지고 있다. 쉽게 풀어 말하자면 매수세와 매도세의 힘이 비슷하여 상승과 하락을 결정짓지 못했다는 것인데, 이 때문에 십자형 도지를 추세 전환의 신호로 해석하기도 한다. 즉, 상승하던 주식에 십자형이 출현하면 하락 추세 전환으로, 하락 중에 십자형을 발견하면 상승 추세로 예측해 볼 수 있는데 꼬리가 길수록 추세를 변환시킬 확률이 크다고 예측한다. 비석형 도지는 도지의 형태가 비석처럼 생겼다고 해서 붙여진 이름인데 강한 상승이 나왔다가 주저앉은 상황에 만들어지기 때문에 시가, 종가, 저가가 같고 고가만 높다. 비석형이 고점에서 보인다면 강한 매도세로 인해 상승하던 주식의 추세가 꺾인 것이기 때문에 세력의 돈이 빠져나갔을 가능성을 염두에 두어야 한다. 잠자리형 도지 또한 잠자리의 모습과 비슷하다고 해서 붙여진 이름인데 비석형과는 반대로 하락이 나왔지만 다시 상승하여 저가만 낮고 고가, 시가, 종가는 같은 형태를 말한다. 잠자리형을 저점에서 발견한다면 세력이 주가를 관리하기 위해서 하락하는 주가를 상승시켰다고 해석할 수 있다. 도지 캔들의 기본에 대해 알아보았지만 도지 또한 고점, 중점, 저점에 따라 해석이 달라지기 때문에 차트를 통해 자세히 이해해 보자.

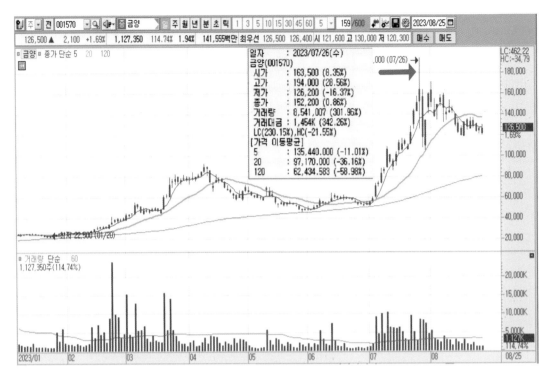

■ 금양 일봉

　　2차 전지 소재주 기업으로 2만 원대에서부터 강하게 상승하여 최고가인 194,000원에 도달했다. 2차 전지가 함께 폭락한 날 금양에서는 십자형 도지 캔들이 만들어졌는데 장중에 28%까지 상승했다가 저가 16%에 도달한 후 종가는 0.86%로 마무리하며 하루 최대 등락 폭이 45%에 이르렀다. 2차 전지에 몰린 수급으로 장기적으로는 상승할 가능성도 있겠지만 고점에서 이와 같은 십자형 도지를 발견하면 단기적으로 추세 반전 신호일 가능성이 크기 때문에 신규 매수는 하지 않는 것이 좋고 보유 중이었다면 수익을 실현하여 추세를 보다가 재매수하는 것이 좋다. 고점에서 발생한 십자형 도지를 차트만 간단하게 확인해 보자.

⑤ 고점 십자형, 비석형 도지 차트 예시

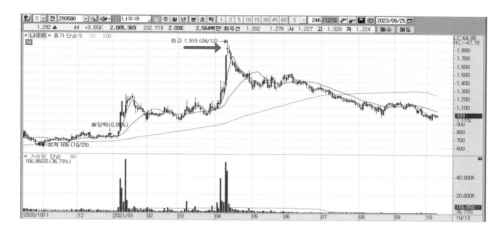

■ 나우IB 일봉

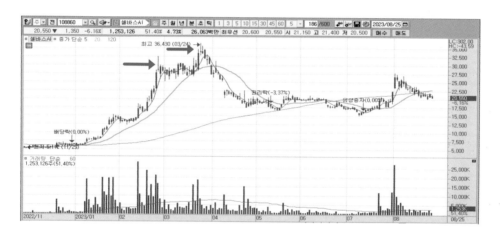

■ 셀바스 AI 일봉

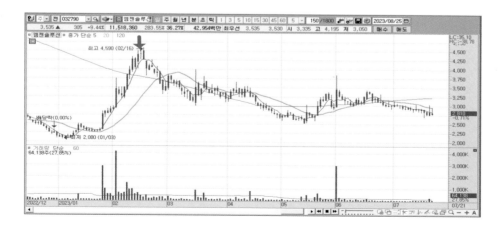

■ 엠젠솔루션 일봉

💲 중점 도지 차트 예시

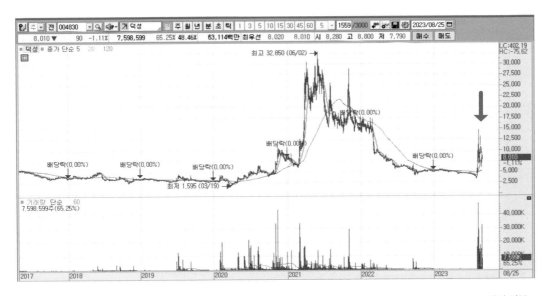

■ 덕성 일봉

이번에는 중점에서 발생한 도지를 살펴보자. 덕성 일봉 차트를 보면 32,850까지 도달했던 종목이 하락하여 바닥을 만들고 오랜 기간 횡보하다가 상승했다. 차트의 중점에 해당하는 파란 화살표에서 도지 캔들이 출현했을 때 어떤 모습일지 확대해서 살펴보자.

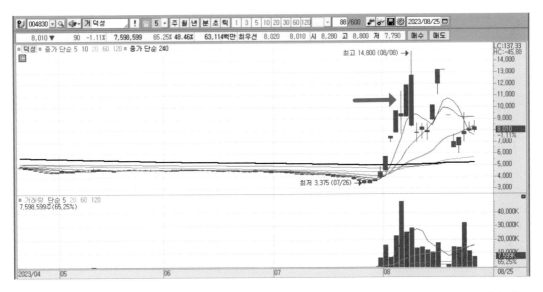

■ 덕성 일봉

초전도체 사업 프로젝트를 오랜 기간 추진해 왔다는 이력이 부각되며 강하게 상승하다가 중점인 파란 화살표에서 십자형 도지 캔들이 생겼다. 고점에서 십자형이나 비석형이 만들어진다면 하락의 가능성을 생각하는 것이 좋지만 중점에서 십자형 도지가 발생하면 상승할지 하락할지 아무도 모르는 상황이라고 판단하고 중립적 입장을 취하는 것이 좋다. 덕성의 경우에는 중점에서 십자형 도지가 출현하고 다음 날도 강하게 상승했지만 반대로 중점에서 십자형 도지가 출현하고 하락하는 경우도 있다. 다음 차트를 살펴보자.

▪ 신풍제약 일봉

고점에서 하락하던 종목이 노란 점선에서 바닥을 다지고 중점인 파란 화살표까지 상승했다. 주가의 위치를 확인했으니 확대해서 중점에서 발생한 십자형 도지를 살펴보자.

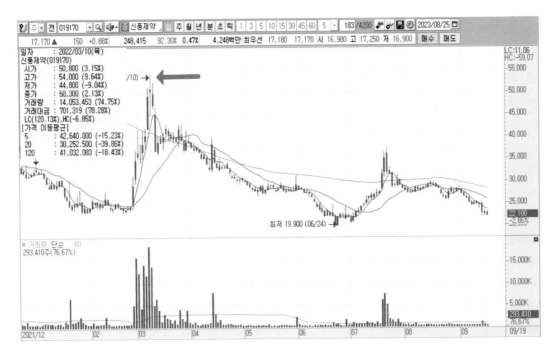

일자 : 2022/03/10(목)

최저 19,900 (06/24)

■ 신풍제약 일봉

2만 원대에서 바닥을 만들고 2배 정도 상승한 중점 부분을 확대한 모습인데 파란 화살표에서 십자형 도지를 만들고 주가는 계속 하락하는 것을 확인할 수 있다. 앞에서 살펴본 덕성 차트의 경우에는 중점에서 도지를 만들고 상승했지만 이와 같이 계속 하락하는 경우도 있다. 중점에서 발생하는 도지는 확률적으로 반반인 신뢰도가 낮은 캔들이기 때문에 도지의 형태를 보고 주가의 향방을 예측하지 않는 것이 좋다. 이번에는 저점 도지를 살펴보자.

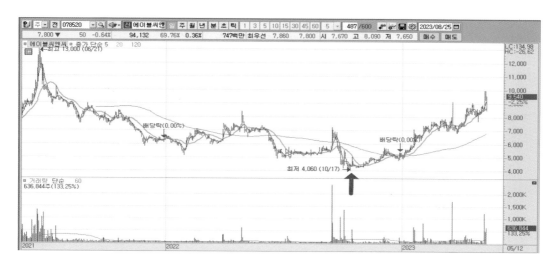

■ 에이블씨엔씨 일봉 차트 1

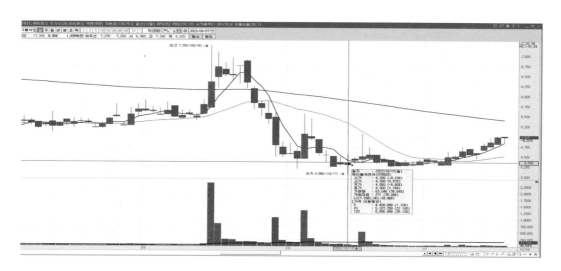

■ 에이블씨엔씨 일봉 차트 2

에이블씨엔씨 차트 1을 보면 13,000원까지 상승했던 종목이 4천 원까지 계속 하락했다는 것을 알 수 있다. 우하향하던 주식이 빨간 화살표를 기점으로 추세를 전환하여 상승하기 시작했는데, 빨간 화살표 지점을 확대한 차트 2를 보니 저점에서 도지가 만들어지며 상승이 시작된 것이 확인된다. 다른 차트도 살펴보자.

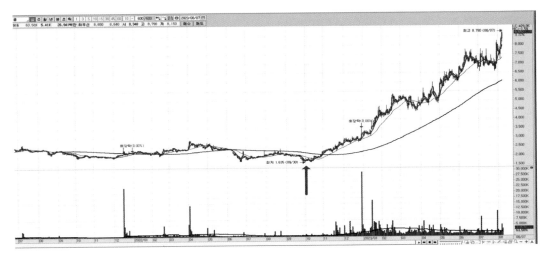

■ 비올 일봉 차트 1

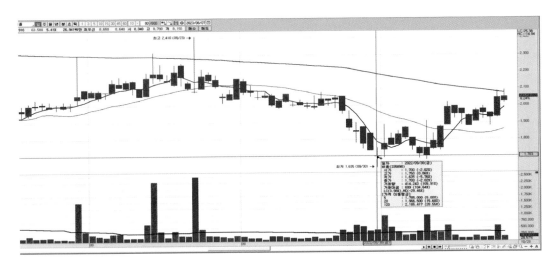

■ 비올 일봉 차트 2

비올 일봉 차트 1은 오랜 기간 원바닥에서 횡보하던 종목의 모습이고 일봉 차트 2는 빨간 화살표에서 십자형 도지를 만든 순간을 확대한 차트이다. 빨간 화살표에서 십자형 도지를 만든 이후 차트를 보면 꾸준히 우상향했기 때문에 저점에서 도지를 발견하면 일단 진입하고 싶은 생각이 들지도 모른다. 하지만 주식에 100%는 없다는 말이 있듯이 도지가 저점에서 출현했다고 해서 상승을 보장하는 것은 아니다. 고점 도지는 추가 상승 확률이 20%, 하락 확률이 80% 이상, 중점 도지는 50%, 저점 도지는 상승 확률이 80%, 하락 확률이 20%라고 생각하며 보수적으로 접근하는 것이 좋다.

비슷한 힘의 균형을 가진 매수 주체와 매도 주체가 치열하게 싸워 만들어 낸 도지 캔들에 대해 알아보았는데 이번에는 단일 캔들 패턴에 대해 알아보자.

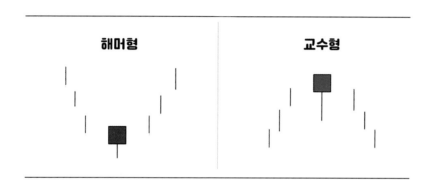

우산형은 해머형과 교수형(행잉맨)으로 나뉜다. 꼬리를 달고 네모난 캔들이 만들어진 것이 마치 우산 같다고 하여 우산형이라 하는데 윗꼬리는 거의 없고 밑에 달린 꼬리가 몸통의 두 배 이상일 때 우산형으로 분류한다. 하락하던 주식에서 해머형 캔들이 나타나면 상승 반전하는 신호, 상승하던 주식에서 교수형 캔들이 나타나면 하락 반전 신호일 가능성이 크다고 판단한다.

계속 하락하던 주식에서 해머형이 발생하면 매수로 인해 반등하여 꼬리를 만들었다는 뜻이기 때문에 바닥을 충분히 다졌다고 판단하고 매수를 고려할 수 있다.

반대로 상승 추세에 있던 주식에 강한 매도 세력이 출현하면 주가가 잠시 하락하게 되는데 상승 추세가 지속될 것이라는 기대감이 있는 투자자들의 공격적인 매수가 주가를 끌어올리면 아래꼬리를 달고 교수형 모형이 만들어진다. 하락할 뻔한 주가를 끌어올려 주는 강력한 매수세가 있기 때문에 좋은 신호로 생각되겠지만 매도 주체가 본격적으로 매도를 시작하고 있다는 뜻이기 때문에 이후에는 추가 상승이 어려워진다. 교수형을 영어로 번역하면 행잉맨(Hanging-man), 즉 '교수형에 처한 사람'이라는 무시무시한 뜻을 가지고 있는데, 고점에서 행잉맨을 보면 일단 경계해야 한다. 차트를 통해 우산형을 살펴보자.

• 지노믹트리 일봉

주가가 계속 하락하여 바닥권에 이르렀는데 횡보하던 종목에서 해머형 캔들이 발생했다. 이날 시가 -1.37%로 시작했다가 -5.35%까지 하락했는데 종가는 -0.46%까지 반등하여 양봉으로 마무리했다. 차트를 보면 해머형 캔들이 출현하기 전부터 노란 점선 아래의 가격으로는 하락하지 않으려는 모습이 확인되는데 세력이 일정 가격 이상으로 마무리하도록 종가를 관리하고 있다는 것을 추측해 볼 수 있고 강한 매수세가 들어온 해머형 캔들에서는 노란 점선을 깨고 하락했는데도 다시 반등했기 때문에 세력이 주가를 올리려는 기회만 엿보고 있다는 신호로 받아들일 수 있다. 그렇다면 하락하던 주식에서 해머형 캔들이 나타나면 어떤 모습일지 다음 차트에서 확인해 보자.

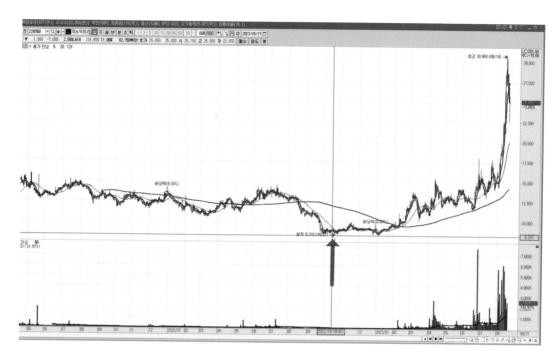

■ 지노믹트리 일봉

하락하던 주가가 빨간 화살표에서 해머형 캔들을 만들어 내고 이후 크게 상승한 모습이다. 해머형 캔들이 보이면 주가가 바닥권에 도달한 것을 의심하고 일정한 가격대에서 하락이 멈추고 반등해 주는 신호를 지켜보고 있다가 그 후 **장대양봉이 발생했을 때 진입**해 주는 것이 좋다. 물론 결과적으로 봤을 때 해머형 캔들 다음 날 진입해도 좋은 수익으로 마무리할 수 있었지만 의미 있는 상승이 언제 나올지 기약이 없기 때문에 심리적으로 부담이 될 수 있다. 미리 진입하는 것보다는 해머형 캔들이 나온 차트를 관심 종목에 추가하고 살펴보다가 장대양봉이 발생했을 때 매수한다면 수익성과 회전성을 동시에 높일 수 있다. 저가에서 해머형 캔들이 출현한 다른 사례를 간단하게 확인하고 교수형 캔들을 확인해 보자.

■ 노을 일봉

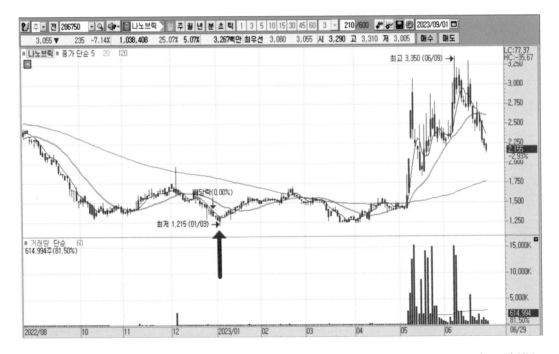

■ 나노브릭 일봉

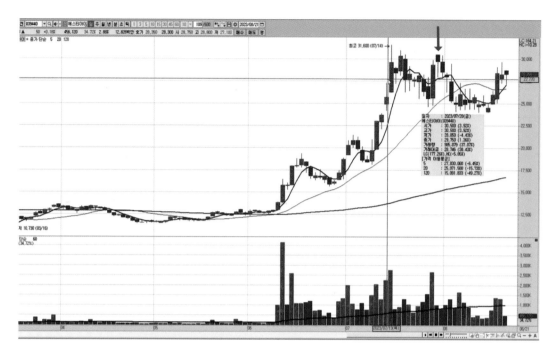

■ 에스티아이 일봉

저점에서부터 크게 상승한 종목이 파란 화살표에서 전고점을 돌파하려는 모습을 보여 주었다. 이날 시가 3.92%로 시작하여 높은 기대감을 주었지만 추가 상승하지 못하고 -4.43%까지 하락했다. 장중에 고점 대비 8%나 하락했다가 다시 반등하여 종가를 1.36%로 마무리했기 때문에 상승 추세를 이어 전고점을 뚫고 크게 상승할 것 같은 기분이 든다.

하지만 교수형 캔들이 고점에서 발생하면 상승 추세를 이끌어 가던 주가를 주저앉게 만든 강력한 매도세가 존재한다는 것을 기억해야 한다. 기대감에 부푼 매수 세력이 낭떠러지로 떨어지는 주가를 멱살 잡고 끌어올리듯이 매수하여 다시 상승시켰지만 갑자기 떨어지는 주가를 끌어올리면 그만큼 힘이 빠지게 된다. 매도 세력은 힘이 소진된 매수세를 호시탐탐 노리고 있다는 것을 기억하고 추가 하락을 염두에 두는 것이 좋다. 교수형 캔들이 고점에서 음봉으로 마무리하는 경우에는 하락할 가능성이 더 커지는데 음봉이 만들어지는 원리를 다시 생각해 보면 음봉은 시가보다 종가가 낮을 때 만들어진다. 쉽게 말해 떨어지는 주가를 멱살 잡고 끌어올렸지만 매도세를 이길 만큼 끌어올리지 못하여 음봉으로 마무리되었기 때문에 매도세가 매수

세보다 강력해졌다는 것을 유추할 수 있다. 에스티아이의 경우 교수형 캔들이 발생하고 한 달 동안 하락하다가 다시 반등하는 모습을 보였다. 결과적으로 보았을 때는 교수형 캔들이 출현했더라도 한 달 동안의 하락을 버텼다면 본래의 가격으로 돌아왔기 때문에 추가 상승을 노릴 수 있는 것이 아닌가 하는 생각이 들 수 있다. 실제로도 고점에서 교수형 캔들이 출현하더라도 하락과 상승을 반복하다가 강하게 상승해 주는 경우도 많지만 내일의 주가가 어떻게 흘러갈지는 예측하기 어렵기 때문에 수익이 발생했을 때 이와 같은 매도 신호가 발견된다면 일단 수익을 실현하여 차곡차곡 복리의 마법을 극대화하는 것이 좋다. 교수형은 주가의 최고점이 아니더라도 다른 곳에서 출현하기도 하는데 다른 사례를 차트로 간단하게 확인해 보자.

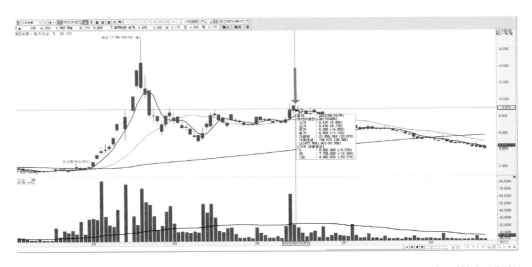

■ 이브이첨단소재 일봉

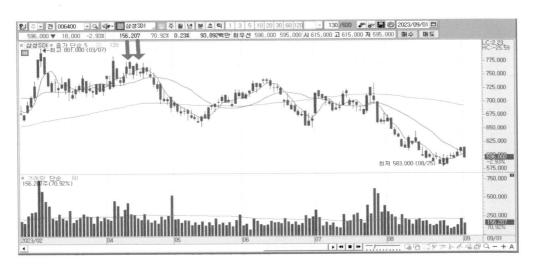

■ 삼성SDI 일봉

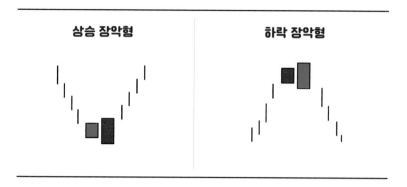

상승 장악형   **하락 장악형**

　장악형에는 상승 장악형과 하락 장악형이 있다. 장악형(Engulfing Pattern)은 두 개의 캔들 중 첫 번째 캔들이 두 번째 날의 캔들에 의해 감싸지고 있는 형태를 말한다. 즉, 주가가 하락하다 가 음봉이 생겼는데 음봉을 감싸 안을 정도로 큰 양봉이 두 번째 날에 생기면 하락 장세에서 상승 장세로 전환한다고 하여 상승 장악형이라 한다. 반대로 하락 장악형은 상승 도중에 생긴 양봉을 감싸 안을 정도로 큰 음봉이 다음 날 생기면 상승 장세에서 하락 장세로 전환한다고 하 여 하락 장악형이라 한다. 상승 장악형과 하락 장악형을 알아 두면 주가의 추세를 읽는 데 도 움이 될 수 있으니 차트 예시를 함께 살펴보자.

　　고점에 도달하고 음봉을 만들며 계속 하락하던 주가의 모습이다. 차트에 표시된 날의 모습을 보면 전날 만들어진 음봉을 감싸 안을 수 있을 정도의 커다란 양봉이 만들어졌다. 전날까지 이어진 매도 물량으로 인해 음봉이 생겼지만 저점이라고 판단한 강력한 매수 세력에 의해 양봉이 만들어진 형태이기 때문에 상승의 시발점이라 추측해 볼 수 있다. 상승 장악형이 만들어진 이후 실제로 상승 추세로 전환되었는지 다음 차트에서 살펴보자.

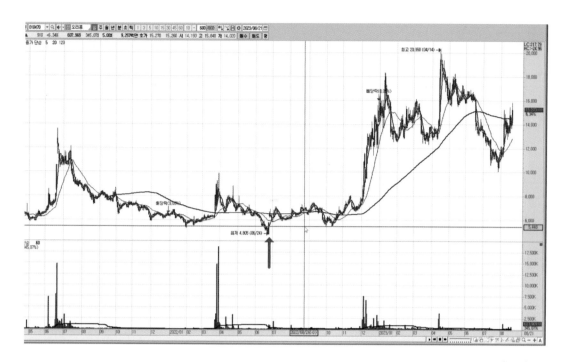

    4,805원에서 바닥을 만들고 상승 장악형이 출현한 이후의 차트 모습을 보면 하락 추세를 멈추고 상승 추세로 전환된 것을 확인할 수 있다. 일반적인 매매 기법으로는 상승 장악형이 발생하면 기다렸다가 다음 날 양봉을 만들며 상승 추세로 전환하는 것을 확인하고 진입하기도 하지만 거래량이 동반되지 않았기 때문에 상승이 얼마나 지속될 것인지에 대한 기약이 없다. 물론 상승 장악형을 발견하고 진입하여 좋은 수익을 만드는 경우도 많지만 손절의 가능성도 크기 때문에 상승 장악형이 발생하면 상승의 기반을 만들었다고 생각하여 관심 있게 지켜보다가 거래량이 동반된 장대양봉이 발생했을 때 진입한다면 수익성과 안전성을 높일 수 있다. 다른 차트 예시도 살펴보자.

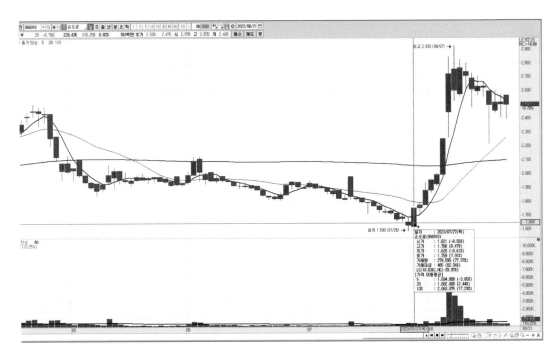

■ 손오공 일봉

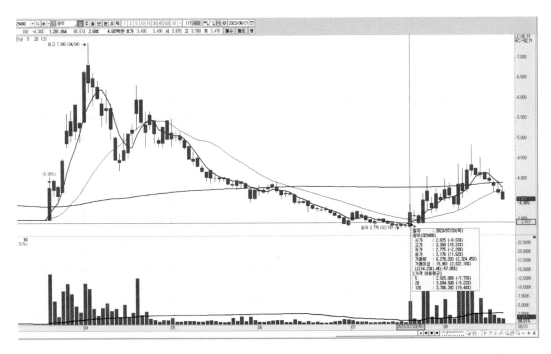

■ 광무 일봉

• 테라사이언스 일봉

　2천 원대에서 횡보하던 종목이 강하게 상승한 모습이다. 파란 화살표에서 장대음봉이 만들어진 전날을 보면 갭상승 장대양봉이 발생했는데 장대양봉을 뒤엎는 장대음봉이 다음 날 만들어지며 하락 장악형을 완성했다. 강한 매수세로 인해 만들어진 장대양봉이 출현하면 상승의 신호탄으로 생각되겠지만 다음 날 장대양봉을 감싸 안는 장대음봉이 발생한다면 더 강력한 매도 물량이 출현했다는 것을 눈치채고 추가 상승의 기대를 버려야 한다. 고점에서 하락 장악형 형태가 만들어졌다는 것은 상승 추세의 말미라고 판단한 세력이 물량을 정리했다는 선언이기 때문에 신규 진입해서는 안 된다. 테라사이언스의 경우를 보면 고점에서 하락 장악형이 생긴 후 주가는 폭락을 거듭하여 천 원대까지 하락한 것을 확인할 수 있다. 강력한 매도 신호인 하락 장악형의 다른 사례도 차트를 통해 확인해 보자.

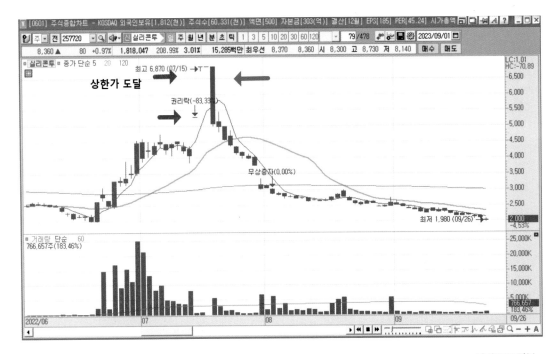

■ 실리콘투 일봉

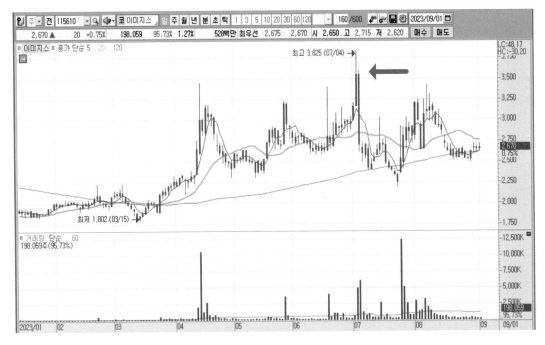

■ 이미지스 일봉

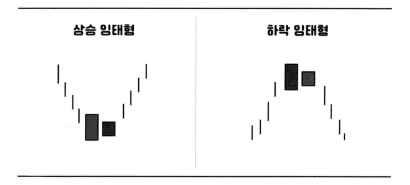

포아형 혹은 잉태형이라고 부르는 패턴은 Harami Pattern으로도 알려져 있다. Harami(하라미)는 일본어로 임신이라는 뜻인데 첫째 날에 만들어진 긴 캔들은 어머니 같고, 두 번째 날에 만들어진 작은 캔들은 아기와 같이 생겼다고 하여 붙여진 이름이다. 마치 임신한 어머니가 아기를 잉태하는 것 같은 모습 때문에 잉태형이라 하는데 아이를 임신하고 있어서 배가 부른 채 서 있는 어머니의 모습을 상상해 보자. 잉태형은 상승 잉태형과 하락 잉태형으로 분류되고, 추세가 한 방향으로 지속되다가 긴 몸통이 출현한다면 다음 날에는 반대 색이 출현하고 추세가 반전되는 특징을 가지고 있다. 다시 말해, 하락 추세가 지속되다가 어머니 캔들이 길게 음봉으로 만들어졌다면 다음 날에는 어머니 캔들의 몸통에 완전히 포함될 정도로 작은 아기 캔들이 양봉으로 태어나고 이후 상승 추세로 반전되는 것이다. 반대로 상승 추세에서 긴 양봉이 만들어지고 다음 날에는 작은 음봉이 만들어진다면 하락 잉태형이 만들어진다. 차트를 통해 살펴보자.

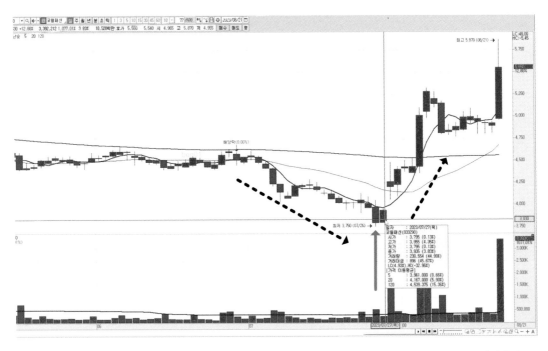

■ 코웰패션 일봉

　계속 하락하다가 파란 화살표에서 몸통이 긴 음봉을 만들고 다음 날 아기가 어머니의 배 속에서 태어나는 것처럼 음봉에 완전히 감싸이는 작은 양봉이 만들어졌다. 하락 중에 출현한 매도 물량을 어머니 캔들이 긴 음봉으로 충분히 소화하며 다음 날 강한 매수세로 인해 아기 캔들이 양봉으로 태어나고 상승하는 형태인데 주가가 저점이고 몸통이 작을수록 신뢰도가 높다. 상승 잉태형은 빈번하게 출현하여 명확한 반전의 신호로 사용하기에는 신뢰도가 높지 않지만 주가가 저점일 때 유념해서 상승 잉태형을 찾아본다면 상승 추세의 길목에서 좋은 기회를 잡을 수 있다. 상승 잉태형의 다른 사례를 차트로 살펴보자.

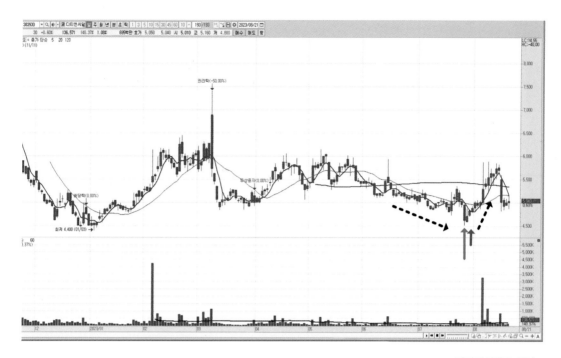

■ 디티앤씨알오 일봉

■ 웰크론 일봉

⑤ 하락 잉태형

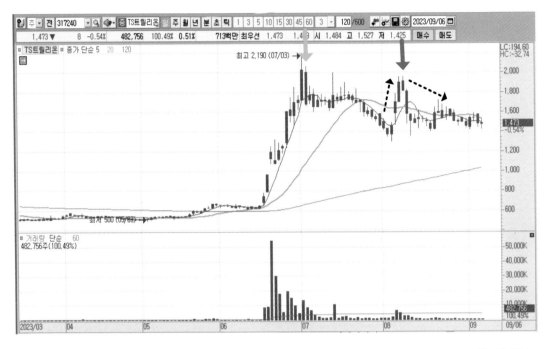

▪ TS트릴리온 일봉

    차트 왼쪽에 있는 초록 화살표를 따라 살펴보면 하락 장악형 음봉이 고점에서 생기고 주가가 하락하다가 검은 점선을 따라 반등하는 것을 확인할 수 있다. 검은 점선을 따라 주가가 반등할 때를 보면 양봉을 연속으로 만들어 내며 전고점을 돌파하는 기세로 상승했지만 긴 양봉인 어머니 캔들이 고점에서 만들어지고, 다음 날 파란 화살표에서 작은 아기 음봉 캔들이 만들어지며 하락 잉태형을 완성했다. 고점에서 하락 잉태형이 발생하면 기존에 상승하던 추세를 멈출 만큼 매수가 약해지고 새로운 매도세가 출현했다는 뜻이기 때문에 추가 하락을 염두에 두며 보수적인 관점으로 차트를 바라봐야 한다. 하락 잉태형이 출현했는데도 주가가 하락하지 않는다면 상승 추세가 더 강화되는 경향이 있다는 것을 참고하는 것이 좋다. 하락 잉태형의 다른 사례를 차트로 확인해 보자.

■ 네이처셀 일봉

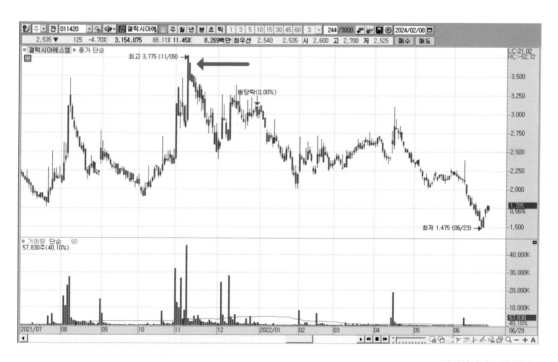

■ 갤럭시아에스엠 일봉

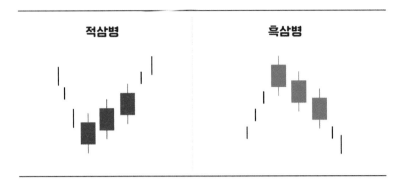

적삼병과 흑삼병은 간단하지만 주식 투자를 하며 자주 눈에 띄는 형태로 알아 두면 빈번하게 사용할 수 있다. 적삼병은 주가가 하락하다가 저가에서 양봉 3개가 연속으로 만들어지면 상승 추세 전환, 흑삼병은 상승하다가 고가에서 음봉 3개가 연속으로 만들어지면 하락 추세 전환으로 예측하는 형태이다.

적삼병에서 첫 양봉의 시가가 100원, 종가가 200원이라고 가정해 보자. 두 번째 양봉은 첫 양봉 몸통 부근인 150원으로 시작하여 종가는 첫 양봉보다 높은 250원으로 마무리된다. 세 번째 양봉도 두 번째 양봉의 몸통 부근인 200원에서 시작하여 종가는 전일 종가보다 높은 300원으로 마무리하는 방식이다. 쉽게 말해서 종가가 높아지면서 상승 추세를 이어 가는 형태인데 거래량이 동반되었을 때 신뢰도가 높고 거래량이 없다면 크게 의미를 두지 않아도 된다. 반대로 흑삼병은 상승하다가 음봉이 만들어지면 다음 날 전일 캔들의 몸통 부근에서 시작하지만 종가를 낮추며 하락 추세를 이어 가는 형태이다. 강력한 매도세로 인해 3일 연속 음봉이 발생했기 때문에 상승 추세의 말미로 판단하고 수익 실현 시점을 정해 볼 수 있다. 차트를 통해 자세히 살펴보자.

■ 한국카본 일봉

검은 점선을 타고 하락하던 주가가 빨간 화살표에서 첫 번째 양봉을 만들어 냈는데 이후 종가를 높여 가며 적삼병을 만들고 상승 추세로 반전되는 모습을 보여 주었다. 이와 같이 바닥 부근에서 거래량이 증가할 때 상승 추세 전환을 예측해 볼 수 있지만 위의 차트처럼 바로 상승하는 것이 아니라 적삼병이 출현했음에도 일정한 조정 기간을 거치고 상승하는 경우도 있고 양봉의 길이에 따라 다양한 형태로 분류되기도 하기 때문에 섣부른 예측은 삼가야 한다. 적삼병의 다른 사례를 차트로 확인해 보자.

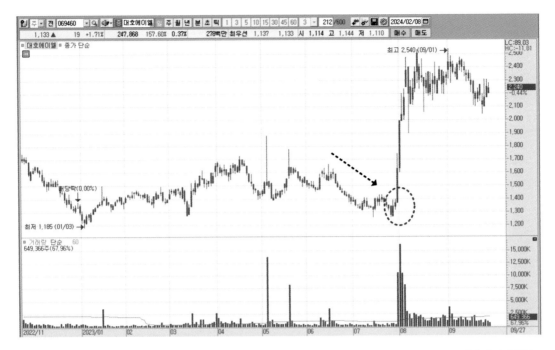

■ 대호에이엘 일봉

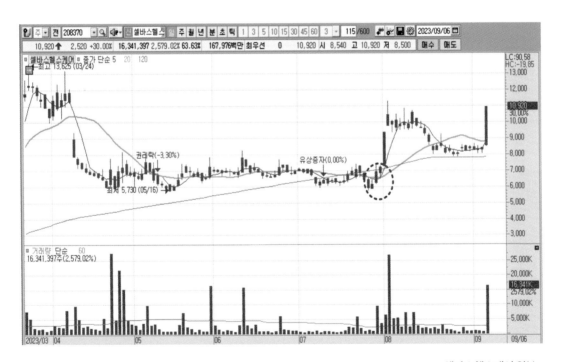

■ 셀바스헬스케어 일봉

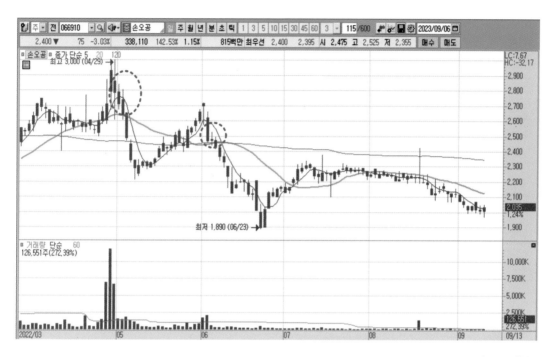

■ 손오공 일봉

　고가권에서 상승하던 주가가 음봉을 만나고 흑삼병이 만들어지더니 하락 추세로 전환되었다. 저점과 고점을 점차적으로 낮추는 흑삼병이 만들어진다는 것은 매도세가 매우 강하다는 뜻으로 추가 하락을 예측해 볼 수 있는데 고점에서 발생할수록 신뢰도가 높다. 첫 흑삼병이 만들어지고 강하게 하락하던 주가가 서서히 반등해 주었지만 다시 한번 흑삼병을 만들며 하락하는 모습이다. 흑삼병은 강력한 매도세로 만들어진 하락 추세에서 자주 나타나기 때문에 매도 타이밍의 신호로 활용할 수 있지만 모든 주식의 지표가 그렇듯이 완벽한 정확성을 가진 지표는 없으므로 매도 결정에 참고하는 정도로 사용하는 것이 좋다. 흑삼병의 다른 사례를 차트로 확인해 보자.

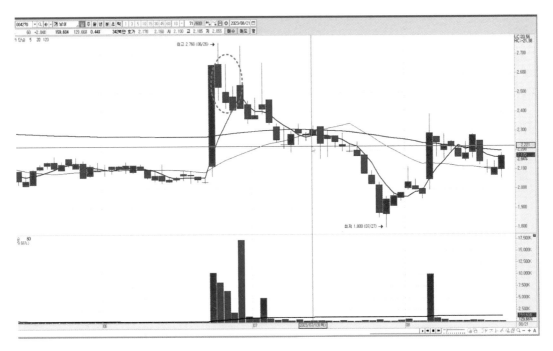

■ 남성 일봉

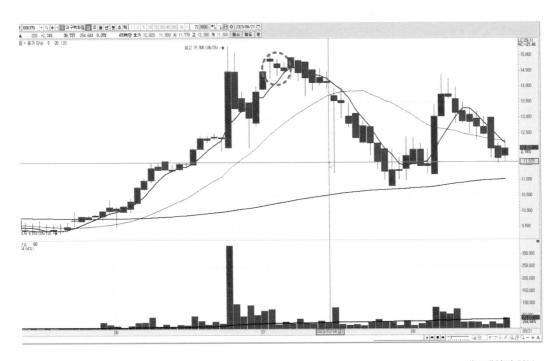

■ 대구백화점 일봉

봉 차트의 기본 원리부터 다양한 유형, 위치에 따라 봉 차트가 주는 의미에 관하여 살펴보았는데 실제로는 수없이 많은 유형이 분리되어 있다. 하지만 세상에 알려진 수많은 유형을 모두 외워서 차트 분석에 적용하는 것은 쉽지 않으며 유형들의 정확성 또한 떨어지기 때문에 무작정 암기한다고 해서 수익을 보장하지 않는다. 20세기 영향력 있는 철학자인 루트비히 비트겐슈타인이 그의 《논리-철학 논고》에서 논의했듯이 반복적으로 발생하는 일이나 사례에서 공통점을 찾아내어 내일을 예측하는 것은 논리적이지 않고 확실성도 높지 않다. 캔들 차트를 분석하여 확률적으로 주식 투자를 접근할 수도 있지만 앞서 소개한 대표적인 유형을 맹신하는 것보다는 추세를 판단하는 데 확률 높은 지표로 생각하고, 주가에 중요한 흐름이 일어나는 때를 판단하는 역량을 갖추는 정도로 사용한다면 세력의 막대한 자금이 투입될 때를 한발 빠르게 포착할 수 있어서 좋은 투자자로 성장하는 데 도움이 될 것이라고 생각한다.

10

시장의 암호: 장대양봉

장대양봉은 우리를 살려 준다. 장대양봉이 발생했다는 것은 외국인, 기관, 큰손, **슈퍼개미***, 단타, 초단타 메뚜기 군단이 몰려와 많은 거래량을 일으키며 하루 만에 전일 혹은 60일 평균 거래량보다 200% 내지 수천 %의 불꽃 거래량을 일으키면서 큰돈을 넣은 것을 우리에게 알려 주는 신호이다. 장대양봉은 시장의 암호이자 단서이기 때문에 장대양봉을 포착해서 우리의 목적인 수익 극대화와 경제적 자유 달성에 활용해야 한다. 필자의 전작에서도 장대양봉에 대한 내용은 일부 다루었지만 기초부터 확실히 다지는 기본서인 만큼 차근차근 장대양봉에 대한 모든 것을 전작보다 자세히 살펴보려 한다.

장대양봉을 얼마나 잘 판별하느냐에 따라서 우리의 성적이 좌우된다고 할 수 있다. 모든 장대양봉이 우리에게 도움을 주는 것은 아니다. 장대양봉도 우리에게 플러스가 되는 장대양봉이 있고 마이너스가 되는 장대양봉이 있다. 마이너스가 되는 장대양봉은 뒤에서 차근차근 살펴보고 먼저 플러스가 되는 장대양봉을 살펴보자.

필자가 전작에서 **장대양봉은 '세력이 특정 종목에 진입하여 가격을 급등시키면서 거래량을 폭증시킬 때 발생하는 봉'**이라고 정의하였다. 여기서 특정 종목에 진입하여 가격을 급등시킨다는 뜻은 A라는 종목에 의도적으로 진입해서 일정한 수준까지 가격을 올린 후 개미 투자자, 단타, 초단타 트레이더들에게 떠맡기고 본인은 팔고 나가는 목적으로 거래량을 폭증시키는 경우를 말한다. 다시 말해 장대양봉이란 결국 세력이 큰돈을 넣어서 거래량을 폭증시키는 봉으로 **시가****보다 **종가*****가 높으면서 가격이 많이 올라가고 거래량이 전일에 비해서 최소

여기서 잠깐!

* 슈퍼개미: 주식 시장에서 자산 규모가 큰 개인 투자자를 이르는 말.

** 시가: '시초가', '시작 가격', '시작가' 등으로 불리며 주식 거래 시작 시점에 적용되는 주식 가격을 말한다.

*** 종가: 시장의 종료 시점에 결정된 가격. 오후 3시 20분~오후 3시 30분에 동시호가를 통해서 최종 결정된다.

200% 이상 늘어난다. 시가보다 종가가 높다는 말은 **전약후강** 차트라는 뜻이고 가격도 2~3% 상승하는 경우도 있지만 대부분의 경우 최소 5%~10% 이상 가격이 폭등하는 경우를 말한다.

ⓢ 세력의 바른 이해

장대양봉에 대해 공부하다 보면 세력 이야기가 필수적으로 나오는데 세력은 우리에게 큰 돈을 안겨 줄 수 있는 주체이기 때문에 한 번 더 세력의 뜻을 짚고 넘어가자. 세력이란 의도적으로 특정한 종목의 가격을 끌어올려서 이익을 남기기 위해 큰돈을 투자한 사람을 말한다. 여기서 혼동하지 말아야 하는 것은 **필자가 말하는 세력은 소위 말하는 작전 세력과 의미가 전혀 다르다.** 작전 세력은 허위 사실 유포와 같은 불법행위와 같은 방법을 통해 주가를 끌어올리는 주체를 말하고, 필자가 이야기하는 세력은 방법을 동원하여 혹은 올릴 만한 사유가 있을 때만 종목에 진입하여 가격을 올리는 주체를 말한다.

매수 세력이 등장하면 거래량이 증가하게 되어 봉의 몸통 또한 덩달아 커지게 된다. 봉 차트를 보면 움직임이 미미하던 차트가 세력이 들어와서 굉장히 커지는 것을 보게 된다. 필자를 포함한 대부분의 개인 투자자는 보유 자금의 한계가 있어 **호가*** 한 개를 올리는 것도 힘들어하

여기서 잠깐!

* 호가에 대한 자세한 설명은 필자의 HTS 설정 따라잡기에 있다.

기 때문에 장대양봉이 발생했다는 것은 반드시 세력이 개입했다는 것을 알 수 있다. 그래서 장대양봉이 발생한 주식을 급등주 혹은 세력주라고 부른다.

세력의 피 같은 돈 수십억, 수천억이 투입된 곳을 믿고 세력의 큰돈을 담보 보험으로 주식을 매수해야 한다. 세력의 돈이 내 보험이고 담보며, 이것보다 더 확실한 근거는 없다고 생각한다.

오직 거래량만이 믿을 수 있고 가격의 선행지표이고 세력의 의도와 능력을 읽을 수 있는 유일한 비밀 코드라는 것을 명심해야 한다.

⑤ 위치에 따른 장대양봉

장대양봉은 우리의 경제적 자유 달성을 이루게 하는 원천이지만 장대양봉이 **저점**에서 발생했는지, **중점**에서 발생했는지, **고점**에서 발생했는지와 같은 위치에 따라서 다르게 분류할 줄 알아야 한다.

저점에서 발생한 장대양봉은 비교적 안정적이다. 경험이 부족한 초보 투자자의 경우에는 저점 장대양봉에 집중해야 한다. 특히 원바닥과 판바닥에서 발생하는 장대양봉은 **지지가** 무너질 확률이 거의 없기 때문에 굉장히 안정적이고 회전성과 수익성이 빠르다.

저점에서 발생한 장대양봉의 주가 움직임이 버스 수준이라면 중점에서 발생한 장대양봉은 택시 수준이라 할 수 있는데, 저점 장대양봉에 대한 풍부한 경험으로 무장한 중급 이상의 실력을 가진 투자자가 접근해야 한다.

고점에서 발생하는 장대양봉은 KTX 수준으로 비유할 수 있으며, 빠르게 주가가 변하기 때문에 위험성과 수익성 모두 높다. 고점에서 발생하는 장대양봉까지 공략하기 위해서는 숙달. 통달, 동물적 감각과 촉이 필요하다. 우리의 수익 실현 기준은 가벼운 종목이 10%, 무거운 종목은 5%이지만, 고점 장대양봉을 매매하기 위해서는 수익 기준과 관계없이 주가가 꺾이면 대응할 수 있는 능력이 필요하다. 우리 모두 초보 투자자 수준에서 계속 머물 생각이 없기 때문에 저점 장대양봉 외에도 중점, 고점 장대양봉을 다루었다. 저점, 중점, 고점 장대양봉을 차례대로 살펴보자.

⑤ 저점 장대양봉

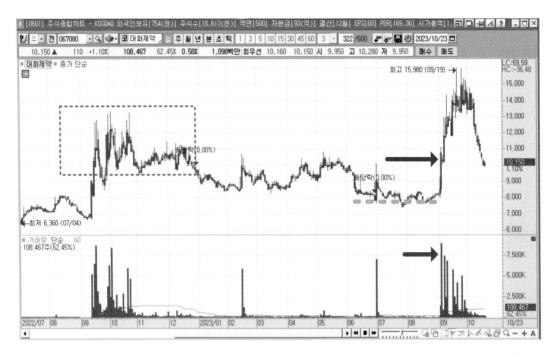

• 대화제약 일봉

차트 왼쪽을 보니 파란 점선 안에서 13,000원까지 상승했지만 결국 하락하여 차트 오른쪽에서는 8천 원까지 도달한 것을 알 수 있다. 노란 점선으로 표시된 8천 원대에서 바닥을 만들며 횡보하더니 빨간 화살표에서부터 강하게 상승했는데 이날 전일 대비 600% 이상의 거래량이 증가하며 890만 주의 거래량이 발생했고 최대 29% 상승했다가 종가를 26%로 마무리했다.

지금까지 열심히 공부했던 독자라면 여기서 의문점이 생길 수 있을 것이다. 파란 점선 안을 보면 다중꼬리가 모여 있는 것 같고 매물대가 많아 추가 상승이 어려운, 절대 들어가지 말아야 할 차트 유형 중 하나가 아닐까 하는 생각이 든다. 이와 같은 상황에서 진입해도 되는지 구별하는 방법은 바로 **거래량**에 있다. 빨간 화살표 아랫부분에 있는 거래량 차트를 보면 **하락할 때 발생했던 거래량을 모두 압도하는 거대 거래량이 발생**한 것을 찾을 수 있는데, 이렇게 바닥에서 횡보하다가 이전의 거래일들보다 압도적인 거래량이 발생하며 장대양봉과 함께 상승하는 차트를 발견하면 **황금알을 낳는 거위**를 발견했다고 생각하고 자신 있게 진입하여 수익 기회를 노릴 수 있다. 대화제약의 경우에는 대량 거래량을 동반한 장대양봉이 만들어진 후 조정 기간이 거의 없이 장대양봉을 여러 번 만들며 주가가 15,980원까지 상승했지만 대부분의 경우에는 저점 장대양봉이 만들어진 이후에도 하락하며 주가 조정 기간이 있기 때문에, 이러한 상황에서 하락을 만들더라도 겁먹지 말고 주식시장의 보험과 담보와 같은 세력의 돈을 믿고 자신 있게 추가 진입할 수 있다. 거래량을 쉽게 파악 파악하는 캔들 볼륨 차트와 추세를 확인하는 렌코 차트가 있지만 나중에 중급서에서 추가로 다루기로 하고 먼저 거래량 차트만 보고 거래량의 차이를 능숙하게 판단하는 연습을 하는 게 좋다.

그렇다면 저점에서 압도적인 거래량이 발생하며 만들어지는 장대양봉을 발견하면 무작정 진입해도 되는 것일까? 저점 장대양봉만 보이면 진입하고 싶어지기 전에 다음 차트를 보며 공부해 보자.

■ 디엔에프 일봉

반도체 소재 업체로 알려진 디엔에프의 일봉 차트를 살펴보자. 노란 점선으로 표시된 곳을 보면 만 3천 원에서 만 6천 원대 사이를 오랜 기간 횡보하며 바닥이 형성된 것을 알 수 있다. 그런데 빨간 화살표에서 갑자기 횡보 기간 동안 발생한 거래량을 압도하는 410만 주의 거래량과 함께 강한 장대양봉이 만들어지며 장중 25%까지 상승했다가 12%로 마무리했다. 거래량도 충분하고 횡보하며 만들어진 판바닥을 딛고 장대양봉이 발생했기 때문에 이것만 보면 모든 조건이 충분하여 진입해도 무리가 없을 것 같다. 자신 있게 진입하기 전에 빨간 화살표 이후 차트 흐름을 살펴보자.

■ 디엔에프 일봉

거래량을 믿고 매수했다면, 빨간 화살표 바로 다음 날부터 힘을 못 쓰고 눌리는 주가를 보며 실망감을 느낄 수 있다. 하지만 빨간 화살표에서 대량 거래량이 발생했고, 다른 모든 것이 좋아 보이더라도 **장대양봉 바로 다음 날 상승할 확률은 낮다**는 것을 기억해야 한다. 이와 같은 상황이 발생하더라도 우리에게는 분할 매수 원칙이 있기 때문에 빨간 장대양봉이 발생한 날 종가에 첫 매수를 하고 기다리며, 거래량 없이 -10% 하락할 때마다 기쁜 마음으로 분할 매수로 접근하면 된다. 혹시라도 하락할 때 거대 거래량이 발생하며 장대음봉이 생긴다면 세력이 물량을 정리했기 때문에 손절해야 하지만 그 외의 경우에는 분할 매수로 대응해서 반등 시 이익 실현할 수 있다. 분할 매수로 대응하는 경우 어떻게 주가 흐름이 이어졌는지 다음 차트에서 확인해 보자.

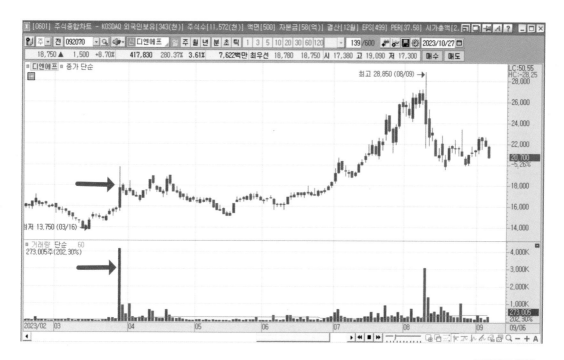

■ 디엔에프 일봉

　　빨간 화살표에서 장대양봉이 출현하고 긴 시간을 횡보하며 상승과 하락을 반복했는데 이와 같은 경우는 세력이 주가를 관리했다고 볼 수 있다. 오랜 시간 횡보하던 차트가 4개월째에 첫 매수한 가격대에 도착했는데 이후에 주가가 잠깐 눌렸다가 28,850원까지 상승하는 모습을 보여 주었다. 저점에서 거대 거래량과 함께 장대양봉이 출현하면 거래량을 믿고 종가에 1차 매수했다가 거래량 없이 하락하면 분할 매수로 대응하여 충분히 수익을 내고 탈출할 수 있는 기회를 잡을 수 있다. 다음 차트를 살펴보자.

■ 현대엘리베이 일봉

    일봉 600일로 설정해서 보니 57,800원까지 상승했던 종목이 21,850원까지 하락했다. 빨간 화살표가 가리키는 날 96만 주의 거래량이 발생하며 장중 15%까지 상승했다가 종가 13%로 마무리했다. 물론 횡보 기간에 발생한 거래량을 넘는 96만 주의 거래량이 발생했지만 노란 점선으로 표시된 횡보 구간을 돌파하는 장대양봉이 아니었고 거래량도 100만 주 미만의 다소 약한 거래량 같다고 판단된다. 이럴 때는 관심 종목에 넣고 기다리다가 노란 점선에서 만들어진 매물대를 돌파하며 대량 거래량을 동반한 장대양봉이 만들어질 때 진입한다면 안전하게 수익을 가져갈 수 있다. 빨간 화살표 이후의 차트를 살펴보자.

■ 현대엘리베이 일봉

　　빨간 화살표 이후의 차트를 확대한 모습이다. 바로 다음 날 초록 화살표에서 170만 주의 대량 거래량이 발생하며 13%까지 도달했다가 종가 6%로 마무리했는데 노란 점선에서 횡보하던 매물을 폭발적으로 돌파했다. 이때 600일 최대 거래량이 발생했는데 강력한 거래량으로 횡보 구간을 돌파하는 장대양봉은 세력이 넣은 큰돈이라는 뜻과 같기 때문에 이후에도 많은 수익 기회가 있다는 것을 알 수 있다. 항상 세력과 같이 진입해서 세력보다 먼저 나오려고 해야 손실 없이 투자할 수 있다. 빨간 화살표에서 더 낮은 가격에 매수하고 더 높은 가격에 팔고 싶은 마음이야 당연한 거지만 장기적으로는 세력의 돈을 보험과 담보로 삼고 투자했을 때 복리 효과로 더 큰 수익을 가져갈 수 있다. 돌다리도 두들겨 보고 건넌다는 마음으로 세력의 큰돈을 직접 확인하기 전까지는 섣불리 진입하지 않는 것이 좋다. 다음 차트를 살펴보자.

■ 에이스테크 월봉

5G 관련주로 유명한 에이스테크의 월봉이다. 노란 점선을 따라 긴 원바닥이 만들어지고 2020년에 31,387원까지 급등했지만 고점에 도달한 이후에는 급락하여 원바닥까지 다시 하락한 모습이다. 월봉 차트로 보면 양봉이 바닥에서 한 개밖에 보이지 않아 매수 타점을 찾기 어렵기 때문에 차트 오른쪽 부분을 확대하여 일봉 차트로 확인해 보자.

■ 에이스테크 일봉

파란 화살표에서 장대양봉이 만들어졌는데 이날 바닥을 딛고 전일 대비 644%의 거래량이 증가한 2백만 주의 거래량이 발생하며 상한가에 도달했다. 거래량을 동반한 장대양봉이 발생하긴 했지만 앞에서 하락할 때 만들어진 거래량을 압도한 것도 아니고 하락 추세를 지속적으로 이어 오다가 상승한 것이기 때문에 다시 하락할 가능성을 생각하여 일단 진입하지 않고 관망하는 것이 좋다. 차트를 보면 결과적으로 상승했기 때문에 파란 화살표에 진입했다면 큰 수익을 가져갈 수 있겠다고 생각하겠지만 원칙을 철저히 지켜야 예기치 않은 손실을 막을 수 있다. 파란 화살표에서 상한가에 도달한 다음 날에는 갭상승 장대음봉이 만들어졌지만 빨간 화살표에서 2300만 주의 대량 거래량이 발생하며 장대양봉이 만들어졌기 때문에 세력의 큰돈이 진입했다는 것을 인지하고 종가에 진입한다면 손쉽게 이익을 실현할 수 있다.

저점 장대양봉에서 꼭 기억해야 할 점은 장대양봉이 발생할 때 앞에 있는 모든 거래량을 압도한 장대양봉이 출현해야 한다는 것과 분할 매수 원칙을 지켜서 진입해야 한다는 것이다. 탐욕에 휩싸여 큰 수익을 노리고 비중 조절 없이 진입한다면 오히려 손해 보는 경우가 많고, 분할 매수로 접근한다면 안정적으로 기다리면서 돈 버는 시스템을 구축할 수 있다. 주식 투자는 한 번 하고 말거나 1~2년만 해 보는 것이 아니고, 평생 이익을 극대화하는 것이 우리의 목표이기 때문에 안정적으로 꾸준한 이익을 추구하는 것이 좋다.

⑤ 중점, 고점 장대양봉

저점에서 출현한 장대양봉이 비교적 안정적인 상태여서 초보 투자자가 접근하기에 좋은 위치였다면, 중점 장대양봉은 많은 연습을 완료한 중급 투자자부터 접근하는 것이 좋다. 고점에서 장대양봉이 출현하면 회전성과 수익성이 높지만 저점과 중점보다 훨씬 위험성이 높아 숙달된 고수들의 영역이라 할 수 있다. 초급서에서는 저점 장대양봉만 공부하면 되는 것이 아닌가 하는 생각을 할 수 있지만 초급서를 읽는 독자들은 실력이 초급에만 머물 것이 아니고 공부를 통해 발전할 것이기 때문에, 회전성과 수익성이 높은 중점, 고점 장대양봉도 함께 공부할 필요가 있다. 중점, 고점 장대양봉에 진입할 때는 세력이 큰돈을 넣었는지, 그 돈이 나의 재산을 지켜 줄 보험과 담보가 될 수 있는지를 반드시 먼저 확인하고 진입해야 하는데 숙달되면 저점 장대양봉보다 빠르게 높은 수익을 거둘 수 있다. 차트를 통해 배워 보자.

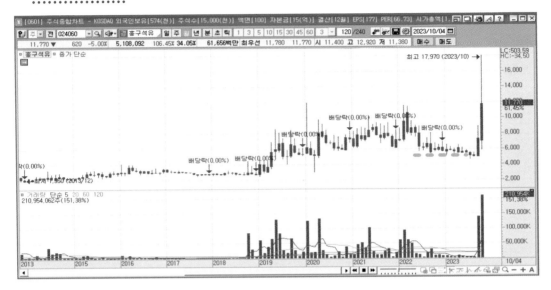

■ 흥구석유 월봉

차트 왼쪽부터 보면 2천 원대에서 오랜 기간 원바닥을 만들며 횡보하던 주가가 11,000원까지 상승했지만 노란 점선으로 표시된 5천 원대까지 하락하여 횡보하고 있는 모습을 볼 수 있다. 오른쪽에 있는 장대양봉을 보니 도달한 적 없는 역사적 신고가에 주가가 위치하는 것으로 보이는데 월봉으로 판바닥의 위치도 확인했으니 일봉에서 중점 장대양봉이 만들어졌을 때를 살펴보자.

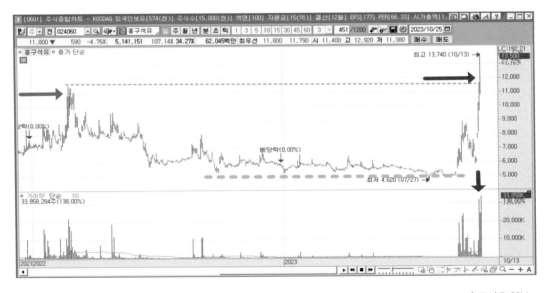

■ 흥구석유 일봉

5천 원대인 판바닥이 노란 점선으로 표시되어 있고 장대양봉은 빨간 화살표가 가리키고 있다. 진입 여부를 결정하기 위해 차트 왼쪽을 보니 파란 화살표가 가리키는 곳에 다중봉, 다중턱이 만 원대에 만들어져 있는 것이 보이고 초록 점선은 노란 점선에서 2배가량 상승한 앞폭탄에 위치한 가격대 근처인 것 같다. 초록 점선 이상으로 상승하기 어려운 상황인데 중동 무력 충돌로 국제 유가가 급등하며 석유제품 가격도 상승할 것이라는 기대감에 장대양봉이 만들어지며 전고점을 돌파했다. 앞폭탄에 다중봉, 다중턱까지 보여서 도저히 진입하고 싶지 않은데 빨간 화살표를 보면 600일 최대 거래량이 발생하며 이날 상한가에 도달했다가 종가를 27%로 마무리했다. 거래량도 전일 대비 138%가 증가하며 하루에만 3300만 주가 발생했으며 앞폭탄도 강하게 돌파했다. 이와 같이 애매한 상황에 진입하면 어떻게 되었는지 빨간 화살표 이후의 차트를 살펴보자.

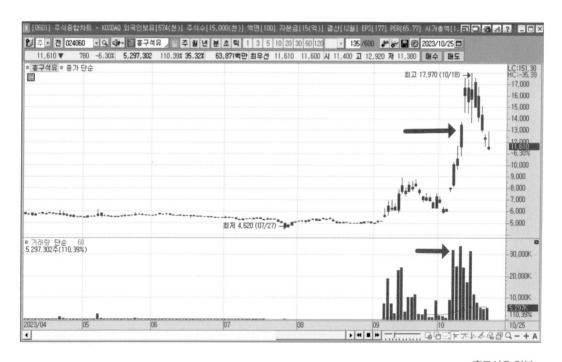

　　　　　　　　　　　　　　　　　　　　　　　　　　　　　　　　　■ 흥구석유 일봉

　　빨간 화살표 다음 날 강한 상승이 만들어지며 상한가에 도달했다가 종가 23%로 마무리했다. 이와 같이 돌파하기 어려운 상황이 보이지만 상승할 것만 같은 거래량이 만들어질 때 필자는 '딩동 돌파법'이라는 것을 사용하는데 미리 1주를 매수해 두었다가 앞의 차트에서 초록 점선으로 표시된 앞폭탄의 고점보다 조금 낮은 가격에 1주 매도를 걸어 놓고 매도가 어떻게 체결되는지 확인한다. 매도가 체결되는 딩동 소리가 들리면 전고점을 어떻게 돌파하는지 주가의 힘을 확인하여 전고점 돌파할 때 함께 진입하거나 종가 거래량을 확인하여 진입 여부를 최종 결정한다. 만약 전고점을 돌파하지 못하거나 상승 여력이 부족하다는 생각이 들면 다른 종목에 집중한다. 물론 앞폭탄에 해당하는 주가 위치와 다중봉, 다중턱의 매물이 걸려 쉽게 진입하기는 어려운 위치이지만 매물을 돌파하는 최대 거래량이 만들어졌고 역사적 신고가에 도달하는 주가였기 때문에 최대 거래량으로 표현된 세력의 큰돈을 믿고 진입한다면 진입한 다음 날 수익을 실현할 수 있게 된다. 다음 차트를 살펴보자.

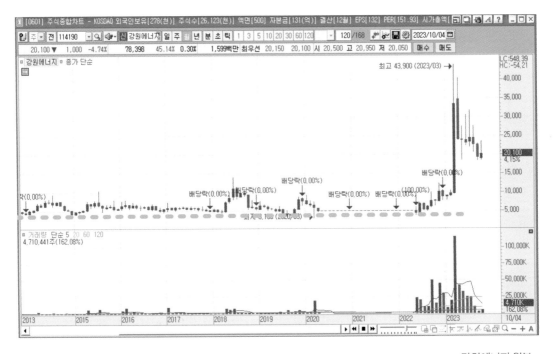

■ 강원에너지 월봉

5천 원 가격대인 노란 점선을 따라서 오랜 기간 바닥을 만들었다. 사업보고서 감사 의견 '한정'을 받아 2년 2개월이라는 긴 시간 동안 코스닥 시장에서 거래 정지됐다가 경영 및 재무 투명성 확보 평가를 받고 흑자 전환하며 다시 거래가 재개되었는데 월봉으로 확인해 보니 바닥을 딛고 서서히 상승하다가 2023년도 초에 급등한 모습이 보인다. 일봉으로 확대해서 살펴보자.

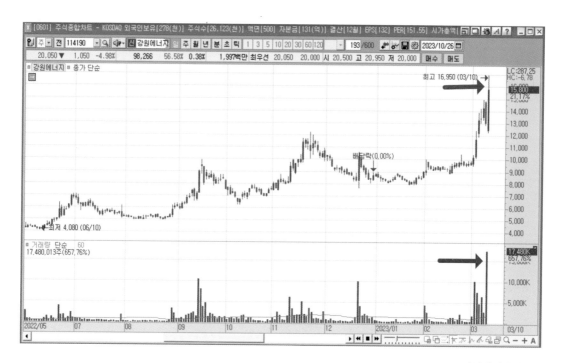

■ 강원에너지 일봉

　거래가 풀리면서 반등의 반등을 거듭했는데 빨간 화살표에서 횡보할 때 모든 거래량을 압도하는 1700만 주의 대량 거래량이 발생하며 상한가에 도달했다가 종가를 21%로 마무리하는 장대양봉이 만들어졌다. 전날에는 장대음봉이 만들어졌었는데 강한 거래량으로 장대음봉의 고점을 돌파했기 때문에 빨간 화살표에서 만들어진 장대양봉의 종가에 진입하거나 딩동 돌파법을 사용하여 미리 1주 매수해 두었다가 전고점 아래에서 매도 체결되는 소리를 듣고 진입하면 장중에 진입해도 당일 수익을 만들 수 있다. 빨간 화살표 이후의 차트를 살펴보자.

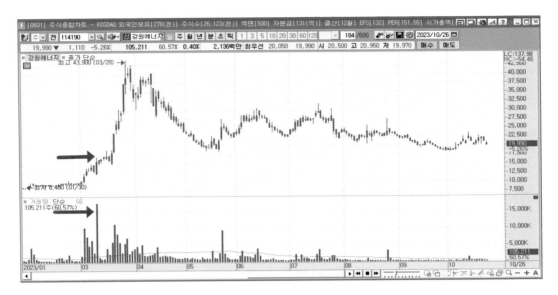

▪ 강원에너지 일봉

빨간 화살표 이후를 보면 천천히 오르다가 단기간에 급등하는 모습이 보인다. 최대 거래량이 발생하며 앞의 횡보 기간에 발생한 물량들과 고점을 넘었기 때문에 이후에는 쉽게 이익을 실현하고 나올 수 있다. 물론 이 종목은 거래 정지가 된 적이 있었기 때문에 거래 재개가 되더라도 진입하기 주저하게 되는 종목일 수 있지만 투자를 할 때는 선입견을 가지지 않고 유연한 자세로 무장하여 강한 돌파를 만들어 낸 장대양봉이 생겼는지, 혹은 세력의 돈이 들어갔는지 객관적으로 확인하며 진입한다면 빠르고 안전하게 수익을 가져갈 수 있다.

▪ 태양금속 월봉

노란 점선을 따라 천 원대에서 바닥을 만드는 것이 보인다. 바닥을 찾았으니 일봉을 바로 확인해 보자.

■ 태양금속 일봉

매수할 종목을 찾고 있는데 이런 차트를 발견했다고 생각해 보자. 빨간 화살표에서 1600만 주의 거래량이 발생하며 상한가에 도달했다. 1년 동안 횡보하던 거래량을 압도하며 상한가에 도달했으니 왠지 진입하고 싶은데 파란 화살표에 거대한 매물이 보인다. 파란 화살표에서는 4천만 주의 대량 거래량이 발생하며 긴 꼬리 장대양봉이 발생했다. 빨간 화살표에서 진입해도 될까? 답은 "아직은 안 된다."이다. 아직 파란 화살표의 고점인 2,715원을 돌파하지 않았고 거래량도 부족했으니 파란 화살표에서 만들어진 매물대를 돌파할 수 있다는 보장이 없다. 이럴 때는 관심 종목에 추가하고 기다리다가 고점을 어떻게 돌파하는지 확인하고 진입하는 것이 좋다. 이후의 차트를 살펴보자.

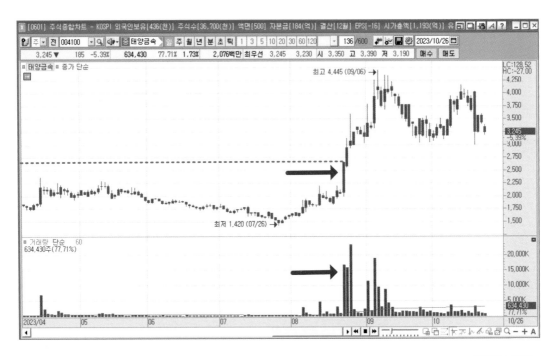

　　빨간 화살표 주위를 확대해서 보면 다음 날 파란 점선으로 표시된 고점이었던 2,715원을 돌파하는 장대양봉이 만들어진 것을 볼 수 있다. 이날 고가 17%에 도달하고 종가 10%로 마무리했는데 1주를 미리 매수해 놓고 기다리다가 2,715원보다 낮은 가격에 매도 되면 함께 진입하는 딩동 돌파법을 사용하거나 종가에 안전하게 진입했다 하더라도 좋은 수익 기회를 잡을 수 있었다. 중점에 위치한 장대양봉이더라도 거래량을 동반하여 전고점을 돌파하는 모습이 보인다면 세력의 돈을 담보와 보험으로 삼아 진입하여 좋은 기회를 잡을 수 있다.

▪ 고점 장대양봉

　　다시 한번 강조하자면 고점 장대양봉은 고수의 영역으로 위험성과 수익성 모두 높다. 먼저 가벼운 마음으로 공부하고 수많은 연습을 거친 후 고점 장대양봉에 도전해 보자.

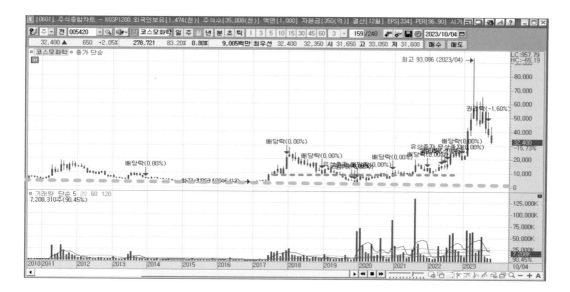

■ 코스모화학 월봉

월봉으로 보니 5천 원대에서 오랜 기간 바닥을 만들고 만 원대인 초록 점선에서도 바닥을 만든 것을 확인할 수 있다. 5천 원, 만 원대에서 횡보하던 주가가 차트 오른편에서 급등한 것을 확인할 수 있는데 고점 장대양봉에 진입할 수 있으면 수익 기회를 단기간에 잡을 수 있다. 일봉으로 매수 시점을 찾아보자.

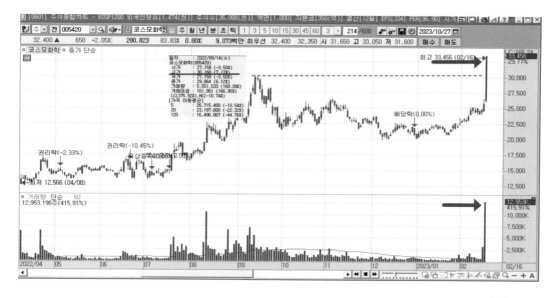

■ 코스모화학 일봉

거래량 1290만 주가 발생하며 상한가에 도달했다. 바닥 대비 5배 오른 고점인데 초록 점선을 따라 차트 왼쪽에 다중봉이 만들어진 곳의 고점을 보니 30,160원이다. 장중에 많은 거래량이 발생하며 상승하고 있었으니 미리 1주 매수해 두었다가 전고점인 30,160원보다 낮은 가격에서 매도 주문을 걸어놓고 매도 체결되는 딩동소리와 함께 진입하게 되면 좋은 수익 기회를 얻을 수 있다. 빨간 화살표 이후 차트를 살펴보자.

■ 코스모화학 일봉

대량 거래량을 만든 장대양봉이 전고점을 돌파하려는 모습을 보이면 딩동 돌파법으로 1주가 체결되는 소리를 듣고 진입하여 53,000원까지 단기간에 수익 기회를 가져갈 수 있는 것을 알 수 있다. 이 주식은 고점 장대양봉 이후에도 딩동 돌파법을 사용할 기회가 한 번 더 있었는데 이 부분도 차트를 살펴보자.

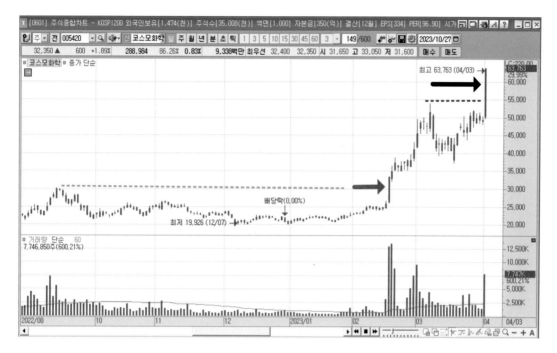

■ 코스모화학 일봉

　3만 원대에서 전고점인 초록 점선을 돌파하고 상승하던 주가는 53,000원대에서 상승을 멈추고 조정 기간을 갖는 것을 확인할 수 있다. 보라 점선이 전고점인 53,000원을 가리키고 있는데 검은 화살표에서 대량 거래량을 동반한 장대양봉이 발생하며 돌파했기 때문에 이때도 딩동 돌파법으로 진입이 가능하다. 검은 화살표 이후의 차트를 살펴보자.

■ 코스모화학 일봉

　　검은 화살표 이후를 보면 93,086원까지 상승했기 때문에 단기간에 좋은 수익을 가져갈 수 있었다. 여기까지 공부하다 보면 의문점이 생길 것이다. 필자는 항상 앞의 횡보 기간이나 매물대에 발생한 거래량보다 압도적인 거래량을 동반한 장대양봉이 발생했을 때 세력의 큰돈을 보고 진입하라고 강조해 왔다. 하지만 아래의 거래량 차트를 얼핏 보아도 빨간 화살표가 가리키는 장대양봉이 검은 화살표가 가리키는 장대양봉보다 훨씬 길다. 검은 화살표는 바닥 대비 많이 상승한 고점이고, 거래량도 전보다 강하지 않은데 무엇을 믿고 진입해도 된다는 것일까? 면밀하게 살펴보면 거래량이 적어서 힘이 없어 보이던 검은 화살표에서 사실은 더 많은 거래 대금이 발생한 것을 알 수 있다. 하지만 거래 대금이 적어도 상승하는 경우도 많기 때문에 거래 대금에 큰 의미를 두고 차트를 분석할 필요는 없고 더 중요한 것은 **고점에서는 주가가 많이 올라가서 거래 대금이 크게 늘어나기 때문에 거래량이 다소 적더라도 돌파가 되고 크게 상승하는 경우가 자주 발생한다는 것이다.** 그렇기 때문에 고점이라도 딩동 돌파법으로 전고점을 돌파하는 소리를 확인하고 진입한다면 단기간에 빠른 수익을 가져갈 수 있다. 하지만 고점 장대양봉은 단기간에 수익을 가져가는 만큼 하락 또한 빠르기 때문에 많은 매매로 경험을 쌓고 기민하게 판단할 수 있는 고수의 반열에 올랐을 때만 진입해야 한다.

■ 엠로 일봉

    차트 왼쪽을 보니 만 원대에서 오랜 기간 판바닥이 만들어진 것을 볼 수 있는데 바닥을 딛고 70,700원인 빨간 화살표까지 상승했다. 판바닥 대비만 해도 7배 상승한 고점인 것 같은데 파란 화살표에서 만들어진 고점을 뚫고 빨간 화살표에서 장대양봉을 만들었으니 고점을 돌파할 때 같이 진입해도 될까? 고점이라 언제 하락할지 모르는 불안감이 엄습해 오는데 진입하면 어떻게 되었을지 빨간 화살표 이후의 차트를 살펴보자.

■ 엠로 일봉

빨간 화살표에서 돌파가 이루어진 바로 다음 날 장중 24%의 상승이 만들어졌기 때문에 여유 있게 수익을 실현하고 나올 수 있다. 바닥 대비 많이 상승한 고점이라 불안한 마음이 들 수 있지만 파란 화살표에서 고점이 만들어진 후 횡보를 하며 가격이 눌려 있다가 전고점을 돌파하는 경우에는 세력이 힘을 비축했다가 추가 자금을 투입하여 장대양봉을 만들기 때문에 빠르고 안전하게 수익을 실현할 수 있다.

11

시장의 암호:
장대음봉

⑤ 폭락의 신호탄 장대음봉

장대양봉만큼 중요한 장대음봉에 대해 배워 보자. 필자는 전작에서 장대음봉은 **'세력이 특정 종목에서 이탈하며 가격을 급락시키면서 거래량을 폭증시킬 때 발생하는 봉'**이라고 정의했고 **시가보다 종가가 낮으면서 가격이 많이 내려가고 거래량이 전일 대비 150% 이상 늘어난다고** 설명했다. 음봉이 생기는 이유를 먼저 생각해 보자. 예를 들어 시작 가격(시초가)이 1,000원이었던 주식이 장중에 위, 아래로 움직이다가 1,000원보다 낮은 가격에 마무리된다면, 즉 종가가 800원 혹은 900이라면 음봉이 만들어진다. 음봉은 주식을 매수하려는 사람보다 매도하려는 사람이 더 많을 때 만들어지는데, 여기서 훨씬 더 강한 매도 세력을 만나게 되면 장대음봉이 만들어지는 것이다. 장대음봉은 팔려는 세력이 강할수록 만들어질 가능성이 크고 장대음봉의 길이는 매도하려는 세력의 힘이 얼마나 강한지에 따라 좌우된다. 세력은 미리 주가의 바닥권에서부터 막대한 물량을 매집해 두고 뉴스, 재료, 수급 등으로 개인 투자자들을 유혹한 뒤 대량 매물을 떠넘겨 장대음봉을 만들며 수익을 실현한다. 이와 같은 패턴에 당하지 않으려면 장대음봉에 대한 정확한 이해가 필요하다. 음봉이 거래량 없이 발생하면 큰 의미가 없지만 거래량을 동반한 장대음봉이 발생하면 주가가 다시 장대음봉을 딛고 올라갈 확률이 매우 낮다. 백문이 불여일견이기 때문에 이론적인 부분보다는 차트를 통해 실전 사례를 배워 보자.

• GRT 일봉

 2천 원대에서 횡보하던 종목이 실적 성장과 함께 5,660원까지 급등했는데 다시 바닥이 만들어졌던 2천 원대까지 급락했다. 이후 2천 원 가격대를 딛고 상승했는데 중국 현지에서도 최대 규모로 알려진 GRT의 제3공장이 풀가동했다는 소식이 알려지자 실적 개선에 대한 기대감으로 상한가에 두 번 연속 도달했다. 여기서 주목해야 할 것이 파란 화살표에서 갭상승 장대음봉을 만들었다는 것인데 과거의 바닥을 딛고 상한가에 연속 도달했으며 파란 화살표에서 시가 16%로 강하게 시작했기 때문에 장대음봉이 만들어졌음에도 불구하고 추가 상승의 기대감이 있다. 이 주식은 2차 전지 소재 사업의 매출 비중도 높고 소재 사업 또한 대형 고객사를 확보하고 납품을 앞두고 있다고 알려졌었기 때문에 하락보다는 상승할 것이라 생각하기 쉬운데 이후 차트는 어떻게 움직였을지 살펴보자.

• GRT 일봉

파란 화살표 이후를 보면 장대음봉의 벽을 넘지 못하고 주가가 점점 주저앉는 모습을 보여준다. 장대음봉이 발생한 후 빨간 화살표에서 상승을 시도하다가 긴 꼬리를 달고 다시 하락하는 모습도 보이는데 대량 거래량을 동반한 장대음봉 뒤에 나오는 이와 같은 움직임은 상승 여력이 강한 것이 아니라 잔여 물량을 매도하기 위한 세력의 뒷설거지라는 것을 기억해야 한다. 장대음봉과 더불어 이와 같은 세력의 뒷설거지까지 출현한다면 호재로 보이는 소식이 나오더라도 오랜 기간 이 주식은 상승하기 어렵다고 판단해야 한다. 필자는 대량 거래량이 터진 장대음봉이 발생하면 큰 바윗덩어리가 위에 있다고 상상하고 돌파하기 어렵다는 것을 기억하며 저점이라도 진입하지 않는다. 저점에서 출현한 장대음봉의 경우를 추가로 살펴보자.

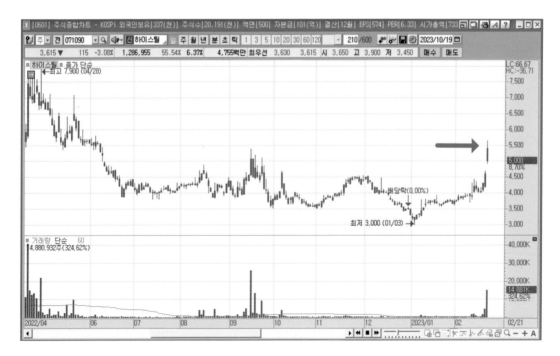

　　장대음봉은 저점에서도 위험하다. 7,900원까지 상승했던 종목이 하락했다가 튀르키예 동
남부에서 발생한 강진으로 인해 해당 지역 철강사들이 생산을 중단하며 유럽 철강 공급 부족
이 심화될 것으로 전망되어 국내 업체인 하이스틸에 관심이 모였다. 장대음봉이 나오기 전날
부터 시간 외에서 상한가를 기록하고 파란 화살표에서 시가 17%로 갭상승하였다가 종가를
8%로 마무리하며 결국 장대음봉을 만들었다. 이날 1400만 주의 대량 거래량이 발생하였는데
장대음봉이 만들어지고 이후에도 상승하려면 1400만 주의 거래량을 뛰어넘는 대량 거래량을
동반한 장대양봉이 만들어져야 상승이 가능하다. 파란 화살표 이후의 차트 흐름을 살펴보자.

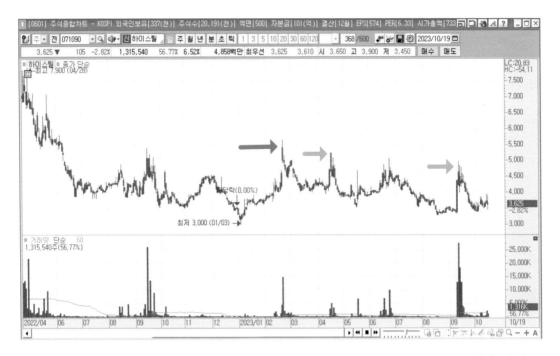

■ 하이스틸 일봉

    파란 화살표에서 대량 거래량을 동반한 갭상승 장대음봉이 만들어진 이후에는 큰 거래량 없이 하락하는 모습을 보여 준다. 갭상승 장대음봉은 한번 만들어지면 이후에도 계속해서 생기는 습성이 있는데 하락하는 도중에 반등하려는 모습이 있었지만 초록 화살표에서 다시 장대음봉을 만들며 하락하는 모습이다. 대량 거래량이 동반되며 장대음봉이 만들어 낸 고점을 돌파하며 상승하는 경우도 있지만 상승의 가능성은 10~20%로 굉장히 낮다는 것을 기억해야 한다. 이 종목은 5천 원 가격대에서 갭상승 장대음봉이 만들어지며 상승을 막고 있기 때문에 4천 원 이상에서 진입하는 것은 경계해야 한다. 다음 종목을 살펴보자.

차트 왼편에서 25,850원까지 상승했던 종목이 하락 추세를 이어 가다가 파란 화살표에서 3백만 주의 대량 거래량을 발생시키며 장대음봉을 만들어 냈다. 시공 중이던 아파트 공사 현장의 지하 주차장이 무너지고 개포 아파트에서 물 고임 현상이 발생하는 등의 부실 공사 의혹으로 하루에만 -8% 하락했는데, 이때 엄청난 거래량이 발생했다는 뜻은 하락하는 모습을 보며 전부 다 물량을 던지는 것이 아니라 누군가는 팔았고 누군가는 샀다는 것을 뜻한다. 부실 공사로 하락하는 종목에도 많은 사람이 매수에 참여했는데 이후에도 이 종목은 하락하다가 다시 상승하려고만 하면 보유 물량을 매도하는 주체가 많아서 파란 화살표 이상으로 상승하기가 굉장히 어렵게 된다. 대량 거래가 터진 이후 차트 흐름을 살펴보자.

▪ GS건설 일봉

　　파란 화살표에서 3백만 주의 거래량이 발생하며 장대음봉이 만들어졌는데 이후 횡보하는 척하더니 검은 화살표에서 -11% 갭하락 장대음봉이 만들어지고 종가를 -19%로 마무리했다. 이날 하루만 920만 주의 대량 거래량이 발생했는데 아파트 지하 주차장 붕괴 사고는 설계부터 품질관리까지 총체적 부실에 따른 것이라는 정부 조사 결과에 따라 GS건설이 전면 재시공을 하겠다고 발표하여 대략 3000~4500억 재시공 비용이 예상되어 급락한 것이다. 검은 화살표에서 갭하락 장대음봉이 만들어진 후 차트 흐름을 보면 낙폭을 메우지 못하고 주가가 하락 추세로 전환하는 모습을 보여 준다. 검은 화살표 아랫부분의 거래량 차트를 보면 이후에 생겨나는 거래량은 대량 거래가 터진 날에 비해 왜소하여 대량 거래량을 도저히 흡수할 수 없다. 검은 화살표에서 발생된 장대음봉을 뛰어넘으려면 920만 주를 압도할 수 있는 대량 거래량이 발생해야 하는데 미약한 거래량만 발생하고 있기 때문에 거래량에 짓눌리고 있는 모습을 보여 준다. 비윤리적인 행위로 입주민의 생명을 위협하는 기업이라는 점을 배제하고 차트 분석으로만 종목을 보아도 저점에서 대량 거래량을 동반한 장대음봉이 발생하면 오랜 기간 주가 흐름을 막기도 한다. 다음 차트를 살펴보자.

■ 에스엠벡셀 일봉

자동차 부품 제조 전문 회사인 에스엠벡셀이 리튬 앰플전지 개발 완료 후 양산 구축을 위한 대규모 시설 투자를 결정했다는 소식에 연속 두 번이나 상한가에 도달했다. 1,700원대에서 판바닥을 만들고 있다가 상한가로 폭등한 형국인데 파란 화살표에서 장대음봉을 만들며 고가 27%까지 도달했다가 종가를 0.64%로 마무리했다. 장대음봉이 만들어진 날에만 1900만 주의 대량 거래량이 발생했기 때문에 세력이 고점에서 물량을 정리했다고 생각하고 이후에는 진입해서는 안 된다. 이후 차트를 살펴보자.

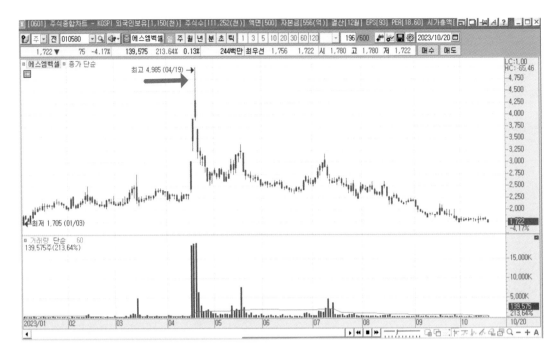

■ 에스엠벡셀 일봉

　차트를 보니 세력은 고점에서 물량을 정리하고 주가는 결국 상승하기 전 바닥 수준으로까지 돌아온 것이 확인된다. 파란 화살표에서 에스엠벡셀 임원, 주요 주주, 특정 증권 등 소유 주식 수 변동이 발표되었는데 이날 모 그룹 회장이 300만 주를 시간 외 매매에서 매도했다. 개인 투자자들은 상한가에 두 번 연속 안착하며 대량 거래량과 함께 폭등한 주식은 추가 상승할 것이라며 겁 없이 진입하지만 고점에서 장대음봉이 나왔다는 것은 물량을 바닥에서부터 매집하던 세력이 차익 실현을 하고 나갔다는 뜻이라는 것을 잊어서는 안 된다. 상한가에 도달하고 장대음봉이 고점에서 만들어질 때 압도적인 거래량이 발생하여 이후 하락 추세로 전환하는 모습을 볼 수 있는데 폭등한 것은 반드시 폭락하기 마련이라는 것을 잊지 말자. 다음 차트를 살펴보자.

⑤ 고점 장대음봉

주식 투자자들이 정말 싫어하고 투자자들의 공공의 적이라고 할 수 있는 장대음봉이 저점과 중점에서 출현하는 경우를 알아보았다. 저점에서부터 차근차근 모아 온 수익을 순식간에 빼앗아 가고 잘못 진입했을 때 큰 손실을 입히는 장대음봉은 쳐다보고 싶지도 않은 생각이 들겠지만 적을 알아야 나를 알 수 있듯이, 장대음봉을 제대로 알아야 잘 피해 다닐 수도 있다. 고점 장대음봉은 저점과 중점에서 출현하는 장대음봉보다 훨씬 치명적이기 때문에 고점 장대음봉을 제대로 공부하여 대비해야 한다. 차트 사례를 통해 배워 보자.

■ 금양 일봉

2022년 12월 2만 2천 원이던 종목이 1년도 안 돼서 194,000원까지 빠르게 상승했는데 파란 화살표에서만 거래량 540만 주가 발생하며 28%까지 상승했지만 -16%까지 하락했고 종가는 간신히 0.86%로 마무리했다. 고점에서 도지형 갭상승 장대음봉이 만들어진 형태인데 폭등 후에 거래량을 동반한 장대음봉이 고점에서 만들어지면 이후에는 진입해서는 안 된다. 고점에서 장대음봉이 만들어진 뒤의 차트 움직임을 살펴보자.

• 금양 일봉

　　고점에서 장대음봉이 만들어진 후 다음 날 22%가 추가 하락했다. 이 종목은 2차 전지의 관심과 함께 오랜 시간 급등하는 모습을 많이 보여 주었기 때문에 고점에서 장대음봉이 만들어지며 하락하더라도 주가가 싸다는 생각에 매수하는 투자자들이 많지만 이후의 차트를 보면 하락 추세를 한동안 면하지 못하는 것을 볼 수 있다. 시장의 관심을 많이 받는 종목이기 때문에 하락하는 도중에도 반등하는 모습이 보이겠지만 세력의 뒷설거지라 생각하고 매수하지 않아야 크게 물리지 않을 수 있다. 하락 추세를 이겨 내지 못한다면 바닥이 만들어졌던 7만 원, 5만 원 이하까지 하락할 가능성 또한 높기 때문에 고점 대비 가격이 많이 하락했다고 성급히 접근해서는 안 되고 일단 피해야 한다. 종목이 아무리 마음에 든다고 하더라도 내가 산 가격보다 비싸게 사 줄 사람이 있을 때만 매수해야 한다는 것을 잊지 말아야 한다. 다음 차트를 살펴보자.

천 원대에서 강한 판바닥을 만들고 있다가 미국에서 자회사가 상장한다는 뉴스와 함께 5배 이상 급등했다. 파란 화살표에서 상한가에 도달했다가 종가를 -2%로 마무리했는데 거래량도 앞의 거래량을 모두 압도하는 대량 거래량이 발생했다. 비록 이 종목은 상장한 지가 오래되어 평균 주가를 감안하면 중점에 해당하지만 단기적인 관점에서 판바닥에 비해 5배나 오른 고점이기 때문에 대량 거래량이 발생한 장대음봉이 만들어지면 세력이 주가를 끌어올릴 만큼 올렸으니 이익을 챙기고 떠나는 신호로 해석해야 한다. 이후의 주가는 어떻게 움직였는지 살펴보자.

■ 세토피아 일봉

    이후의 주가를 보면 중간에 반등을 시도하는 모습도 보이지만 결국에는 상승하지 못하고 3천 원을 깨고 2천 원대로 진입한 것이 보인다. 이 종목은 지지해 주는 바닥이 없이 올랐기 때문에 2천 원대의 바닥이 깨지면 천 원까지도 하락할 가능성이 있다. 톱니바퀴를 만들며 하락하는 중에도 빨간 화살표가 가리키는 곳은 대량 거래량이 발생하며 장대양봉을 만들기도 했지만 쏟아지는 매물을 이기지 못하고 하락세를 이어 가는 것이 보인다. 장대음봉에 잘못 진입하면 큰 손실이 발생할 수 있기 때문에 주의해야 한다. 파란 화살표와 같이 거대 거래량을 동반한 장대음봉이 출현한다면 높은 가격에서 매수한 많은 사람의 매도 물량으로 인해 결국에는 계속 하락할 가능성이 크다는 것을 기억하자.

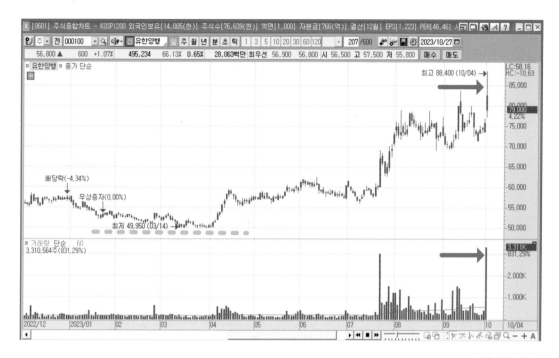

■ 유한양행 일봉

　노란 점선으로 표시된 5만 원대에서 판바닥을 장기간 만들고 저점을 높이며 점차 상승하더니 88,400원까지 상승한 모습이다. 파란 화살표를 보면 고점에서 장대음봉이 발생했는데 이때가 상장한 이후 가장 높은 주가를 기록한 역사적 신고가였다. 장대음봉이 만들어지는 날 장 마감 전까지도 "유한양행 렉라자 일냈다… '7조 원' 글로벌 블록버스터 성큼"과 같은 뉴스를 발행하며 추가 상승할 것을 기대하게 만들었는데 고점에서 혹은 역사적 신고가에서 장대음봉이 발생하면 일단 조심해야 한다. 아침에 잔디에 젖어 있는 물기를 보고 오늘의 날씨를 미리 예측해 보듯이, 아무리 좋아 보이는 뉴스로 개인 투자자를 유혹해도 장대음봉을 보며 앞으로 하락할 가능성이 크겠다는 것을 예측해 보아야 한다. 고점에서 거래량과 함께 출현한 장대음봉 이후에는 주가 흐름이 어떻게 움직였는지 다음 차트에서 살펴보자.

■ 유한양행 일봉

파란 화살표 이후 서서히 반등하는 것 같았지만 장대음봉을 연속으로 만들며 급락했다. 파
란색 화살표 이후 하락하는 중에도 "유한양행, 글로벌 신약 개발 코앞 매수 1위", "유한양행,
목표가 39%↑ 11만 원 제시", "유한양행 폐암 신약 '렉라자', 1차 치료제 급여 확대 가능성↑"
등과 같은 수없이 많은 호재를 내보내다가 느닷없이 주가를 급락시키는 장대음봉이 연속으로
만들어지는데, 좋은 뉴스를 보며 상승할 것이라 기대했던 생각에 매수했던 개인 투자자들은
갑작스러운 급락에 당황하여 제대로 대응하지 못한다. 고점에서 대량 거래량과 함께 장대음
봉이 만들어지는 것도 위험하지만 역사적 신고가에서 장대음봉이 만들어지면 어디까지 하락
할지 모르기 때문에 무조건 피한다는 생각을 해야 한다.

12

경제적 자유를 위한
12가지 필수 유형

필자가 경제적 어려움을 겪을 때를 회상해 보면 실력은 없는데 돈은 빨리 벌고 싶어서 고점에만 진입했던 것이 문제였다. 재산이 순식간에 줄어드는 것을 보면 복구 심리가 발동하여 소위 말하는 '날아다니는 주식'에만 관심을 가졌는데 실제로 초심자의 행운이 함께하여 좋은 수익을 낸 적이 있다. 하지만 몇 번 수익을 만들더라도 물릴 때는 고점에서 심하게 물리기 때문에 손해가 매일 누적되었다. 생활비와 대출 이자를 이겨 내기 위해 신용을 사용했더니 중국 위안화 평가절하, 북한 핵실험, 미·중 무역 전쟁, 한·일 경제 전쟁과 같은 지정학적 위험을 겪었고 물려 있던 주식이 폭락하여 담보금 부족 문제를 겪었다. 하루에 5억 4천만 원을 손절하면 번지점프를 끈 없이 뛰는 기분을 느끼게 되는데 생각이 얼어붙고 세상 모든 부정적 뉴스가 공감된다. 그나마 가지고 있던 땅을 팔아 자금을 마련하여 투자를 하니 코로나19 사태가 터졌고 하루에 2억 4천4백만 원을 추가로 손절했다. 그때 필자가 깨달은 것이 있는데 주가는 내가 생각하는 것보다 두 단계 더 내려간다는 것이다. 코로나19와 같은 대형 사고가 터지면 투자 금액을 축소하고 혹시나 신용을 사용한다면 24%만 사용하여 반대매매를 방지하는 것과 같은 전략도 중요하지만, 주식시장에서 꾸준하게 수익을 만들어 내기 위해서는 손절하지 않을 확실한 종목에 진입하는 방법을 깨닫는 것이 중요하다.

주식시장에서는 나 자신 말고는 아무도 함부로 믿어서는 안 되지만 세력이 넣은 큰돈은 우리가 믿고 의지할 수 있는 신호이다. 세력이 큰돈을 넣고 그 돈을 다시 찾기 위해서는 주가를 바닥 대비 50~100% 이상 끌어올릴 수밖에 없는데 세력은 막대한 물량을 정리하기 위해 주가를 상승시키고, 손해 보고 물량을 정리하지 않는다는 두 가지 특성을 이용해서 세력과 함께 진입했다가 먼저 나오는 안전한 전략을 취해야 한다. 일확천금을 노리다가 크게 실패했던 필자의 경험을 발판으로 삼고 독자 여러분은 지금부터라도 세력을 활용해서 조금씩 모아 가는 전략을 사용한다면 복리의 마법으로 충분히 경제적 자유를 이룰 수 있다. 경제적 자유를 위한 12가지 필수 유형은 필자가 지금도 사용하며 수익을 거두고 있는 자신 있는 투자 기법이기 때문에 좋은 공부가 될 것이라 확신한다. 하나씩 차례대로 살펴보자.

저점 장대양봉은 경제적 자유를 위한 12가지 필수 유형 중 첫 번째 유형인데 〈시장의 암호: 장대양봉(상승의 신호탄 장대양봉)〉에서 다루었다. 복습 차원에서 차트 한 개만 참고해 보자.

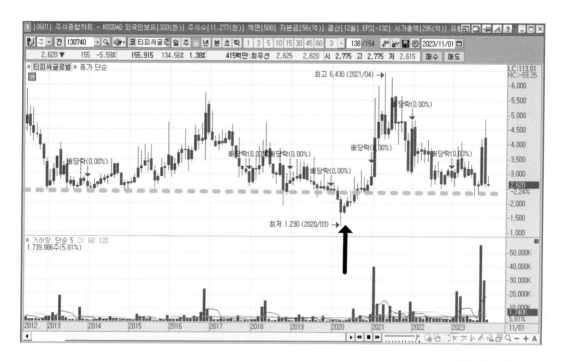

• 티피씨글로벌 월봉

월봉 차트를 보니 노란 점선을 따라서 2,500원에 판바닥이 만들어져 있다. 검은 화살표를 보면 판바닥을 깨고 하락한 적이 있는데 이때는 코로나19 사태로 시장에 비정상적인 현상이 나타났을 때였기 때문에 바닥을 파악하는 데는 제외한다. 보통의 경우에는 2,500원 바닥을 기준으로 횡보하다가 5,000원까지 상승과 하락을 반복하는 것을 볼 수 있기 때문에 주가가 저점인 2,500원까지 하락하는 것을 기다렸다가 장대양봉이 만들어지는 것을 확인하면 진입할 수 있다. 일봉 차트로 살펴보자.

■ 티피씨글로벌 일봉

　　차트 오른편을 보니 최저점 2,255원까지 도달하고 횡보하던 주가가 바닥을 딛고 상승하여 빨간 화살표에서는 천만 주 이상의 거래량을 동반한 장대양봉과 함께 상한가에 도달했다가 12%로 마무리했다. 빨간 화살표에 진입해야 하는 세 가지 이유를 발견할 수 있는데 첫 번째는 세력이 바닥에서 주가의 추세를 바꿀 때 만드는 저점 긴 꼬리 장대양봉이 발생했다는 것이고, 두 번째는 빨간 화살표에서 횡보 기간에 발생한 모든 거래량을 돌파하는 대량 거래량이 만들어졌다는 점이고, 마지막으로 3,500원을 돌파하며 4월 이후로 주가가 신고가에 도달하며 상승 여력을 보여 줬다는 점이다. 지나간 차트를 보면 2,500원에 바닥이 있는 것이 월봉으로 확인 가능하기 때문에 2,500원에 미리 진입하는 것이 더 좋았겠다는 생각이 들 수 있다. 하지만 언제 상승할지도 모르는 주가에 바닥만 믿고 들어간다면 회전성과 수익성을 놓칠 수 있기 때문에 빨간 화살표와 같이 저점 장대양봉을 확인하고 진입하는 것이 장기적인 수익률 극대화에 도움이 된다. 빨간 화살표 이후를 살펴보자.

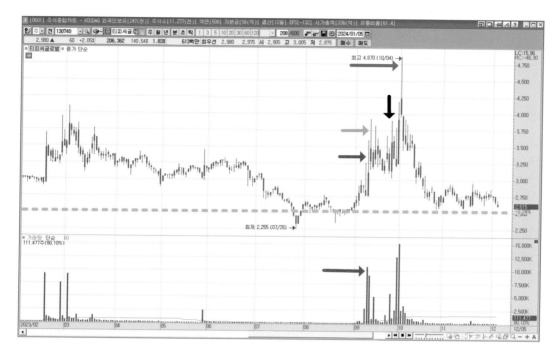

■ 티피씨글로벌 일봉

　　원칙대로 빨간 화살표의 종가에 진입했다면 바로 다음 날 최대 26%까지 상승한 장대양봉을 이용하여 10% 수익을 손쉽게 가져갈 수 있다. 혹시 빨간 화살표에서 종가에 진입하지 못했다면 아직 바닥에서 2배까지 상승한 것이 아니기 때문에 다음 날에도 진입해 볼 수 있는데 초록 화살표 종가에 진입했다면 9영업일 횡보한 후 장중 최고 23%까지 상승했던 검은 화살표에서 수익 실현을 할 수 있다. 이후에도 진입하여 10% 수익을 내는 기법을 사용할 기회는 더 있었지만, 파란 화살표와 같은 곳에서는 진입하면 안 되는데, 그 이유는 이미 바닥 대비 2배 상승한 앞폭탄 수준이고, 갭상승 장대음봉을 만들었으며, 5천 원 근처에 도달하면 주가가 다시 바닥으로 하락하는 모습을 월봉으로 이미 확인했기 때문이다. 물리면 크게 물리기 때문에 자제하여 파란 화살표에서는 진입하지 말고 바닥을 딛고 상승하는 빨간 화살표와 같은 저점 장대양봉에서 안전하게 진입해야 한다.

저점 돌파

경제적 자유를 위한 12가지 필수 유형 중 두 번째 유형인 저점 돌파에 대해 살펴보자. 저점 돌파는 '돌파'라는 이름에서 예측할 수 있듯이 전고점을 뚫고 상승할 때 진입하는 투자 방식이다. 저점 돌파는 필자의 '딩동 돌파법'과 함께 사용하면 회전성과 수익성을 높여 계좌를 풍성하게 만들 수 있다. 초보 투자자도 쉽게 시도할 수 있는 저점 돌파 차트를 살펴보자.

▪ 하이딥 일봉

노란 점선에서 횡보하며 바닥을 만들던 종목이 초록 화살표에서 2100만 주의 거래량을 동반한 저점 장대양봉과 함께 상승 추세를 만들었다. 2월 2일에 고점인 **1,329원**까지 상승했다가 주가가 조정을 받는데 빨간 화살표가 가리키는 3/20일을 보니 2800만 주가 거래되며 조금 더 높은 가격인 **1,338원**에 마무리했다.

초록 화살표뿐만 아니라 그 이후에도 상승할 때 많은 거래량이 발생했는데 3/20일에는 이들을 뛰어넘는 가격에서 거래되었기 때문에 전에 발생한 대량 거래량이 발판이 되어 하락하지 못하게 지지해 주고 있다고 생각할 수 있다. 아래에는 대량 거래량이 지지해 주고 있고 3/20일에는 2800만 주의 거래량과 함께 전고점인 1,329원까지 돌파하고 더 높은 가격인 1,338원에 종가가 마무리됐기 때문에 상승 여력이 높다고 판단하여 종가에 진입이 가능하다.

전고점을 돌파할 것 같은 차트 모양이나 거래량이 발견되면 딩동 돌파법을 사용할 수 있는데 미리 1주만 매수해 두었다가 전고점인 1,329원보다 낮은 가격에 매도 주문한다. 물론 전고점을 돌파하는 가격인 1,329원에 매도 주문을 걸어 놓을 수 있지만 주가가 전고점을 강하게 돌파하는 경우가 많은데 이때는 매도 체결 소리를 듣고 진입하기에는 준비 시간이 부족하기 때문에 대응할 시간을 여유 있게 확보하기 위해서 전고점보다 낮은 가격에 매도 주문하는 것이다. 만약 딩동 소리와 함께 매도 주문이 체결되었다는 알림이 들린다면 전고점 돌파가 임박한 것으로 판단한다. 돌파 시 바로 계획된 금액을 매수하는 방법도 있지만 종가 매수 작전을 펼친다면 1주만 체결이 되었으니 부담 없이 주가를 감시하다가 종가에서 전고점인 1,329원보다 종가가 높게 마무리되는 모습을 보인다면 계획했던 매수 금액을 주문하면 된다. 딩동 돌파법의 장점은 1주만 매수 주문을 하기 때문에 자금이 묶이지 않고, 주문 체결 시 알려 주는 딩동 소리가 날 때 주가를 확인하면 되기 때문에 여러 종목을 손쉽게 확인할 수 있다. 종가 매수 작전은 혹시나 전고점을 돌파했는데 종가가 전고점보다 낮게 마무리된다면 1주 주문이기 때문에 손절을 하더라도 계좌에 영향을 미치지 않는다. 전고점이 표시된 검은 점선을 따라서 딩동 돌파법을 사용했다면 어떤 결과가 있었을지 3/20일 이후의 주가 흐름을 살펴보자.

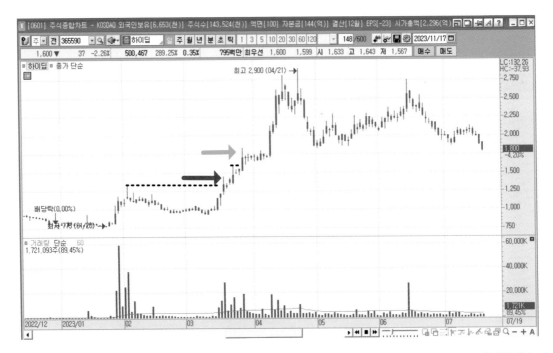

■ 하이딥 일봉

　　빨간 화살표에서 저점 돌파가 이루어진 후 주가가 살짝 눌렸지만 2영업일 후 고가가 15%에 도달했기 때문에 충분히 이익을 실현할 수 있다. 이후에도 초록 화살표에서 대량 거래량을 동반한 장대양봉이 만들어지며 전고점 돌파가 이루어졌기 때문에 한 번 더 진입해 볼 수 있는데 진입했다면 2천 원 전에 충분히 10% 이익 실현이 가능했던 것이 확인된다. 물론 결과적으로 보면 초록 화살표 이후에도 전고점을 돌파할 때 매수하여 2,900원까지 만들어진 강한 상승을 누리는 것도 가능하겠다는 생각이 들 수 있지만 수익을 내는 것보다 물리지 않는 것이 더 중요하기 때문에 고점에서까지 무리하게 시도하는 것보다는 자제하는 것이 좋다. 진입 여부를 결정할 때는 저점이냐, 고점이냐와 같은 가격 문제도 중요하지만 매물대 여부도 결정에 좌지우지된다. 현재의 일봉 차트를 확대하여 비슷한 가격대에 만들어진 매물을 확인해 보자.

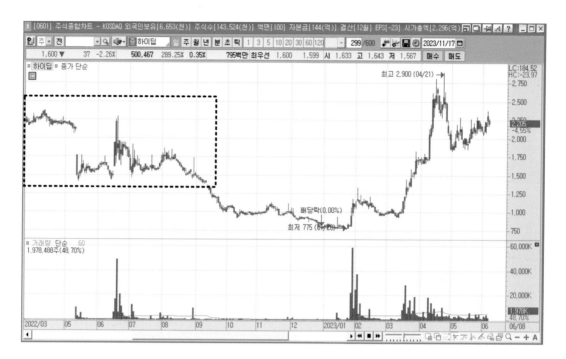

하이딥의 경우 다행히도 강한 매수세를 만나 2,000원의 벽을 넘고 2,900원까지도 상승했는데 보통의 경우에는 차트 왼쪽에 검은 점선으로 표시된 곳과 같이 수많은 매물대가 쌓여 있다면 매물이 쌓인 가격대를 돌파하지 못하고 하락하는 경우가 압도적으로 많다. 생선을 먹을 때 생선의 머리와 꼬리는 항상 남에게 양보한다는 미덕을 가지며 투자하는 것이 좋다. 생선의 꼬리부터 섭취하려고 바닥에서 미리 매수하여 기다리지 말고 대량 거래량을 동반한 장대양봉을 기다렸다가 생선의 몸통부터 진입한다. 수익 또한 머리끝까지 가져가려고 하지 말고 10%의 수익을 안전하게 확보한 뒤 세력보다 먼저 탈출해야 원금을 잃지 않는 투자가 가능하다. 다음 차트를 살펴보자.

■ 에스코넥 월봉

월봉을 확인해 보니 천 원대에 위치한 노란 점선을 기준으로 횡보하다가 3천 원 이상까지 상승하기도 하고 바닥을 뚫고 하락하더라도 다시 가격이 복구되어 노란 점선을 딛고 반등하는 강한 바닥이 형성된 것을 확인할 수 있다. 월봉으로 강한 바닥을 확인했기 때문에 바닥 근처에서 매수 기회가 발견되면 자신 있게 진입할 수 있다. 일봉으로 저점 돌파 기회를 살펴보자.

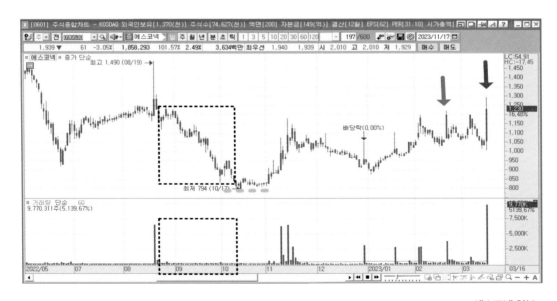

■ 에스코넥 일봉

빨간 화살표에서 9백만 주의 거래량이 발생하며 장중 22%까지 상승했다가 종가를 16%로 마감했는데 이때 발생한 장대양봉은 최대 거래량과 함께 횡보하던 모든 구간의 고점을 돌파했기 때문에 좋은 저점 돌파 기회라고 볼 수 있다. 검은 점선을 보니 하락할 때는 거래량이 거의 없이 하락했고 바닥을 만들며 상승 추세로 전환될 때는 거래량이 증가하며 상승하는 모습을 보여 주었기 때문에 상승 가능성이 크다. 유일하게 매수하기 전 마음에 걸리는 것이 파란 화살표가 가리키는 장대음봉이다. 하지만 장대음봉의 최고가는 1,218원으로 고가 1,292원까지 도달했다가 종가 1,230원으로 마감한 빨간 화살표가 가리키는 장대양봉보다 낮다. 우리는 마음에 걸렸던 장대음봉의 고가인 1,218원보다 낮은 가격에 1주 매도 주문을 걸어 놓았다가 주문이 체결되는 딩동 소리가 들리면 장 마감 전 종가가 1,218원보다 높게 유지되는 것을 확인하고 진입할 수 있다. 저점 돌파로 진입하여 이후에는 어떻게 되었는지 다음 차트를 확인해 보자.

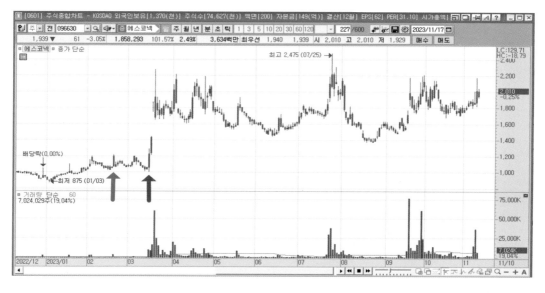

■ 에스코넥 일봉

빨간 화살표 다음 날을 보니 장중 17%까지 강하게 상승하여 빠르게 수익을 실현할 수 있었고 그다음 날에도 한 번 더 돌파 기회가 있었기 때문에 진입했다면 추가 수익이 가능했다. 이후에도 수익 기회는 여러 번 보이지만 우리는 천 원대에서 바닥을 확인했기 때문에 바닥 대비 2배 상승한 앞폭탄 가격인 2천 원대에서는 또 한 번 전고점을 돌파하는 모습을 보이더라도 자제해야 한다. 세력과 함께 들어가서 먼저 나오는 것을 잊지 말자. 2천 원대에서 장기간 가격

을 지켜 주는 모습을 보이고 있어서 상승할 가능성도 있지만 반대로 바닥까지 하락할 가능성
도 있다. 방향을 예측할 수 없는 상황에서 내 원금을 위협할 수 있는 투자는 하지 않아야 한다.
주식 투자를 하면 매일 좋은 기회는 만들어지기 때문에 위험을 감수하고 한 종목에 매달릴 이
유가 전혀 없다. 저점 돌파는 회전성은 높고 위험도는 낮아서 초보 투자자도 시도하기에 좋은
방법이다. 하지만 돌파가 이루어져도 천천히 상승하는 경우도 있기 때문에 미리 대비하는 마
음으로 다른 예를 살펴보자.

■ 미래에셋생명 월봉

　　과거 13,830원까지도 도달했던 종목이 3천 원 이하로 하락했다. 코로나19 사태에는 2천
원대까지 하락한 적이 있지만 다시 3천 원대로 천천히 상승하며 상승 추세로 전환하는 모습이
보인다. 거래량이 평소에 10만 주 이하로 발생하며 시장에서 관심을 못 받는 종목인데 이런
종목에서는 어떻게 기회를 포착하는지 그리고 저점 돌파가 되더라도 어떻게 상승하는지 일봉
으로 살펴보자.

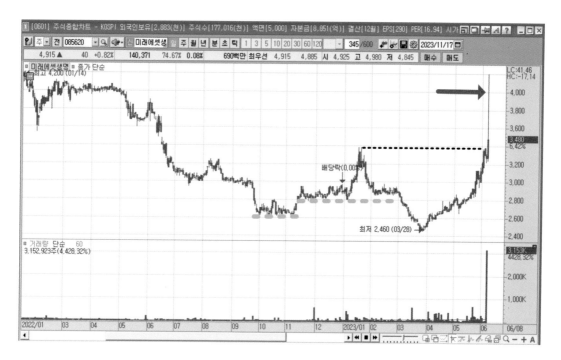

평소 10만 주 이하의 거래량이 발생하던 종목이 빨간 화살표에서 하루 만에 300만 주의 대량 거래량을 만들어 냈다. 2021년 6월 이후 약 2년 만에 최대 거래량이 발생하며 돌파가 만들어졌는데 장중 28%가 상승하며 4,200원에 도달했다가 종가는 6% 상승하여 3,480원으로 마무리했다. 매수를 할 수 있는 근거가 세 가지가 있는데 첫 번째로 저점에서 22%의 긴 꼬리를 만들었다는 것은 세력이 개미털기를 하며 물량을 매집하는 신호로 해석할 수 있다. 두 번째로는 월봉에서 3천 원대에 바닥이 만들어진 것을 확인했는데 일봉으로 보니 2,800원대에서도 바닥이 만들어졌고 빨간 화살표에서는 3천 원대의 바닥을 딛고 상승했으므로 매수가 가능하다. 마지막으로, 2년 만의 최대 거래량이 발생하며 장대양봉이 발생했는데 육안으로 보아도 전고점인 검은 점선을 종가가 돌파하여 상승했기 때문에 자신 있게 매수 가능하다. 빨간 화살표 이후의 차트 흐름을 살펴보자.

■ 미래에셋생명 일봉

　　2년 만에 최대 거래량이 발생하며 전고점을 돌파할 때 저점 돌파법을 사용하여 진입했다면 좋은 수익을 가져갈 수 있는 것이 확인된다. 일반적으로는 저점 돌파가 만들어지면 강하게 상승하지만 이 종목은 횡보를 하는지 상승을 하는지도 모르게 거래량도 거의 없이 슬금슬금 상승했다. 초보 투자자의 경우 돌파가 이루어지면 빠르게 상승할 것이라는 예상 때문에 천천히 상승하면 기다리지 못하고 수익을 놓치는 경우가 있다. 이 종목은 최대 거래량이 발생한 장대양봉의 최고점을 돌파하는 초록 화살표가 바닥 대비 2배 상승한 앞폭탄 가격보다 한참 낮기 때문에 한 번 더 진입하여 수익을 낼 수 있는 기회가 있는데 이후에도 빠르게 상승하지 않고 천천히 올라가는 것이 보인다. 이렇게 급락하지 않고 완만한 각도로 천천히 상승하는 종목은 드물게 발견되지만 좋은 매수 근거를 제공할 때도 있기 때문에 혹시라도 이런 종목에 진입했다면 인내심을 가지고 수익을 기다리는 것이 좋다.

저점에서 장대양봉이 발생하면 주가가 빠르게 상승하는 경우도 간혹 있지만 대부분의 경우에는 눌림목(일시적으로 하락하는 구간)을 형성한 다음 재차 상승한다. 저점 눌림목은 투자를 하며 자주 마주치는 유형이기도 하지만 저점 눌림목에 대한 지식을 쌓아 두면 주식을 조금이라도 낮은 가격에 매수할 수 있는 안목을 길러 주기 때문에 초급 투자자에게 큰 도움이 된다. 차트를 통해 살펴보자.

■ 엑셈 월봉

월봉으로 확인해 보니 2014년에 상장한 후 1,500원이나 1,200원까지 하락한 적이 있지만 1,750원에 강한 판바닥이 형성되어 노란 점선을 기준으로 횡보하는 모습을 볼 수 있다. 이와 같은 종목은 관심 종목에 추가해 두었다가 판바닥 근처까지 하락하면 어떤 주가 흐름을 보이는지 미리 확인해 두고 매수 기회가 발견될 때 자신 있게 진입할 수 있다. 일봉 차트로 살펴보자.

■ 엑셈 일봉

　　차트 중간부터 보면 3,032원까지 상승했다가 1,800원까지 하락했는데 세 번의 양봉이 연속으로 발생한 후 빨간 화살표에서 또다시 장대양봉이 만들어졌다. 이날만 하루에 천만 주의 거래량이 발생하며 장중 11%까지 상승했다가 종가를 6%로 마무리했다. 빨간 화살표에서 만들어진 장대양봉은 앞폭탄 가격인 3,000원에 도달하고 바닥까지 회귀한 종목이 추세를 변경하고 있다는 상황을 알리고 있는 장대양봉이기 때문에 좋은 수익 기회로 활용할 수 있다. 주가의 추세가 바뀌는 것을 알리는 장대양봉은 이후의 주가를 어떻게 변화시켰는지 다음 차트에서 살펴보자.

■ 엑셈 일봉

　월봉에서 바닥도 확인했고 저점에서 양봉을 연속으로 만들다가 천만 주의 대량 거래량과 함께 장대양봉이 만들어지길래 절호의 매수 기회라고 생각해서 진입했더니 다음 날 -2.5% 하락, 그다음 날은 -1.6% 하락, 그렇게 6일 동안을 큰 상승 없이 조금씩 하락했다. 이런 상황이 되면 초보 투자자들은 바닥을 확인했고 대량 거래량이 세력의 큰돈을 의미하는 것을 알고 있음에도 불구하고 마음이 흔들리게 되어 조급하게 손절한다. 대량 거래량을 동반한 장대양봉이 발생하면 주가가 바로 날아갈 것만 같은 기분이 들지만 실제로는 이러한 경우가 다반사다. 눌림목의 개념을 알고 있다면 주가가 횡보할 때 심적으로 버틸 수 있다. 이후의 차트를 살펴보자.

■ 엑셈 일봉

　　빨간 화살표에서 대량 거래량을 동반한 장대양봉이 만들어지고 6일 동안 주가가 눌림목을 형성하더니 초록 화살표가 가리키는 7일째 되는 날 점점 상승하며 눌림목을 벗어나는 움직임을 보였다. 대량 거래량과 함께 바닥을 딛고 상승한 장대양봉이 만들어졌는데 이날 발견하지 못했다면 눌림목에서 벗어나는 것이 보일 때 빨간 화살표의 장대양봉 종가를 돌파하는 가격에서 진입하는 것도 가능하다. 만약 초록 화살표에서 진입했는데도 주가가 다시 밀리는 모습을 보인다면 판바닥에서 주가가 지지되는 것을 미리 확인했기 때문에 눌림목에서 자신 있게 분할 매수로 주식 수량을 늘릴 수 있다. 보유 수량을 늘리며 저점 장대양봉, 대량 거래량, 판바닥과 같은 수익을 안겨 주는 신호들을 믿고 차분히 기다리다가 하루에 21%가 상승한 검은 화살표와 같은 자리에서 수익을 실현하면 된다. 눌림목의 존재를 알지 못한다면 주가가 일시적으로 하락할 때 겁이 나지만 눌림목은 투자를 하며 빈번하게 마주치는 유형이라는 것을 미리 알고 있다면 좋은 분할 매수 기회가 된다. 일반적인 경우 생업이 바빠서 빨간 화살표에서 수익 신호를 알리는 저점 장대양봉이 발생하더라도 발견하지 못하는 경우가 많은데 이때 진입하지 못했더라도 조급해하지 않고 해당 종목이 어디까지 눌림목을 형성하나 관찰하고 있다가 일정 가격대에서 움직이는 것이 확인될 때 진입하는 것도 하나의 방법이다. 검은 화살표 다음 날에는 3천 원까지 상승하는 모습을 보였지만 앞폭탄 가격에서 긴 꼬리를 만들었기 때문에 더 상승한다고 하더라도 신규 진입은 자제하는 것이 좋다. 결국 잠시 눌렸다가 최고점인 3,411원까지도 상승했기 때문에 검은 화살표에서 수익을 실현하고 관망하고 있으면 좋은 수익 기회를 놓친 기분이 들겠지만 주가는 결국 다시 바닥 가격까지 하락한 것이 확인된다. 고점에서 무리하게 수익을 내려고 진입했다가 크게 물리면 필자가 과거에 겪었던 고통을 겪게 된다. 탐욕을 버리고 확실한 매수 기회에서만 매수하여 세력보다 먼저 나와야 안전하다는 것을 잊지 말자. 장대양봉을 놓쳤더라도 바닥과 눌림목의 속성을 이해하고 있다면 충분히 좋은 가격에서 진입 기회를 찾을 수 있기 때문에 **저점에서 장대양봉이 발생하고 눌림목이 만들어지면 좋은 기회**라는 것을 기억하자. 다음 종목을 살펴보자.

■ 지니틱스 월봉

시스템 반도체 전문 설계 기업으로 알려진 지니틱스 차트다. 월봉으로 확인해 보니 5,470원까지도 상승했던 종목이 1,500원대로 하락했다. 노란 점선을 따라서 1,300원대에 바닥이 만들어지며 횡보하는 모습이 보인다. 일봉으로 매수 기회를 찾아보자.

■ 지니틱스 일봉

　빨간 화살표에서 3500만 주가 거래되며 장대양봉이 만들어진 것이 보인다. 월봉으로 1,300원대에 바닥이 만들어져 있는 것을 확인했는데 일봉 차트를 보니 최저점인 1,295원에 도달하고 서서히 상승하여 한 달 이상 바닥 위에서 횡보하는 모습을 보였다. 빨간 화살표에서 장대양봉이 만들어지며 상한가에 도달했기 때문에 좋은 매수 기회로 보인다. 필자의 원칙은 오후 2시 30분부터 매수하는데 이날 오후 3시에 상한가에 도달했기 때문에 바닥과 대량 거래량을 믿고 당일 고점이라도 진입할 수 있다. 빨간 화살표에서 오후장에 진입했다면 어떻게 되었을지 다음 차트를 살펴보자.

■ 지니틱스 일봉

대량 거래량을 동반한 장대양봉이 상한가에 도달하는 것을 보고 매수했기 때문에 다음 날부터 얼마나 빠르게 주가가 상승할지 기대가 된다. 하지만 다음 날을 보면 갭상승 장대음봉이 만들어지며 -7%나 하락했다. 주식에는 "우리가 사면 떨어지고 팔면 날아간다."라는 격언이 있는데 이렇게 한 달 반이나 반등하지 못하고 횡보하는 것을 보면 언제까지 하락할지 예측할수 없기 때문에 마음이 불안해진다. 하지만 대량 거래량을 동반한 장대양봉이 발생하더라도 다음 날 바로 상승하는 경우보다 주가가 조정 기간을 거치고 상승한다는 것을 알고 있다면 눌림목 구간은 좋은 추가 매수 기회가 되어 수량을 늘려 나갈 수 있다. 만약 대량 거래량을 동반한 장대음봉이 1,300원을 붕괴하며 하락할 때는 손절을 고려해야 하지만, 바닥을 해치지 않고 바닥 위에서 주가가 횡보한다면 하락할 때마다 추가 매수하여 보유 수량을 늘리는 전략을 사용할 수 있다. 이후의 차트를 살펴보자.

■ 지니틱스 일봉

　　빨간 화살표 이후 눌림목을 형성하며 한 달 반 동안 횡보하던 주가는 빨간 화살표에서 고점을 돌파하고 상승했다. 검은 점선 이후에는 7%, 10% 상승하며 매수했던 수량을 모두 수익 실현하는 기회를 주었다. 수익 실현 이후에도 2,500원을 잠시 돌파하는 모습을 보여 주었기 때문에 모든 상승을 누리지 못한 것이 아쉽다는 생각이 들 수 있다. 하지만 파란 화살표가 가리키는 왼편에 갭상승 장대음봉이 만들어 낸 수많은 매물이 기다리고 있기 때문에 언제 하락할지 모르는 주식을 익절하지 않거나 추가 매수하여 생선 머리까지 먹으려고 했다가는 손절을 피하지 못하게 된다. 장기적으로는 바닥에서 긴 시간 횡보하고 장대음봉을 넘어설 수 있는 가격대가 올 수도 있지만 수익 실현 기회가 오면 원칙대로 수익을 실현하여 복리의 마법으로 계좌를 불려 나가야 한다. 눌림목에 대한 공부를 하다 보면 하락하더라도 바닥을 믿고 추가 매수할 수 있을 것 같지만 보유 종목이 하락하는 모습을 실제로 보면 겁이 나서 추가 매수를 못하는 경우가 있다. 많은 초보 투자자가 겪는 과정이기 때문에 거대 거래량이 발생하고 크게 하락한 종목을 미리 살펴보며 마음을 단련해 보자.

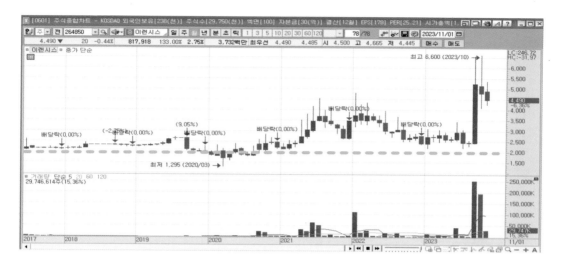

■ 이랜시스 월봉

월봉으로 바닥을 찾아보니 노란 점선을 따라서 오랜 기간 2천 원대에 바닥이 만들어져 있
는 것이 확인된다. 바닥에서 횡보하다가 4천 원까지 상승하더라도 다시 2천 원대로 가격 조정
을 받는 모습을 반복적으로 보여 주고 있다. 월봉으로 바닥을 확인했으니 일봉을 확인해 보자.

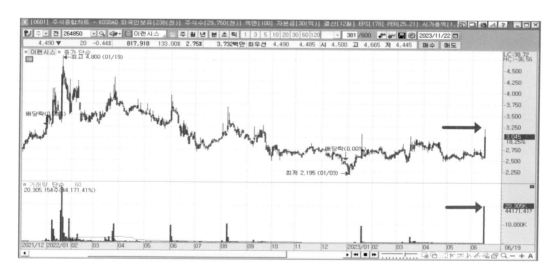

■ 이랜시스 일봉

4,800원까지도 상승했던 종목이 2천 원대에서 횡보하는 모습인데 빨간 화살표에서 2천만
주의 대량 거래량이 발생하며 장중 25%까지 상승했다가 종가를 18%로 마무리했다. 1년 만에
최대 거래량이 발생하며 바닥을 딛고 상승한 장대양봉이 만들어졌고 앞의 횡보 기간에 만들

어진 고가를 장중에 돌파하는 모습을 보여 주었기 때문에 매수하기 정말 좋은 기회로 보인다. 빨간 화살표에서 종가에 진입했다면 어떻게 되었을지 다음 차트를 확인해 보자.

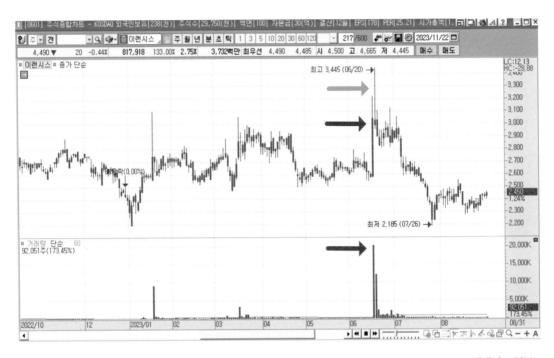

■ 이랜시스 일봉

바로 다음 날 13%가 상승해 주었기 때문에 충분히 수익을 실현할 수 있다. 문제는 초록 화살표인데 10% 이익 실현을 하고 나서도 저점에서 긴 꼬리가 만들어지는 것을 보니 세력이 물량을 매집하는 신호가 아닐까 하는 생각에 종가에 추가 매수하게 된다. 필자가 초보 투자자 시절에 추가 수익을 얻기 위해서 많이 겪었던 경우인데 바닥의 존재를 모르고 거래량 분석하는 법을 몰랐기 때문에 다음 날도 상승할 것이라 기대했던 종목이 두 달 동안 하락하는 모습을 보이면 손절할 수밖에 없었다. 초록 화살표에서 종가에 진입했다면 최저점인 2,185원에서는 -28% 손해였기 때문에 두려움이 생기겠지만 하락할 때의 거래량을 보면 거래량이 거의 없이 하락한다는 것을 확인할 수 있다. 만약 대량 거래량을 동반한 장대음봉이 만들어지면서 월봉에서 확인한 2,000원을 깨고 하락했을 경우에는 손절을 생각해야 하지만 거래량 없이 하락하는 경우에는 바닥 위에서 횡보하는 주식을 분할 매수로 대응하여 보유 수량을 늘리며 수익 극대화를 노릴 수 있다. 횡보 기간을 마친 이후의 차트를 살펴보자.

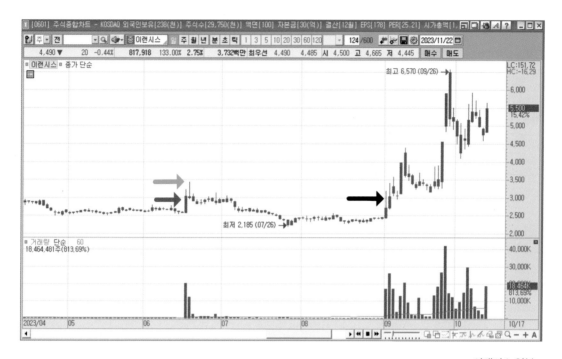

■ 이랜시스 일봉

초록 화살표에서 저점 긴 꼬리를 확인한 후 종가에 매수했다면 최대 -28%까지 하락했지만 마침내 눌림목 기간이 해제되며 검은 화살표에서부터 상승이 시작된 것이 확인된다. 원칙대로 분할 매수했다면 분할 매수로 확보한 모든 보유 수량을 하루에 익절할 수 있고 초록 화살표에서 종가에 원매수한 수량도 검은 화살표 다음 날 25%가 상승했기 때문에 수익을 실현할 수 있다. 수익을 실현한 검은 화살표 다음 날에는 2600만 주의 대량 거래량이 바닥을 딛고 상승했기 때문에 수익 실현을 하고 한 번 더 진입이 가능했는데, 이후에도 추가 상승이 만들어져서 수익 실현 기회를 주었다. **대량 거래량을 동반한 장대양봉이 만들어지고 거래량 없이 주가가 흘러내리는 경우에는 분할 매수로 대응하고 혹시라도 바닥을 대량 거래량을 동반한 음봉으로 뚫었을 때는 손절을 고려해야 한다.** 대부분의 경우에는 바닥에서 지지가 되고 주가가 눌렸다가 상승하기 때문에 미리 염두에 두면 이와 같은 상황에서 대응할 수 있다. 눌림목은 얕을수록 좋지만 깊게 눌린다고 해도 겁먹을 것 없이 '분산하고 분할하고 분리하는' 원칙을 지킨다면 얼마든지 좋은 수익을 만들 수 있다는 것을 기억하자.

$ 저점 고가놀이

저점 고가놀이는 장대양봉이 발생한 후 그 장대양봉을 기준으로 주가가 살짝 눌리거나 장대양봉의 종가 이상으로 계속 가격을 유지하며 반등을 노리는 경우를 말한다. 대부분의 경우 수익 실현이 빠르고 상승 폭이 크다. 저점 고가놀이도 계좌의 크기를 빠르게 향상시키는 유형이기 때문에 다양한 차트를 살펴보며 특성을 파악해 보자.

■ 피델릭스 월봉

월봉 차트를 보니 오랜 기간 노란 점선을 따라 1,150원에서 1,200원 사이에 바닥을 형성하고 있는 것이 보인다. 1,200원 수준으로 하락하면 2,000원 수준까지 반등하는 반복적인 패턴이 보이기 때문에 바닥을 이용하면 좋은 수익 기회를 찾을 수 있다. 일봉 차트로 살펴보자.

■ 피델릭스 일봉

차트의 중앙을 먼저 보면 월봉에서 발견한 바닥인 1,150원에 도달한 후 서서히 상승하다가 장대양봉이 만들어지고 2,525원까지 도달한 것을 알 수 있다. 월봉에서 보았던 것처럼 고점 2천 원대에 도달한 후 다시 바닥으로 돌아왔는데 바닥 근처까지 가격이 돌아왔기 때문에 관심 종목에 추가하여 장대양봉이 만들어지는지 지켜본 후 거래량을 보고 진입 여부를 결정할 수 있다. 빨간 화살표에서 바닥을 딛고 천이백만 주의 대량 거래량이 발생하며 17%까지 상승했다가 종가를 4.5%로 마무리하는 장대양봉이 만들어졌기 때문에 다시 한번 2천 원까지 반등해 주는 것을 기대하며 진입이 가능하다. 빨간 화살표 이후 주가 흐름을 살펴보자.

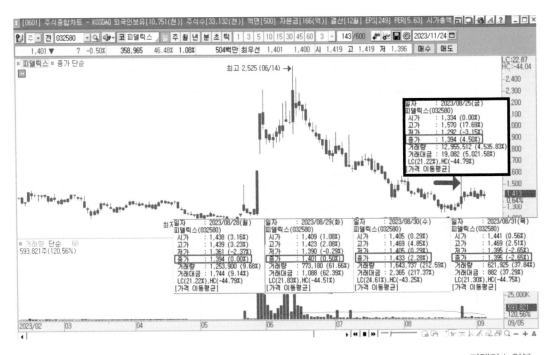

■ 피델릭스 일봉

 빨간 화살표에서 장대양봉이 발생한 날인 8/25일 금요일은 검은 테두리로 강조해 두었는데 이날 종가를 보니 **1,394원**이다. 다음 거래일인 8/28일을 확인해 보니 종가가 **1,394원**으로 장대양봉과 같은 가격에서 주가가 방어되었고 화요일은 **1,401원**, 수요일은 **1,433원**, 목요일은 **1,395원**으로 **대량 거래량을 동반한 장대양봉의 종가보다 높게 유지**되었다. 이후에도 본격적인 상승이 나오기 전 총 7일 동안 종가가 더 높게 유지되었는데 이와 같은 저점 고가놀이 형태를 발견한다면 빨간 화살표에서 진입하지 못했더라도 횡보할 때 종가를 확인하고 진입할 수 있다. 해당 종목은 저점 고가놀이가 만들어지는 기간 동안 단 한 번도 장대양봉의 종가가 훼손되지 않은 교과서적인 움직임을 보여 주었기 때문에 종가의 가격을 무너뜨리지 않는 것이 상승의 필수 조건이라 오해할 수 있는데 **종가가 약간 훼손되더라도 가격을 유지하며 반등을 노리는 경우에는 저점 고가놀이에 해당되기 때문에 종가 가격에 너무 얽매일 필요는 없다.** 종가인 1,394원을 거의 훼손하지 않는 범위 내에서 종가가 움직이고 있다면 세력이 주가가 추가 하락하지 않도록 잘 관리하고 있다고 해석할 수 있다. 저점 고가놀이 이후의 차트를 살펴보자.

　　주가를 움직이는 세력의 입장에서는 주가가 하락하게 되면 주가를 끌어올리는 데 추가 자금이 필요하기 때문에 대량 거래량이 발생한 장대양봉의 종가 기준으로 가격을 유지한다. 빨간 화살표에서 장대양봉이 발생하고 7일 동안 저점 고가놀이를 하던 주가는 다음 날 4천3백만 주의 거래량이 발생하며 장중 최고 27%까지 상승했다가 종가 21%로 마무리했다. 잠깐 복습 차원에서 짚어 보자면 가격이 앞폭탄 수준에 도달하지 않았고 빨간 화살표에서 만든 고점을 돌파하는 저점 돌파의 형태를 보여 주었기 때문에 검은 화살표에서도 충분히 진입하여 다음 날 수익 실현이 가능하다. 이와 같이 저점 고가놀이 형태를 보이는 차트에서 강한 상승이 만들어지면 앞폭탄 수준에 이르기까지 여러 번 진입하여 수익을 내는 먹또먹 전략이 사용 가능하다는 것을 기억하자. 하지만 2천 원대가 넘는 가격대에 도달하면 더 상승할 것 같은 기분이 들더라도 과거 월봉에서 2천 원대에 도달했다가 하락하는 모습을 여러 번 보았고 바닥 대비 2배 상승한 앞폭탄 수준의 가격이기 때문에 진입하지 말아야 한다. 혹시라도 2,600원을 뚫고 상승한다면 우리의 것이 아니라 양보한다는 마음으로 여유롭게 다른 안전한 종목을 찾는 것이 좋다. 다음 종목을 살펴보자.

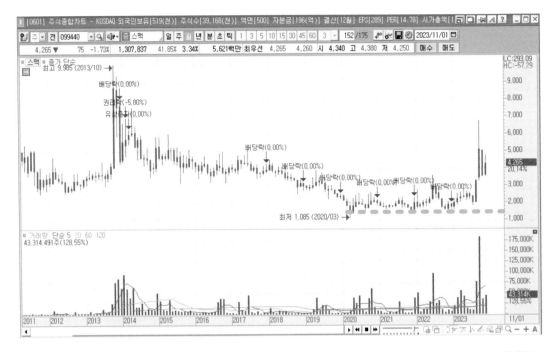

과거에 9,985원까지 상승했지만 장기간 하락 추세를 이어 나갔고 노란 점선에서는 바닥을 만들며 하락을 멈추는 모습이 보인다. 전에 도달한 적 없는 저점에서 바닥이 만들어졌을 때는 언제 추가 하락할지 모르기 때문에 신뢰성이 없지만 2020년부터 2023년까지 1,500원에서 2천 원 사이를 오랜 기간 횡보하고 있기 때문에 강한 바닥이 만들어져 있다고 판단할 수 있다. 오랜 기간 추가 하락하지 않도록 지지해 주는 모습과 바닥을 기준으로 2,500원까지 반등하는 모습이 자주 보이기 때문에 일봉에서 바닥을 딛고 상승하는 장대양봉이 만들어지면 진입할 수 있다. 일봉에서 매수 기회를 찾아보자.

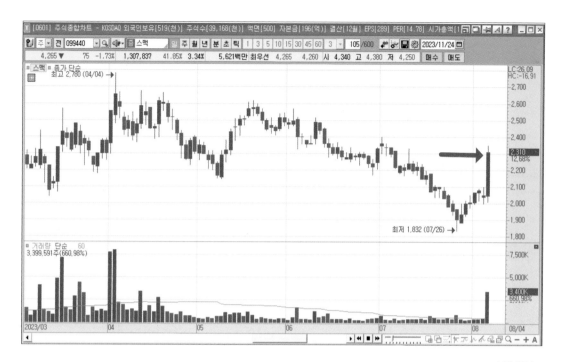

일봉상 최저점인 1,832원에 도달했다가 천천히 반등했는데 월봉에서 1,500원에서 2천 원 사이에 바닥이 있다는 것을 확인했기 때문에 빨간 화살표에서 장대양봉이 만들어지면 충분히 매수를 고려할 수 있다. 하루에 거래량이 330만 주가 발생했고 장 초반에는 약하다가 후반에 강한 전약후강의 형태가 만들어지며 최대 14%까지 상승했다가 종가를 12% 상승한 2,310원 으로 마무리했는데 종가에 진입했다고 가정하며 빨간 화살표 이후의 차트도 살펴보자.

■ 스맥 일봉

　　바닥을 딛고 대량 거래량을 동반한 장대양봉이 만들어진 것을 보고 종가에 진입했다면 다음 날 장중 6%까지 상승했다가 2%로 마무리하고 그다음 날은 2%까지 상승했지만 음봉으로 마무리하는 과정을 지켜봤을 것이다. 초보 투자자의 경우 매수한 다음 날 6%까지 상승한 것을 보고 기분이 좋아졌다가 다음 날 본전 가격으로 돌아오는 것을 보면 그냥 6% 상승이 나왔을 때 매도했어야 한다고 후회한다. 아쉬움에 천천히 본전을 향해 다가오는 주가를 보며 매도하게 되는데 검은 점선 안에서 횡보하는 것은 저점 고가놀이의 과정이라는 것을 알고 있다면 다음 날의 상승을 놓치지 않게 된다. 빨간 화살표가 가리키는 장대양봉의 종가는 2,310원이었고 다음 날은 종가가 2,375원, 음봉이 만들어진 날에는 2,340원이었다. 종가를 보며 상승 여력이 높다는 것을 파악하고 차분히 기다렸다가 원칙대로 목표 수익률에 수익을 실현할 수 있다. 이후의 차트를 보면 최대 6,720원까지도 상승했는데 한번 고가놀이가 만들어진 종목은 계속해서 눌림목의 형태와 함께 급등할 확률이 높다는 것을 기억해 두면 좋다. 저점 고가놀이가 항상 정석대로 장대양봉의 종가를 훼손하지 않고 횡보한다면 투자 과정이 순탄하겠지만 그렇지 않은 경우도 있다. 마지막으로 한 개만 더 살펴보자.

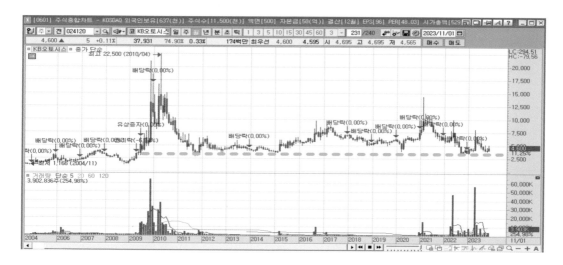

■ KB오토시스 월봉

월봉으로 보니 10,000원만 넘으면 5천 원대로 하락하여 주가 조정을 받는 모습이 보인다. 바닥은 노란 점선을 따라 3,500원 부근에 만들어져서 추가 하락하지 않고 주가가 반등하는 특성이 보이기 때문에 월봉에서 분석한 바닥을 바탕으로 일봉에서 매수 기회를 찾아보자.

■ KB오토시스 일봉

빨간 화살표에서 바닥을 딛고 장대양봉이 만들어졌는데 340만 주의 거래량이 발생하며 검은 점선에서 횡보하던 구간을 강하게 돌파했다. 장중에 17%까지 상승하고 종가를 9%로 마무리했기 때문에 종가에 진입하기 좋은 기회가 만들어졌다. 비정석대로 움직이는 저점 고가놀이의 형태를 예습하여 상황에 대비하는 목적을 가지고 있기 때문에 다음 차트는 빨간 화살표 이후 횡보 구간을 확대해서 살펴보자.

■ KB오토시스 일봉

빨간 화살표가 가리키는 장대양봉의 종가는 4,820원이었고 다음 날은 종가 4,850원으로 저점 고가놀이의 형태 그대로 움직였다. 문제는 장대음봉이 만들어진 세 번째 날인데 이날 -4%를 기록하며 종가 4,645원에 마무리되었다. 장대양봉이 만들어지고 다음 날 저점 고가놀이의 형태로 움직이던 주식이 종가를 깨고 하락하는 모습을 보이면 마음이 불안해진다. 어디까지 하락할지 예측할 수도 없어서 손절을 고민하겠지만 거래량을 자세히 보면 -4%로 음봉이 만들어진 날의 거래량이 장대양봉이 발생한 날에 비하여 아주 적다. 거래량이 없이 하락했기 때문에 빨간 화살표에서 진입한 세력의 큰돈이 아직 나가지 않았다는 것을 기억하며 장대양봉의 종가를 훼손하더라도 거래량을 믿고 차분히 기다리면 된다. 물론 빨간 화살표에 진입하지 못했다면 장대양봉 이후 저점 고가놀이가 만들어지는 구간에서 진입하는 것도 좋다. 저점 고가놀이 이후의 차트를 살펴보자.

■ KB오토시스 일봉

　　저점 고가놀이 구간이 지나가고 10% 상승하더니 상한가에 도달하고 다음 날 긴 꼬리 장대음봉이 만들어졌다. 저점 고가놀이를 오해하여 장대양봉의 종가에 집착하다 보면 갑작스럽게 출현한 음봉에 놀라서 좋은 수익 기회를 놓치게 된다. 주식이 항상 교과서처럼 움직여 준다면 누구나 부자가 되겠지만 주식시장은 수많은 사람이 각자의 생각을 가지고 매수, 매도하기 때문에 미지의 변수들이 존재한다. 세력의 돈을 확인하는 거래량 분석 능력, 바닥을 파악하는 안목 그리고 필자가 소개하는 다양한 기법을 공부하여 무장한다면 불확실해 보였던 차트 움직임을 객관적으로 분석하는 게 가능해지고 초보 투자자에서 경제적 자유를 이루는 투자자가 될 것이라 확신한다. 다음 매수 유형을 살펴보자.

주가는 저점, 중점, 고점으로 구분할 수 있다. 주식마다 바닥을 형성한 지점이 다르기 때문에 만 원이 고점인 주식이 있고 중점인 주식이 있으며 저점인 주식이 있다. 필자가 말하는 **중점이란 바닥 대비 3~4배 이상 상승한 경우를 말한다.** 영원히 상승하거나 영원히 하락하는 주식은 없고 주가는 상승과 하락을 반복한다. 봄, 여름, 가을, 겨울이 오듯이 횡보하다가 상승하면 다시 하락을 겪고 침체기를 겪는다. 세상의 이치와 마찬가지로 주가도 돌고 돈다는 생각을 가지고 있어야 적절한 때 미련 없이 수익 실현이 가능하다. 주식을 하다 보면 바닥 대비 1~2배 이상 상승하는 주식은 빈번하게 찾을 수 있는데 바닥 대비 3~4배 상승한 종목도 그에 못지 않게 만들어진다. 주가가 바닥 대비 3~4배 상승하게 되면 시장 참여자의 많은 관심을 받게 되어 수익성과 회전성이 높지만 잘못 진입했다가 물리는 경우에는 주가가 복구되는 데 오랜 시간을 기다려야 하기도 한다. 초보 투자자들은 먼저 중점과 고점에서는 투자를 자제하고 1주로 수많은 연습을 하며 실력을 갈고닦은 후 적용해 보길 권한다. 초보 투자자에게는 추천하지 않는 투자 방법이지만 독자 여러분은 항상 초보 투자자로 머무는 것이 아니고 공부를 할수록 실력이 향상되기 때문에 초급 편에도 추가했다. 위험하지만 수익성이 높기 때문에 충분한 실력이 갖춰질 때까지는 꾸준히 공부해야 한다는 것을 다시 한번 기억하며 차트를 통해 중점 장대양봉을 살펴보자.

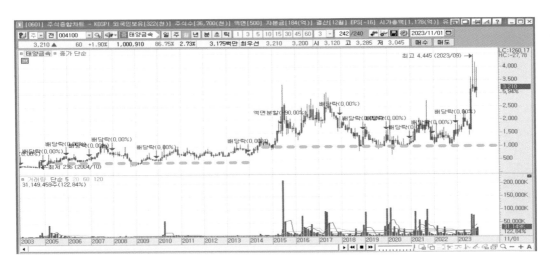

■ 태양금속 월봉

월봉으로 보니 최저 236원까지도 도달했지만 2014년까지 500원에 바닥이 형성되어 500원에서 천 원 사이를 오랜 기간 횡보한 것이 보이고 2015년부터는 1,000원에 바닥이 만들어져서 2,500원 사이를 횡보하며 서서히 주가가 우상향되는 것이 보인다. 월봉에서 바닥을 확인했으니 일봉에서 매수 기회를 찾아보자.

■ 태양금속 일봉

일봉 차트를 보니 주가가 1,000원부터 2,500원까지의 가격 범위 안에서 오랜 시간 횡보했다는 것과 빨간, 초록, 파란 화살표가 가리키는 곳에 장대양봉이 만들어져 있는 것이 발견된다. **초록 화살표**에서 1600만 주의 대량 거래량이 발생하며 장대양봉이 만들어졌는데 이날 상한가에 도달하였고 종가는 상한가에서 1호가 부족한 **2,665원**에 마무리했다. 대량 거래량을 동반하며 만들어진 장대양봉이 상한가 근처에 도달했더라도 주가가 바닥 대비 2배 상승한 앞 폭탄 수준에 이르렀기 때문에 매수하기가 꺼려지는데 더 무서운 것은 과거에 4000만 주의 대량 거래량이 발생하며 상한가인 최고 **2,715원**까지 도달했다가 긴 꼬리를 만들고 종가 15%로 마무리한 장대양봉이 파란 화살표가 가리키는 곳에 있다는 것이다. 대량 거래량과 함께 만들어진 긴 꼬리에는 수많은 매물이 기다리고 있기 때문에 아무리 초록 화살표에서 장대양봉이 만들어지며 상한가에 도달했더라도 **파란 화살표**의 고점인 **2,715원**을 돌파하지 못한 상황에서는 섣불리 진입하지 않고 다음 날 주가 움직임을 확인하는 것이 좋다. 빨간 화살표에서 1500만 주의 거래량이 발생하며 중점 장대양봉이 발생했는데 시가 -2%로 시작했다가 종가 10%로 마무리했다. 장 초반에 약하고 장 후반에 강한 전약후강의 강한 장대양봉이 만들어졌는데 장중에 **파란 화살표**의 고점인 **2,715원**을 강하게 돌파하고 최고 **3,125원**까지 도달했다가 종가를 **2,940원**으로 마무리했다. 파란 화살표의 고점이 대량 거래량과 함께 만들어졌기 때문에 초록 화살표에서 진입하지 말고 빨간 화살표에서 필자의 '딩동 돌파법'을 사용할 수 있는데 미리 1주를 매수한 후 2,715원보다 낮은 가격에 1주 매도를 예약해 두었다가 딩동 소리와 함께 주가가 전고점을 향해 상승하는 것을 확인한 후 계획했던 물량을 매수할 수 있다. 장중에 진입하는 것이 두려운 초보 투자자라면 종가까지 차분히 주가의 흐름을 지켜보다가 종가가 2,715원보다 높게 마무리되는지 직접 확인하고 진입하는 정석적인 방법도 좋다. 빨간 화살표에서는 대량 거래량과 함께 파란 화살표의 고점을 돌파했기 때문에 파란 화살표에서 만들어진 거래량이 발판이 되어 하락할 가능성이 작다고 판단하고 장중에 충분히 진입할 수 있는데 만약 고점을 돌파할 때 함께 매수한다면 당일 10% 수익도 가능하다. 저점 장대양봉에서는 진입하기 어려웠지만 딩동 돌파법을 사용한다면 중점에서도 안정적으로 당일 수익 실현이 가능하다. 딩동 돌파법을 장중에 사용하는 것이 생소하게 느껴질 수 있지만 수익성과 회전성이 굉장히 높기 때문에 소액으로 많은 연습을 해 보는 것이 중요하다. 빨간 화살표에서 중점 장대양봉이 만들어진 이후에는 주가 흐름이 어떻게 되었는지 다음 차트에서 살펴보자.

■ 태양금속 일봉

　빨간 화살표에서 중점 장대양봉이 만들어진 다음 날 22% 상승했기 때문에 딩동 돌파법으로 빨간 화살표에서 진입했다가 수익을 실현하고 장 후반에 고점 확인 후 종가에 한 번 더 진입했다면 이틀 연속 수익 실현이 가능하다. 횡보 구간에 있던 종목이 대량 거래량을 동반하여 전고점을 돌파하고 상승하기 시작한 후에는 다양한 시장 참여자들의 관심을 끌어모아 4,445원까지 빠르게 상승한 것을 알 수 있다. 중점 장대양봉은 많은 투자자의 매매 대상이 되어 단기간에 위력적으로 상승하여 우리에게 빠른 수익 기회를 준다. 중점 장대양봉을 발견하고 수익을 실현했다면 생선 머리와 꼬리는 남에게 양보한다고 생각하고 다중꼬리를 만들고 있는 4,445원 근처에서는 진입할 계획을 해서는 안 된다. 세력과 같이 진입하고 세력보다 빨리 나와야 안전하다는 것을 기억하자. 다음 종목을 살펴보자.

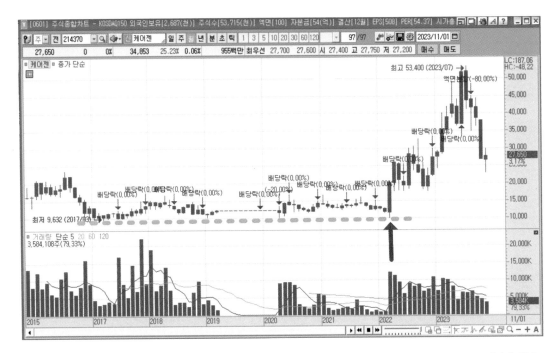

■ 케어젠 월봉

　월봉을 확인해 보니 최저점인 9,632원을 기준으로 바닥이 형성되었고 대부분의 기간 동안 만 원에서 만 오천 원 사이를 오가는 종목인 것이 확인된다. 하지만 빨간 화살표가 가리키는 2022년부터는 주가가 바닥을 딛고 상승하더니 우상향으로 추세가 바뀐 것을 알 수 있다. 일봉에서 중점 장대양봉을 찾아보자.

　　차트 왼편부터 보면 만 원대 가격을 딛고 서서히 상승하던 종목이 빨간 화살표에서는 260 만 주의 대량 거래량과 함께 중점 장대양봉을 만들었다. 전일 대비 250%의 거래량이 상승했 는데 시가 0%에서 고가 29%까지 도달했다가 종가 25%로 마무리했기 때문에 전약후강의 강 한 돌파였다는 것을 알 수 있다. 대량 거래량이 만들어지며 앞에서 횡보하며 만들어진 매물을 모두 돌파했기 때문에 검은 점선으로 표시된 전고점을 돌파할 때 딩동 돌파법으로 같이 진입 한다면 당일 수익도 가능하다. 이후의 차트 흐름도 살펴보자.

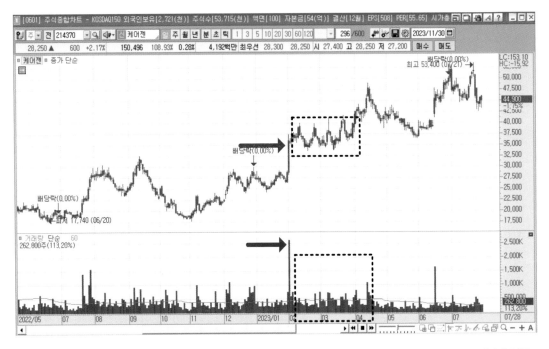

■ 케어젠 일봉

　　만약 빨간 화살표에서 장대양봉이 만들어질 때 뒤늦게 발견하여 딩동 돌파법을 사용하지 못했다면 종가가 전고점보다 위에서 마무리하는 것을 확인하고 진입할 수 있다. 중점 장대양봉은 보통 회전성과 수익성이 높지만 빨간 화살표의 종가에 진입했다면 이후 바로 상승하지 않고 두 달 동안 비슷한 가격대에서 횡보하는 모습이 보이는데 이렇게 바로 상승하지 않으면 주가의 위치가 바닥에서 멀리 떨어진 중점이라 마음이 불안해진다. 하지만 빨간 화살표에서 만들어진 중점 장대양봉의 거래량이 워낙 많고 검은 점선으로 표시된 횡보하는 기간의 거래량은 중점 장대양봉 거래량의 30%도 안 되기 때문에 중점 장대양봉의 거래량이 주가를 강하게 지지하고 있어서 주가는 우상향하게 된다. 세력도 거래량은 속일 수 없으니 거래량 분석에 대한 지식을 쌓다 보면 불필요한 손절을 방지할 수 있다. 다음 차트도 살펴보자.

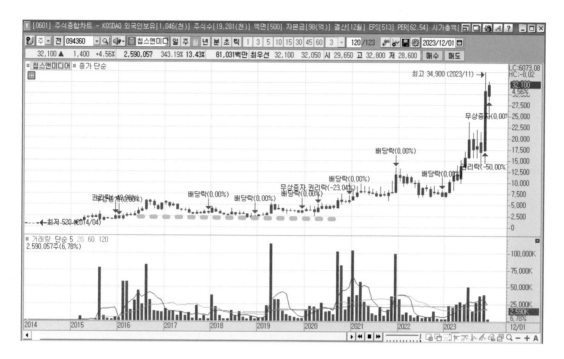

■ 칩스앤미디어 월봉

시스템 반도체 테마 관련주로 유명한 칩스앤미디어라는 종목이다. 월봉을 확인해 보니 2014년에는 천 원도 안 하던 주가가 서서히 우상향했다. 바닥이 2,500원 부근에 만들어져서 6천 원대까지 횡보하는 모습을 보였는데 차트 오른편에서는 바닥 대비 3~4배 상승하며 중점 장대양봉을 만들었다. 일봉에서 매수 기회를 찾아보자.

■ 칩스앤미디어 일봉

　　빨간 화살표를 보면 월봉에서 확인했던 바닥 대비 세 배 이상 상승한 위치에서 중점 장대양봉이 발생했다. 이날 8백만 주의 거래량이 발생하며 시가 1%로 시작했다가 고점 22%까지 도달하고 종가를 15%로 마무리했는데 차트 왼쪽에서 파란 점선 안에서 만들어진 고점과 검은 점선을 따라 만들어진 고점을 완전하게 돌파했다. 파란 화살표가 가리키는 긴 꼬리 장대양봉에서는 파란 점선에서 만들어진 고점을 돌파하려고 장중에 크게 상승했으나 매물대의 압력을 이기지 못하고 종가를 크게 하락시키며 마무리했는데 빨간 화살표가 가리키는 중점 장대양봉은 대량 거래량을 일으키며 종가를 이전 고점보다 더 높은 가격에 마무리했기 때문에 신뢰감을 가지고 세력과 함께 진입할 수 있다. 빨간 화살표 이후의 차트를 살펴보자.

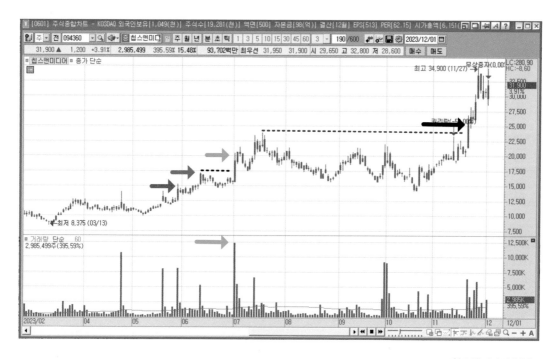

차트 왼편에 있는 빨간 화살표 다음 날을 보면 바로 상승하지 않고 주가가 눌리는 모습을 보여 주는데 훨씬 적은 거래량이 발생했기 때문에 주가가 눌리더라도 차분히 기다릴 수 있다. 기다리다 보면 파란 화살표와 같이 하루에 15%가 상승하는 장대양봉이 만들어지기 때문에 수익 실현이 가능하다. 파란 화살표에서 수익을 실현하고 난 뒤에도 주가가 크게 하락하지 않고 서서히 횡보하는 모습을 보이는데 초록 화살표에서는 1200만 주의 더 큰 거래량이 발생하며 한 번 더 돌파가 만들어졌다. 대량 거래가 발생하며 상승했기 때문에 전고점인 검은 점선을 돌파할 때 딩동 돌파법으로 진입하여 당일 수익도 가능하고 종가가 전고점 위에서 마무리하는 것을 확인하고 진입하는 것도 가능하다. 차트 오른편에 있는 검은 화살표를 보면 대량 거래량과 함께 장대양봉이 만들어졌는데 보라 점선으로 표시된 전고점을 넘어 돌파가 만들어졌기 때문에 딩동 돌파법으로 수익 실현이 가능하다. 한번 중점 장대양봉이 전고점을 돌파하며 상승하기 시작한 종목에서는 계속해서 중점 장대양봉이 만들어지며 좋은 수익 기회를 주기 때문에 관심 종목에 저장해 두고 여러 번 수익을 실현할 수 있다. 중점 장대양봉은 대량 거래량을 동반한 장대양봉이 전고점을 돌파하는 것을 확인하고 비싸게 사서 비싸게 파는 전략이다. 더 낮은 가격에서 사서 기다리다가는 언제 상승할지 모르는 주식에 자금이 묶이게 되기 때문에 원칙대로 세력의 돈을 확인하고 매수해야 한다.

⑤ 중점 돌파

돌파는 저항을 이겨 내고 상승히는 순간 주가 움직임이 탄력적으로 변하기 때문에 주식 투자자들이 좋아하는 상황이라고 할 수 있다. 중점 돌파는 전고점에 만들어진 매물을 어떻게 돌파하는지 파악하는 것이 중요하기 때문에 매물과 거래량에 대한 이해가 필요하다. 중점 돌파의 다양한 사례를 차트로 살펴보자.

▪ 유진로봇 월봉

노란 점선을 따라 약 2천 원에 바닥이 만들어졌고 바닥부터 8천 원 사이까지 오랜 기간을 횡보했다. 횡보 구간이 길었는데 횡보하며 만들어진 매물을 모두 돌파하며 상승하는 종목은 일봉에서 어떤 모습일지 살펴보자.

　월봉에서 이미 바닥을 확인했기 때문에 빨간 화살표에서 만들어진 장대양봉은 바닥 대비 3~4배 상승한 중점에 위치한 것을 알 수 있다. 차트에 다양한 색의 점선과 화살표가 주요 지점을 가리키고 있는데 먼저 초록 화살표를 보면 1600만 주의 대량 거래량이 발생하며 상한가에 도달했다. 우리가 공부했던 바닥을 딛고 상승한 장대양봉이 만들어졌는데 상한가에 도달하기 전 거래량을 믿고 진입해도 되는 것일까? 섣불리 매수하기 전 검은 화살표가 가리키는 왼쪽을 보니 다중봉, 다중턱이 기다리고 있다. 아무리 바닥을 딛고 대량 거래량과 함께 장대양봉이 만들어졌다고 하더라도 상승을 방해할 매물이 많다면 쉽사리 진입해서는 안 된다. 해당 종목의 경우에는 다음 날도 추가 상승했지만 결과론적인 이야기일 뿐이다. 상승할 것만 같던 종목이 다음 날부터 갭하락하여 하락세를 이어 가는 경우도 많기 때문에 우리는 원금을 보장하며 수익 실현을 해 나갈 수 있는 확실한 시점에서만 매수해야 한다. 초록 화살표의 종가보다 훨씬 더 안전하게 진입 가능한 시점은 보라 점선으로 표시된 전고점인 8,360원을 돌파할 때이다. 전고점인 8,360원을 돌파했다는 것은 앞에서 만들어진 모든 매물을 소화했다는 것이기 때문에 8,360원 근처에 도달하면 체결 소리가 나도록 1주만 매도 주문을 걸어 놓고 8,360원보다 낮은 가격에 체결되는 딩동 소리가 들리면 거래량을 확인하며 진입할 수 있다. 빨간 화

살표에서 5900만 주의 대량 거래량이 발생하며 전고점인 8,360원을 강하게 돌파했기 때문에
돌파할 때 자신 있게 진입해서 당일 수익 실현이 가능하다. 만약 딩동 돌파법을 사용하지 못하
고 돌파하는 시점을 놓쳤다면 빨간 화살표에서 앞의 모든 거래량을 압도하는 대량 거래량이
만들어졌기 때문에 차분히 기다렸다가 종가에 진입하는 것도 가능하다. 물론 딩동 돌파법을
사용하여 당일 이익을 실현하고 종가에 한 번 더 진입하여 추가 수익을 노릴 수도 있다는 것도
기억하자. 종가에 진입했다고 가정하고 빨간 화살표 이후 주가 움직임을 살펴보자.

• 유진로봇 일봉

　　빨간 화살표 이후의 주가 흐름을 확대해서 보니 다음 날 9% 상승했다가 음봉이 만들어졌
다. 이미 많이 상승한 상태에서 꼬리가 달린 음봉이 만들어지면 추가 하락할 것 같은 걱정이
들겠지만 빨간 화살표 대비 30%의 거래량밖에 발생하지 않았고 다음 날은 거래량이 더 줄어
들며 음봉이 만들어졌기 때문에 상승 여력이 월등히 강하다. 주가가 조금 눌리더라도 전고점
을 돌파한 대량 거래량을 보며 돌파의 초기 상태인 것을 파악한다면 편안하게 기다릴 수 있다.
중점 돌파가 만들어지고 3거래일에는 파란 화살표에서 3천만 주의 거래량이 발생하며 장중
21% 상승했기 때문에 여유롭게 수익 실현이 가능하다. 중점 돌파는 전고점 돌파 시점에 거대

거래량과 함께 진입하여 세력보다 먼저 나오는 전략이기 때문에 빠른 수익이 가능하다. 하지만 여기서 의문점이 생긴다. 항상 대량 거래량이 발생해야 돌파가 되는 것일까? 적은 거래량으로 상승하는 종목은 어떤 원리로 상승하는 것일까? 이번에는 비교적 적은 거래량으로 돌파가 만들어지는 종목의 이유를 찾아보자.

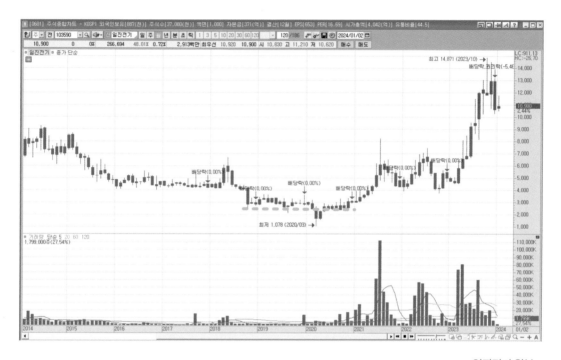

■ 일진전기 월봉

2020년 코로나19 사태에는 1,078원까지 하락하는 모습도 보였지만 노란 점선을 따라 3천 원 부근에서 강한 바닥이 형성된 것을 확인할 수 있다. 3천 원에서 2배 상승한 6천 원에 도달하면 앞폭탄 가격이기 때문에 이 가격대에서 횡보한다면 다시 하락할 가능성을 염두에 두고 특별히 조심하다가 6천 원을 넘어 9천 원까지도 상승하는 모습이 확인된다면 중점 돌파로 진입할 수 있다. 일봉에서 매수 기회를 찾아보자.

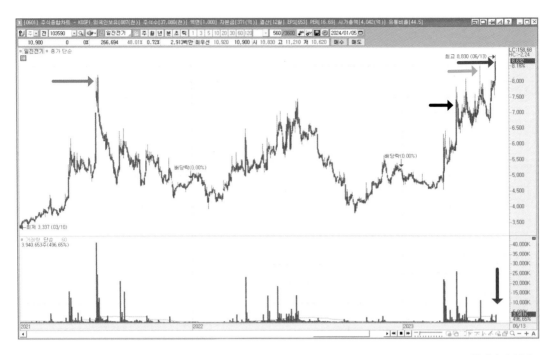

■ 일진전기 일봉

　　차트 왼쪽에 있는 파란 화살표가 가리키는 곳을 보니 8,830원까지 도달했지만 갭상승 장
대음봉을 만들며 하락했고 이후 오랜 기간 횡보하다가 빨간 화살표에서 중점 돌파가 만들어
졌다. 빨간 화살표 아래에 있는 초록 화살표를 보면 이때도 장중에는 전고점인 8,830원 이상
으로 상승했지만 장 후반에 주가가 주저앉으며 주가 조정 기간을 거쳤는데 빨간 화살표는 파
란 화살표와 초록 화살표에서 만들어진 고점을 모두 돌파했기 때문에 진입 가능하다. 빨간 화
살표를 보면 3백7십만 주의 거래량이 발생했지만 앞에서 횡보하던 기간의 거래량보다 월등히
적기 때문에 진입하기가 망설여지는데 검은 화살표에서 발생한 2400만 주의 대량 거래량이
아래서 버텨 주고 있고 충분히 주가가 눌린 후 재반등해 주는 상황이기 때문에 압도적인 거래
량이 발생하지 않았다고 하더라도 전고점 돌파가 이루어진다면 상승 여력이 있다. 이후의 차
트도 살펴보자.

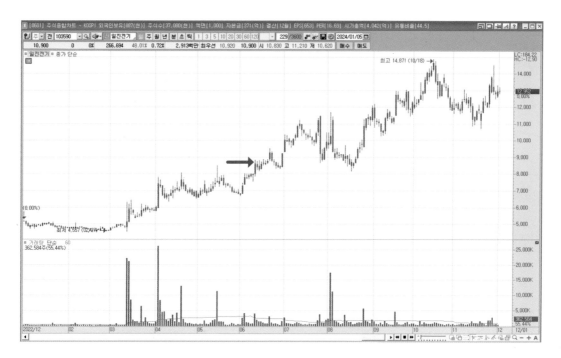

■ 일진전기 일봉

　　빨간 화살표 이후의 주가 모습을 확대해 보니 주가가 약간 눌리다가 서서히 올라가고 다시 눌렸다가 상승하는 형태가 반복되고 있다. 중점 돌파 이후 대량 거래량이 발생하여 폭발적으로 상승하는 경우도 있지만 중점에서도 비교적 적은 거래량으로 돌파하여 돌파와 눌림을 반복하며 천천히 상승하는 경우도 있다는 것을 기억하자. 빨간 화살표가 가리키는 중점 돌파 지점이 9천 원대인데 차트 오른쪽을 보면 최고 14,871원까지 도달했다. 이후에는 상승 추세가 멈춘 것 같은 모습이 보이는데 지금 차트 상황에서는 앞으로 상승할지 하락할지 예측할 수 없다. 일단 상승 추세가 꺾인 상황이고 중점 돌파 이후에도 많이 상승했기 때문에 무리해서 진입을 고려할 필요 없고 만약 진입한다면 전고점인 14,871원을 대량 거래량과 함께 강하게 돌파할 때만 진입하는 것이 좋다. 중점 돌파의 다른 사례를 하나 더 찾아보자.

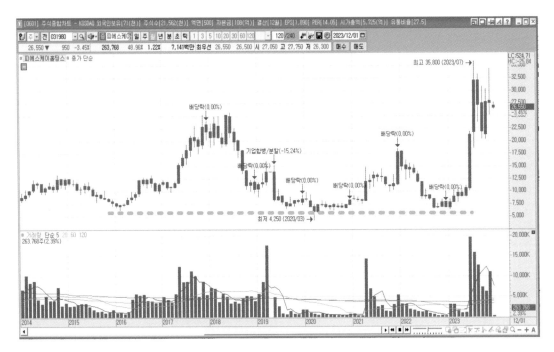

■ 피에스케이홀딩스 월봉

　반도체 관련주로 알려진 **피에스케이홀딩스***가 노란 점선을 따라 6,500원에서 7,000원 사이에 판바닥을 만들고 있는 것이 보인다. 월봉에서 바닥을 확인했으니 일봉에서 중점 돌파를 찾아보자.

여기서 잠깐!

　* 홀딩스: 홀딩스(Holding Company)는 지주회사와 같은 의미를 가지는데 지주회사는 다른 회사 주식을 소유하여 회사의 사업 내용을 지배하는 회사를 말한다. 피에스케이홀딩스는 피에스케이그룹의 지주사이다. 이름이 비슷하여 종목을 찾을 때 혼동할 수 있으니 유의하자.

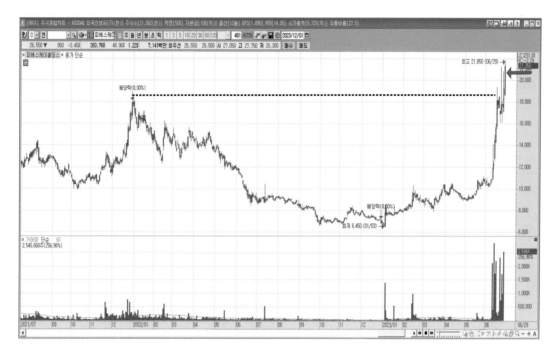

차트 오른쪽을 보면 앞폭탄 가격 수준을 넘어선 가격에서 가파르게 상승하는 것이 보인다. 차트 왼쪽을 보면 2021년 12월에 만들어진 고점이 검은 점선으로 표시되었는데 검은 점선을 따라 오른쪽을 보니 여러 번 고점 돌파를 시도하다가 꼬리를 달고 하락한 것을 확인할 수 있다. 마침내 빨간 화살표에서는 종가도 앞에서 만들어진 꼬리 가격 위에 도달하며 중점 돌파가 만들어졌는데 이와 같이 확실하게 돌파가 만들어지면 종가에 진입할 수 있다. 중점 돌파 이후의 차트를 살펴보자.

■ 피에스케이홀딩스 일봉

　　빨간 화살표가 가리키는 중점 돌파 다음 날 주가가 약간 눌리더니 파란 화살표에서는 15% 상승하며 빠르게 수익 실현 기회를 주었다. 검은 점선 안에 있는 거래량 차트를 보면 상승하며 대량 거래량이 발생했고 중점 돌파가 이루어지는 빨간 화살표에서도 대량 거래량이 유지되며 전고점이 돌파되는 것이 확인된다. 대량 거래량이 발생했기 때문에 전고점을 돌파할 때 딩동 돌파법으로 진입하는 것이 가능하지만 앞에서 긴 꼬리를 만들고 하락하는 모습이 있었기 때문에 이럴 때는 차분히 종가에 진입하는 것도 좋다. 중점 돌파는 전고점을 어떻게 돌파하는지 파악하는 것이 중요하다. 만약 대량 거래량을 동반하며 강하게 상승할 때는 딩동 돌파법을 사용하여 고점을 넘는 순간에 같이 진입할 수 있지만 비교적 적은 거래량으로 돌파가 이뤄지거나 전고점을 넘지 못하고 무너지는 모습이 반복적으로 보인다면 종가가 확실하게 전고점 위에서 마무리되는 것을 확인하고 장 마감 전에 진입하는 것이 더 안전하다. 중점 돌파는 한번 만들어지면 반복해서 돌파가 이루어지지만 한번 물리면 크게 물릴 수 있다는 생각으로 3~4번 수익을 실현하며 생선의 머리와 꼬리까지 먹을 생각을 하지 않고 적당히 1~2번만 수익을 실현하고 점점 위험하다는 생각으로 접근하는 것이 안전하다.

중점 장대양봉과 중점 돌파는 전고점을 돌파하고 빠른 시일 내에 급등이 만들어지는 현상을 뜻하지만 중점 눌림목은 주가가 일시적으로 하락하거나 정체되는 현상을 말한다. 바닥 대비 3~4배 이상 상승한 중점 상태에서 전고점을 돌파하는 모습을 보고 진입했더니 며칠 동안 상승하지 않고 하락하는 모습을 보면 다시는 매수가로 돌아오지 않을까 걱정이 된다. 중점 눌림목에서는 지지선과 저항선에 대한 이해가 가장 중요한데 지지 및 저항선을 파악하는 능력을 쌓는다면 주가가 일시적으로 하락하는 모습을 보여도 편안하게 대응할 수 있다. 주가가 눌릴 때 불필요한 손절을 막아 주는 중점 눌림목을 차트로 살펴보자.

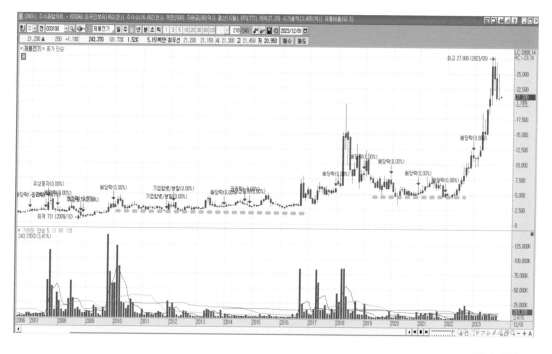

▪ 제룡전기 월봉

2,500원에서 바닥이 만들어지며 횡보하던 종목이 2018년에는 2만 원 가까이 상승했다가 하락하면서 5천 원에서 새로운 판바닥을 만들었다. 2020년부터 바닥을 딛고 주가가 우상향하기 시작했는데 일봉에서 중점 눌림목 매수 기회를 찾아보자.

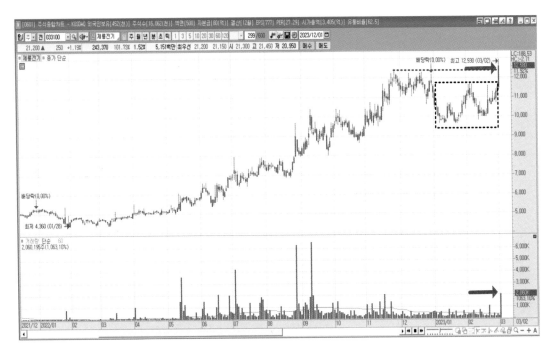

■ 제룡전기 일봉

　　빨간 화살표에서 2백만 주의 거래량과 함께 장대양봉이 발생하며 15% 상승했다가 종가를
11%로 마무리했다. 전고점인 보라 점선을 완전하게 돌파했고 검은 점선에서 횡보하던 기간을
모두 소화하며 상승했기 때문에 충분히 종가에 진입하여 추가 상승을 기대할 수 있다. 중점 장
대양봉이나 중점 돌파처럼 시원한 상승이 만들어졌을지 빨간 화살표 이후의 차트를 살펴보자.

■ 제룡전기 일봉

    빨간 화살표에서 전고점을 돌파하는 모습을 보고 종가 12,580원에 진입했더니 다음 날 4% 상승하고 이후에는 최저 11,570원까지 하락했다. 심리적 저항선인 12,000원도 하향 돌파했고 주가도 바닥 대비 3~4배 상승한 상황이기 때문에 상당히 불안할 수밖에 없다. 하지만 여기서 주목해야 할 것은 주가가 눌리는 구간이더라도 빨간 화살표에서 만들어진 장대양봉 범위 안에서 움직이고 있고 과거에 주가가 상승하지 못하도록 저항으로 작용했던 보라 점선 안의 매물들의 가격대가 지지선으로 작용하여 12,000원 아래로 하락하더라도 다시 주가를 끌어올리고 있기 때문에 차분하게 대응이 가능하다. 주가 눌림 구간 이후의 차트도 살펴보자.

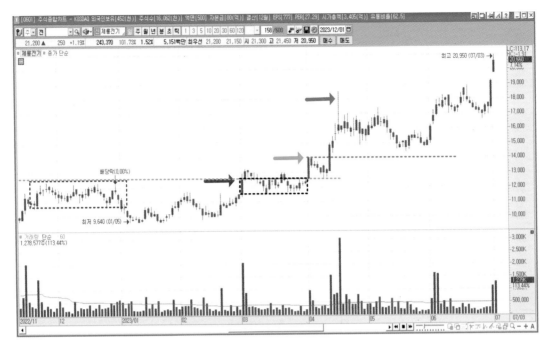

■ 제룡전기 일봉

　　빨간 화살표에서 장대양봉이 전고점을 돌파하고 검은 점선 안에서 한 달 동안 중점 눌림 구간이 만들어졌는데 눌림 기간 동안 주가가 초록 점선 위로 상승하지 못했던 모습을 볼 수 있다. 초록 화살표에서는 저항으로 작용하던 초록 점선을 뚫고 상승했는데 다시 주가가 눌리더라도 저항이었던 초록 점선을 지지로 삼아 다시 눌림목 구간을 만들고 있다. 초록 화살표 이후 한 번 더 중점 눌림 구간을 만들고 파란 화살표까지 강한 상승이 만들어졌는데 이후 하락하더라도 초록 화살표의 고점이었던 파란 점선을 기준으로 주가가 하락을 멈추며 다시 한번 상승을 준비하는 모습이다. 주식 투자를 하다 보면 가파르게 상승하는 종목도 있지만 돌파와 눌림을 반복하는 종목도 있다. 하락 시 거래량이 줄어들고 주가를 상승하지 못하게 막던 저항 가격이 강한 지지로 변하여 하락을 막는 모습을 보여 준다면 주가가 잠시 눌리는 모습을 보이더라도 분할 매수 전략으로 수량을 늘려서 더 큰 수익을 실현하는 것이 가능해진다. 돌파 시에 발생했던 거래량보다 훨씬 적은 거래량으로 주가가 눌리는 것과 과거에 저항으로 사용되던 가격대가 지지로 변하였는지 확인하도록 하자. 이후의 차트도 살펴보자.

■ 제룡전기 일봉

　　돌파와 눌림을 반복하던 주가가 서서히 우상향하여 최고 27,800원까지 도달한 모습이다.
최고점을 도달한 이후로는 빨간 선을 따라 전에 만들어진 저항선을 하향 돌파했고 다시 저항
선을 뚫고 상승했지만 전고점인 27,800원을 돌파하지 못하고 고점이 서서히 낮아졌다. 다시
주가가 눌리는 과정에서 장대음봉이 만들어지며 검은 화살표를 따라 저항선을 뚫고 하향 돌
파하는 모습이 보이는데 고점과 바닥이 서서히 낮아져서 상승 추세가 멈췄다고 판단하고 확
실한 매수 근거를 발견하기 전까지는 진입하지 말아야 한다. 중점 눌림목의 다른 사례를 하나
더 살펴보자.

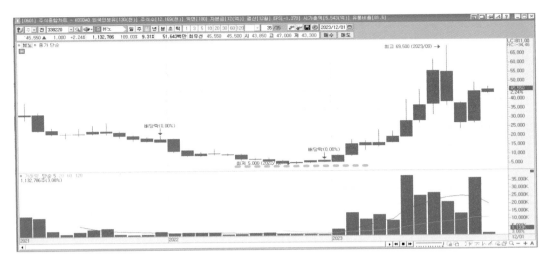

■ 뷰노 월봉

의료 AI 관련주로 유명한 종목이다. 2021년에 상장 후 계속 하락하다가 5천 원대에서 바닥을 만들고 2023년부터 본격적으로 상승했다. 일봉에서 중점 눌림목이 어떻게 만들어졌는지 살펴보자.

■ 뷰노 일봉

5천 원에서 바닥을 만들고 우상향하는 모습을 보니 상승할 때는 많은 거래량과 함께 돌파하고 주가가 눌릴 때는 거래량 없이 조정을 받다가 다시 거래량과 함께 돌파하고 눌리는 모습을 반복적으로 보여 주었다. 빨간 화살표에서는 390만 주의 거래량이 발생하며 강한 돌파가 만들어졌는데 검은 점선으로 표시된 거래량 차트를 보니 다음 날부터 주가가 눌릴 때 거래량이 줄었고 보라 점선을 따라서 주가가 일정 선에서 하락을 멈추는 모습이 보인다. 빨간 화살표에서 대량 거래량과 함께 돌파가 만들어졌을 때 종가에 진입했다 하더라도 과거의 저항대로 작용했던 가격대가 지지로 변하고 거래량이 줄며 주가가 눌렸기 때문에 손절을 할 것이 아니라 분할 매수로 대응해야 한다. 중점 눌림 구간 이후의 차트를 살펴보자.

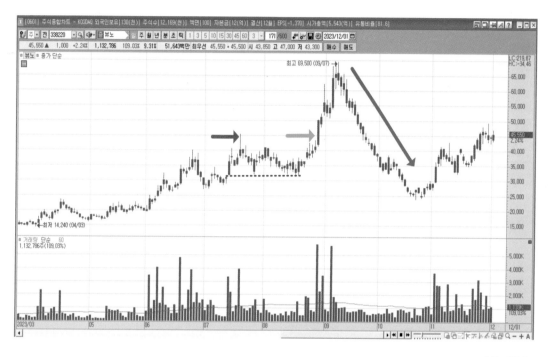

■ 뷰노 일봉

빨간 화살표의 종가에 매수했는데 주가가 거래량 없이 하락한다면 과거에 저항으로 작용하던 가격에서 다시 지지가 되는지 확인하고 주가가 지지를 받고 하락을 멈추는 모습을 보인다면 추가 매수하며 기다렸다가 초록 화살표처럼 눌림목 구간을 돌파하는 장대양봉이 만들어질 때 수익을 실현할 수 있다. 이 종목은 5천 원에서 강한 바닥이 만들어지고 돌파와 눌림을 거듭 반복하며 상승했기 때문에 관심 종목에 추가해 두고 여러 번 수익을 실현하는 먹또먹 전략이 가능했다. 하지만 최고점인 69,500원에 도달하고 하락할 때 모습을 보면 일정한 범위 내에서 지지가 형성되지 않고 저점을 낮추어 하향 돌파하며 급락하는 모습이 보인다. 하락하는 도중 과거에 지지를 받았던 보라 점선과 동일한 자리에서는 잠시 주가가 지지를 받는 모습도 보였지만 지지를 깨고 하락했다. 돌파와 눌림을 반복할 때 여러 번 수익을 실현하는 것이 가능하지만 지나치게 올랐다는 생각이 든다면 진입을 삼가는 것이 좋고 만약 고점에 도달하고 고점과 저점을 낮추며 날카로운 각도로 하락하는 모습을 보인다면 거래량이 적더라도 크게 하락할 위험이 있으니 주의해야 한다.

⑤ 중점 고가놀이

중점 장대양봉이 발생한 경우 회전성과 수익성을 높일 수 있는 마지막 기법인 중점 고가놀이는 중점 눌림목에 비해 안전성이 높아 매력적이다. 중점 장대양봉을 보고 진입했지만 주가가 하락하는 것을 막상 보면 주가가 어디서 지지를 받는지 불안하다. 때로는 지지가 잠시 붕괴되었다가 반등하는 경우도 있기 때문에 난해한 경우도 있다. 하지만 중점 고가놀이는 세력이 적극적으로 주가를 관리하여 주가가 크게 하락하지 않고 빠르게 수익을 실현할 수 있다. 차트를 통해 중점 고가놀이에 대해 알아보자.

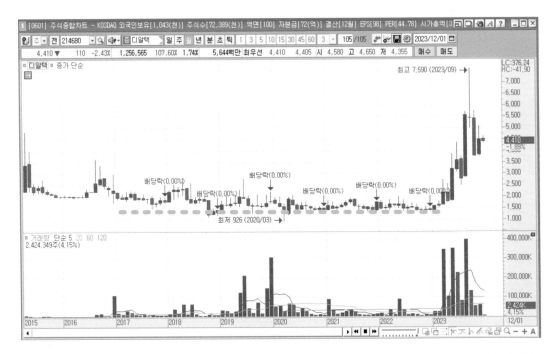

■ 디알텍 월봉

2015년 이후 계속 하락하던 주가가 노란 점선을 따라 1,500원에서 바닥을 만들며 오랜 기간 횡보했는데 2023년부터 강한 상승이 만들어졌다. 일봉에서 매수 기회를 찾아보자.

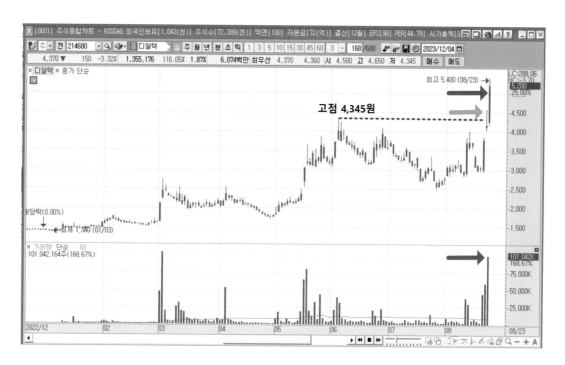

■ 디알텍 일봉

먼저 초록 화살표를 보면 원바닥인 1,500원 대비 3배의 가격대에서 전고점을 잠시 돌파했지만 결국 도지형 캔들로 마무리했다. 중점에서 종가가 전고점을 돌파하지 못하고 도지형 캔들이 만들어졌기 때문에 이때는 불안 요소가 많아 진입하기에는 애매한 상황이다. 하지만 다음 날을 보면 빨간 화살표에서 1억 백만 주의 대량 거래량이 발생하며 상한가에 도달했다가 종가 5,200원에 마무리하며 전고점을 강하게 돌파했기 때문에 진입할 수 있다. 빨간 화살표 이후의 차트를 살펴보자.

■ 디알텍 일봉

　　빨간 화살표에서 대량 거래량이 발생하며 종가 5,200원으로 마무리되었는데 이후 이틀 연속 양봉이 만들어지며 각각 종가 5,190원, 5,360원으로 마무리했다. 첫 음봉이 만들어지는 검은 화살표에서도 0.7% 하락하며 종가 5,330원으로 마무리하고 그다음 날에도 5,180원으로 마무리되었다. 대량 거래량을 동반한 장대양봉의 종가를 기준으로 크게 하락하지 않고 거래량이 줄어들며 횡보하는 모습이 보이기 때문에 세력이 주가가 하락하지 않도록 통제하고 있어서 상승이 임박했다는 것을 알 수 있다. 또한 중점 고가놀이를 만드는 구간을 보면 양봉이 만들어지며 종가 위에서 마무리하는 경우가 대부분이고 음봉이 만들어지더라도 하락 폭이 적으며 종가에서 크게 벗어나지 않기 때문에 매력적인 기회라고 판단할 수 있다. 만약 장대양봉이 만들어지는 날 진입하지 못했다면 종가 근처에서 고가놀이를 하며 주가가 지켜지는 모습을 확인하고 진입해도 좋다. 파란 화살표에서 거래량 없이 돌파가 만들어졌지만 고점에서 거래량 없이 돌파가 만들어진다는 것은 힘이 다했다는 뜻이기 때문에 하락할 가능성이 커 진입하지 않는 것이 좋다. 고점인 7,590원에 도달하고는 하락 추세로 전환된 것이 보이는데 하락 시 파란 화살표가 가리키는 장대양봉을 기준으로 눌림과 고가놀이를 지지하지 못하는 모습이 보이기 때문에 진입하지 말아야 하고 혹시나 진입했다면 거래량 없이 하락하는 모습을 발견하더라도 빠르게 손절로 대응해야 한다. 다음 종목을 살펴보자.

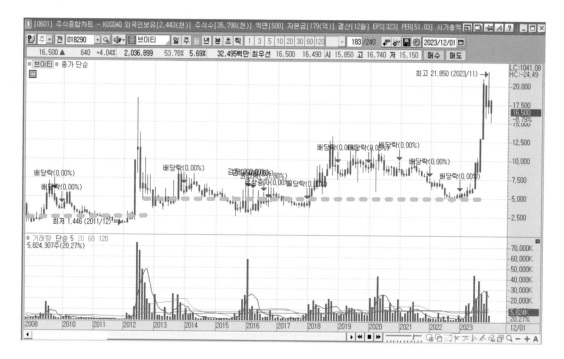

■ 브이티 월봉

2008년부터 2012년까지는 2,500원대 아래에서 바닥이 형성되었고 2012년 급등이 만들어진 후 5천 원대에서 새로운 판바닥이 형성된 것을 볼 수 있다. 2018년부터 바닥을 딛고 상승했지만 2022년에는 다시 바닥으로 돌아왔는데 2023년에는 바닥을 딛고 2만 원까지 강하게 상승했다. 일봉에서 중점 고가놀이가 어떤 모습으로 만들어졌을지 찾아보자.

　차트 왼쪽부터 살펴보자. 노란 점선으로 표시된 5천 원대의 바닥에서 만 원까지 상승했는데 바닥 대비 두 배 상승한 앞폭탄 가격에 도달하자 앞폭탄을 이기지 못하고 검은 화살표 방향으로 하락했다. 주가가 눌림 기간을 가지고 재돌파가 만들어져서 바닥 대비 3배인 14,180까지 도달한 모습이다. 빨간 화살표에서는 2백만 주의 거래량이 발생하며 시가 0%, 종가 8%인 전약후강의 강한 장대양봉이 만들어졌는데 과거의 매물대를 압도적인 거래량으로 돌파한 것도 아니고 바닥 대비 3배나 상승한 주가의 위치라서 장대양봉이 만들어졌다고 하더라도 막상 진입하려니 매수 버튼을 누르기가 쉽지 않다. 진입하기 망설여지는 경우에는 다음 날부터 고가놀이를 하는지 확인하고 차분히 진입하는 것도 좋다. 빨간 화살표에서 만들어진 장대양봉의 종가가 14,080원인데 이후에는 종가를 어떻게 지켜 주었는지 다음 차트를 살펴보자.

　빨간 화살표에서 중점 장대양봉이 만들어진 이후를 확대해서 보니 다음 날 1% 상승하여 14,260원으로 마무리하고 그다음 날은 14,940원, 다음 날은 14,810원, 주가 조정을 받은 파란 화살표에서는 종가 14,210원으로 마무리했다. 파란 화살표 다음 날에는 장중 13,520원까지 잠시 하락한 적도 있지만 아래꼬리를 만들며 다시 상승하여 종가가 빨간 화살표 장대양봉의 종가를 훼손하지 않았기 때문에 고가놀이 중이라는 것을 알 수 있다. 고가놀이가 진행되는 동안에는 장대양봉의 종가가 유지되고 일시적으로 하락하더라도 다시 세력이 주가를 공격적으로 끌어올리기 때문에 주가 상승이 빠르게 만들어진다. 만약 장대양봉이 만들어졌을 때 진입하지 못했다면 장대양봉의 종가를 크게 훼손하지 않거나 종가 위에서 횡보하는지 확인하고 고가놀이 중이라는 확신이 들 때 진입하여 수익을 실현하도록 하자.

⑤ 고점 장대양봉

실력이 쌓이게 되면 바닥을 딛고 상승하는 저점 장대양봉을 넘어 중점, 고점 장대양봉이 만들어진 이후에도 진입할 수 있다. 고점 장대양봉은 양날의 검과 같이 빠른 수익 실현 기회를 제공하지만 순식간에 투자금을 반토막 낼 수도 있다. 저점 중점 장대양봉에 통달하였다고 같은 투자금으로 진입하지 말고 본격적으로 도전하기 전에 1주 거래로 충분히 연습해 보고 추세가 언제 꺾이는지 즉각 알아차릴 수 있는 수준에 도달하면 본격적으로 시도해 보는 것이 좋다. 기대 이상의 수익을 제공하는 고점 장대양봉을 차트로 살펴보자.

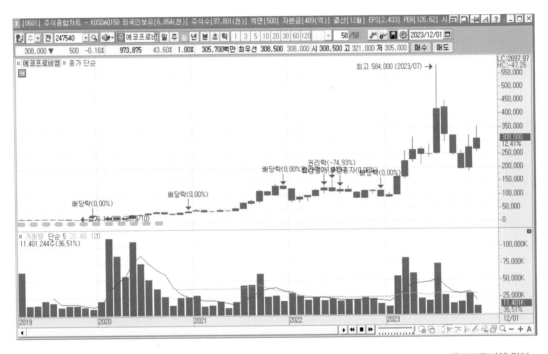

■ 에코프로비엠 월봉

에코프로와 함께 2차 전지 관련주를 주도하고 있는 에코프로비엠의 월봉 차트이다. 2019년만 해도 11,000원대에서 바닥을 유지했지만 2023년에는 최고점인 584,000원에 도달하며 놀라운 상승세를 보여 주었다. 장기 투자 관점으로 바닥에서 매수한 투자자라면 큰 수익을 거둘 수 있지만 바닥에서 미리 매수하지 못했다면 장대양봉이 만들어졌을 때를 기준으로 기회를 잡을 수 있다. 일봉에서 상승을 거듭하며 고점 장대양봉이 만들어진 좋은 예가 수없이 많아 종목 한 개로 훌륭한 공부가 가능하다. 에코프로비엠의 상승 과정을 차례대로 살펴보자.

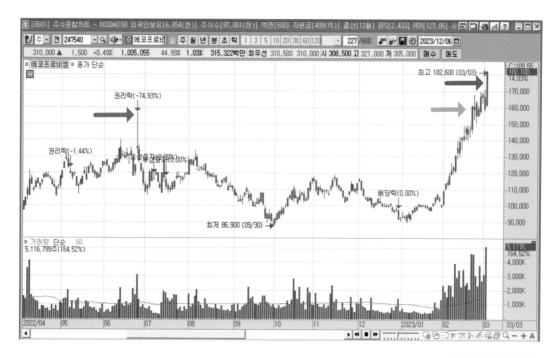

■ 에코프로비엠 일봉

　과거로 돌아가서 매수 기회를 찾아보자. 11,000원에서 바닥이 만들어진 것을 월봉으로 확인했는데 일봉에서 매수하려고 보니 바닥 대비 10배 이상 상승한 고점 중 고점인 것 같다. 매수했다가 다시는 돌아오지 못할 고점에 진입할까 봐 두려운데 이럴 때는 어디에서 진입해야 안전하게 수익을 실현할 수 있을까? 먼저 차트 왼쪽에 있는 파란 화살표부터 보면 3백만 주의 거래량이 발생하며 최대 25% 상승했다가 종가를 8%로 마감하며 긴 꼬리를 만들었다. 고점에서 긴 꼬리가 만들어졌으니 이후 오랜 기간 주가 조정을 받으며 10만 원 아래로도 하락했다. 하락하던 주가는 2023년 초부터 서서히 힘을 비축하고 상승하는데 최대 182,600원까지 도달한 모습이다. 초록 화살표에서는 460만 주의 거래량이 발생하며 9% 상승했는데 종가를 160,800원으로 마무리했다. 전고점이었던 파란 화살표의 고점이 156,600원이었는데 종가 기준으로 파란 화살표에서 만든 고점을 대량 거래량과 함께 완벽하게 돌파했기 때문에 딩동 돌파법으로 장중에 진입하거나 종가에 진입하는 것이 가능하다. 만약 주가의 위치가 고점이기 때문에 종가에 진입하는 것도 아직 겁이 난다면 관심 종목에 넣고 초록 화살표에서 대량 거래량을 동반한 장대양봉이 만들어진 이후 고가놀이를 하는지 혹은 눌림목을 만드는지 며칠 동안 추세를 지켜보고 진입하는 것도 가능하다. 초록 화살표 이후의 주가 움직임을 보면 지지선을 지켜 주며 주가가 크게 눌리지 않은 움직임을 확인할 수 있다. 파란 화살표에서 긴 꼬리 장대양봉을 만들고 주가가 크게 눌린 모습과는 대조적으로 움직이고 있기 때문에 지지선을 확인하고 진입하는 것도 가능하다. 이후 조금씩 상승하던 주가는 빨간 화살표에서는 5백만 주의 거래량이 발생하며 시가 1%로 시작했다가 종가 14%로 마무리하는 전약후강의 장대양봉이 만들어졌는데 파랑 화살표와 초록 화살표에서 만들어진 거래량보다 더 큰 거래량이 발생하며 긴 꼬리도 없이 강하게 상승했기 때문에 추가 상승을 기대할 수 있다. 빨간 화살표 이후의 차트를 살펴보자.

■ 에코프로비엠 일봉

초록 화살표에서 딩동 돌파법으로 진입하거나 고가놀이를 만드는 모습을 지켜보다가 빨간 화살표에서 대량 거래량이 발생하는 것을 확인한 후에 진입했다면 바로 다음 날 8백만 주의 대량 거래량이 발생하며 종가 19%로 마무리하는 갭상승 장대양봉을 통해 수익을 실현할 수 있다. 검은 화살표에서 8백만 주라는 더 큰 거래량이 발생하며 강하게 상승했기 때문에 검은 화살표에서 이익 실현을 했더라도 종가에 한 번 더 진입이 가능하다. 하지만 여기서 문제가 생기는데 검은 화살표 이후를 보면 대량 거래량이 발생한 다음 날 바로 상승하지 않고 주가가 한

동안 눌리는 모습을 보였다. 고점에서는 잠깐만 횡보하는 모습이 보여도 마음이 불안해지고 재진입한 것에 대해 후회가 생기게 되는데 특히 파란 화살표에서는 장중에 9%까지 크게 하락하여 181,400원까지 도달했기 때문에 심리가 무너져 손절하기 쉽다. 하지만 파란 화살표에서 하락할 때의 주가를 자세히 보면 빨간 화살표의 고점인 182,600원을 훼손하지 않았고 장중에 9%까지 하락한 주가를 종가 2%로 다시 끌어올리는 강한 모습을 보였기 때문에 저점에서 매수하려는 강한 세력이 존재한다는 것을 알 수 있다. 이와 같이 지지선을 확인하고 주가를 상승시키려는 매수 주체들을 확인하면 손절이 아닌 추가 매수로 대응이 가능하다. 파란 화살표에서 저점을 만들고 최고점인 262,500원까지 도달했는데 노란색 화살표가 가리키는 장대양봉에서는 9백만 주의 대량 거래량이 발생하며 전일의 모든 거래량을 압도하는 최대 거래량이 발생했기 때문에 추가 상승을 기대할 수 있다. 차트에서 5개의 중요한 장대양봉을 색깔별로 구분해 두었는데 초록 화살표에 주목할 필요가 있다. 초록 화살표에서는 대량 거래량이 발생하며 전고점을 돌파했기 때문에 강한 매수 세력이 진입하기 시작했다는 것을 알 수 있고 이날 만들어진 장대양봉의 가격을 기준으로 고점에서 조심해야 할 가격도 찾을 수 있다. 노란 화살표 이후의 차트를 살펴보자.

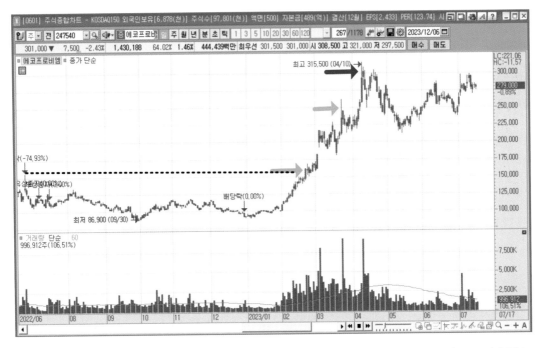

　　노란 화살표에서는 9백만 주의 대량 거래량이 발생했고 주가가 잠시 눌리는 동안 거래량이 많이 줄어든 채 횡보했기 때문에 편안하게 기다렸다가 보라 화살표에서 수익 실현이 가능하다. 보라 화살표에서도 마찬가지로 9백만 주의 거래량이 발생하며 종가 13%로 마무리했는데 이때는 조심해야 한다. 노란 화살표에서 9백만 주의 거래량이 발생하고 보라 화살표에서도 9백만 주의 거래량이 발생했는데 왜 노란색에서는 진입하는 게 가능하고 보라색에서는 위험한 것일까? 전고점을 돌파하며 본격적인 거래량이 만들어진 곳이 초록 화살표였는데 이때 가격이 15~16만 원이었다. 15만 원부터는 세력이 새로운 물량을 모아 가며 대량 거래량이 발생했는데 앞폭탄은 바닥에서 2배에만 국한되지 않고 이러한 변곡점을 기준으로 2배 이상 상승한 가격에서도 일어나기 때문에 이미 수익 실현을 많이 한 상태에서는 30만 원 이후에는 주가가 눌릴 가능성을 염두에 두며 조급하게 종가에 매수하지 않는 것이 좋다. 초록 화살표와 같은 초기의 장대양봉에 진입하여 적당히 수익을 실현하고 빠져나와야지, 생선 머리까지 먹으려 하다가는 위험한 상황에 처하게 된다. 만약 추가 상승을 기대하고 있어서 매수하고 싶은 생각이 든다면 새로운 매수 세력이 진입한 2배의 가격에서는 장대양봉이 만들어지고 그 이후에 차트가 어떻게 움직이는지 확인하고 매수하는 것이 좋다. 차트를 보면 세력이 대량 거래와 함께 진입한 초록 화살표 대비 2배인 보라 화살표에서는 대량 거래량을 동반한 장대양봉이 발생했음에도 주가가 깊게 눌리는 것을 볼 수 있다. 세 달 동안 상승하지 못하고 횡보했는데 보라 화살표에서 대량 거래량이 발생했기 때문에 추가 상승 여력은 남아 있다고 해석 가능하다. 이후에는 어떤 모습이었을지 다음 차트를 살펴보자.

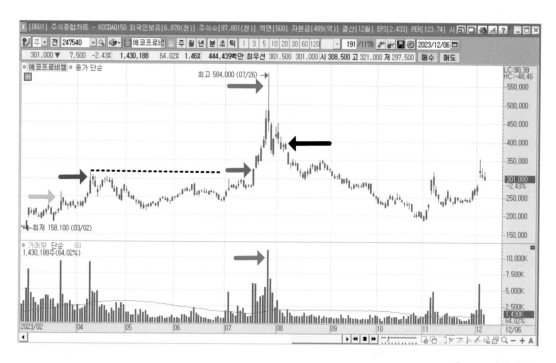

■ 에코프로비엠 일봉

　빨간 화살표에서 세 달 만에 강한 돌파가 만들어졌는데 보라 화살표에서 대량 거래량이 발생하며 만들어진 고점을 돌파했고, 충분한 주가 눌림 구간이 있었으며, 장 초반에 약하다가 장 후반에 강한 전약후강의 장대양봉이었기 때문에 딩동 돌파법으로 진입 가능하다. 딩동 돌파법이 성공하여 상승했으면 앞폭탄 가격인 것을 기억하고 원칙대로 수익을 실현해야지, 최고점인 584,000원에서 매도하려고 하다가는 급락하는 주식에 크게 당하게 된다. 파란 화살표에서는 천백만 주의 대량 거래량이 발생하며 최대 26%까지 상승했다가 종가를 -1%로 마무리하는 고점 갭상승 긴 꼬리 장대음봉이 만들어졌는데 이와 같은 모습을 보면 세력이 물량을 모두 정리하고 나갔다는 의미로 받아들이고 이후에는 절대 진입해서는 안 된다. 에코프로비엠은 상승 과정에서 돌파와 눌림을 반복해서 만들었기 때문에 고점 장대양봉을 공부하기 좋은 종목이다. 돌파를 할 때 만들어지는 거래량과 전고점을 파악한 후 딩동 돌파법으로 진입하여 수익을 낼 수 있지만 세력이 대량 거래량을 일으키며 진입하기 시작한 지점부터 2배 상승한 앞폭탄 지점에서는 섣불리 진입하지 말고 참아야 한다는 것도 기억하자. 추가로 파란 화살표에서 대량 거래량이 발생하며 긴 꼬리 장대음봉이 만들어지면 위험신호이며 이는 가장 중요하다고 할 수 있다. 검은 화살표가 가리키는 날인 8월 4일 필자가 유튜브 채널 815머니톡에 출연하여 에코프로비엠은 하락 추세가 시작되었으니 고점 진입자는 손절을 하고 보유자는 이익을 실현해야 한다고 말했다. 하지만 당시만 해도 에코프로가 백오십만 원에 도달했는데도 훨씬 높은 가격에 도달할 것이라는 믿음이 팽배했고 수많은 개인 투자자가 보유하고 있던 종목이기 때문에 반응은 차가웠다. 기본적 분석을 바탕으로 큰 상승을 누려 왔던 종목을 기술적 분석으로 바라보는 필자의 의견이 탐탁지 않을 수 있다. 차트 투자를 하면 망한다는 맹목적인 믿음을 가진 투자자들이 많지만 수많은 기술적 분석가가 성공하였고 차트는 지나간 사건에 대해 객관적으로 표현되기 때문에 고점에서 대량 거래량을 동반한 긴 꼬리 장대음봉과 같은 확실한 근거를 눈으로 확인했다면 막연한 기대는 접어 두고 보이는 대로 대응해야 한다. 시간이 지나 매물을 소화한 후 최고점인 584,000원을 돌파하는 것도 충분히 가능한 일이고 반등을 했다가 매물을 이기지 못하고 다시 하락할 가능성도 있다. 맹목적인 믿음으로 주가에 중대한 사건이 발생했음에도 대응하지 않고 기다리는 것보다는 기술적 분석에 대한 공부를 통해 지식을 쌓고 대응하는 능력을 기르는 것이 현명한 투자라 할 수 있다.

고점 돌파는 고점에서 전고점을 뚫고 상승할 때 진입하기 때문에 위험성도 크지만 상승을 가로막는 매물대가 없어서 단기간에 크게 상승할 때가 많다. 고점 돌파를 차트로 살펴보자.

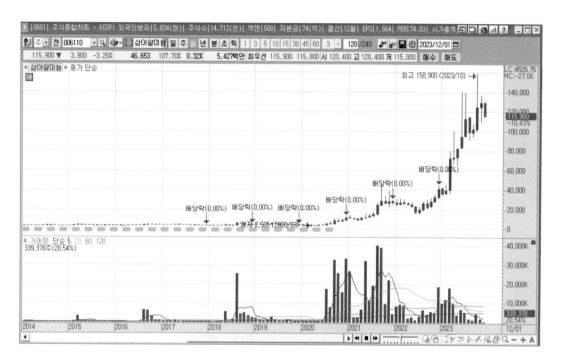

■ 삼아알미늄 월봉

오랜 기간 오천 원 아래에서 움직이던 종목이었는데 2020년부터 상승세로 바뀌더니 2023년에는 최대 30배 급등했다. 알루미늄박이 2차 전지 필수 소재로 주목받으면서 급등세를 보였는데 2차 전지 관련 주식이 크게 조정을 받는 상황에서도 지속적으로 상승하는 흔하지 않은 종목이다. 일봉 차트에서 고점 돌파하는 모습을 살펴보자.

■ 삼아알미늄 일봉

　　차트 왼쪽에 있는 파란 화살표를 보면 6백만 주의 대량 거래량이 발생하며 갭상승 장대음봉이 고점에서 만들어졌다. 이후 주가는 1년 넘게 하락세로 전환하여 2만 원 아래에서도 횡보하는 모습을 보였다. 이후 추세 전환에 성공하여 서서히 상승하던 주가가 초록 화살표에서 670만 주의 대량 거래량과 함께 장대양봉을 만들며 파란 화살표의 고점을 돌파하려 했지만 긴 꼬리를 달고 하락했다. 이후 두 달 동안 검은 점선 안에서 주가가 횡보했고 빨간 화살표에서는 4백만 주의 거래량과 함께 횡보 기간을 벗어나 상한가에 도달했다. 빨간 화살표에서는 파란 화살표와 보라 점선을 따라 만들어진 두 개의 전고점을 대량 거래량과 함께 한 번에 돌파했기 때문에 딩동 돌파법을 사용하여 당일 수익이 가능하다. 초록 화살표에서 장대양봉이 만들어지고 검은 점선에서 횡보하는 모습이 발견되면 주가가 눌릴 때 진입하여 조금이라도 낮은 가격에 주가를 매수하고 싶겠지만 주가가 어디까지 지지될지는 미리 예측할 수 없다. 35,000원에서 지지될 수도 있고 20,000원까지 하락할 수도 있으며 반대로 상승할 수도 있다. 딩동 돌파법으로 1주 매수해 놓고 기다리다가 딩동 매도 소리를 듣고 전고점을 돌파할 때 진입하면 안전하게 당일 수익도 가능하기 때문에 굳이 예측할 수 없는 미래에 소중한 투자금으로 모험할 필요는 없다. 빨간 화살표 이후의 차트를 살펴보자.

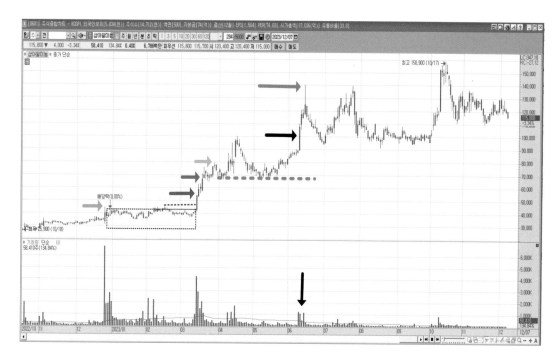

　빨간 화살표에서 고점 장대양봉이 전고점을 돌파하며 상승한 이후의 차트 모습이다. 딩동 돌파법으로 진입했거나 전고점을 대량 거래량과 함께 돌파하는 모습을 확인하고 상한가에 함께 진입했다 하더라도 다음 날 장중 16% 상승했기 때문에 충분히 수익을 실현할 수 있다. 신고가에 도달한 종목은 연속으로 돌파가 만들어지기도 하는데 수익 실현을 한 이튿날인 파란 화살표를 보면 시가를 -3%로 시작했다가 종가를 10%로 마무리하는 전약후강의 강한 돌파를 만들어 냈기 때문에 하락이던 주가를 상승시킨 강한 매수 세력이 보유 물량을 모아 가고 있다는 것을 눈치챌 수 있다. 노란 화살표에서는 79,300원까지 도달했는데 이때는 대량 거래량이 발생하며 새로운 매수 세력이 진입한 빨간 화살표의 두 배에 가까운 앞폭탄 가격이기 때문에 경계하고 진입하지 않는다. 고점에서 1~2회 수익 실현을 하면 생선의 머리와 꼬리는 남에게 양보한다는 생각으로 해당 종목은 포기를 하고 다른 종목을 찾는 것이 안전하다. 굳이 이 종목을 해야 한다면 전고점을 돌파하는 검은 화살표에서 딩동 돌파법으로 진입이 가능한데 아래의 거래량 차트를 확인해 보아도 전에 돌파하며 상승할 때에 비해 현저히 줄어든 거래량으로 돌파가 이루어지고 있기 때문에 더 조심하여 다음 날 수익 실현 기회를 줄 때 욕심내지 않고 수익을 실현하고 탈출하는 것이 좋다. 마지막으로 고점에 회색 화살표가 하나 보이는데 이날 최대 140,100원까지 상승했고 차트 오른편을 보면 최대 158,900원까지 상승했다. 이때 진입했더라도 4달 이후에는 수익 실현할 기회를 주었으니 진입해도 되는 것일까? 이미 알고 있겠지만 안 된다. 두 가지 이유가 있는데 아래 거래량 차트를 보아도 거의 보이지 않는데 이때 백만 주의 거래량만 발생했고, 돌파가 만들어지기 전 회색 점선으로 표시된 곳을 보면 7만 원대에서 오르막 판바닥이 만들어졌기 때문에 바닥 대비 2배인 앞폭탄 가격인 회색 화살표에서는 진입해서는 안 된다. 이 종목은 돌파와 눌림을 반복하며 강하게 상승하는 종목이어서 물려도 살아 나올 수 있는 기회가 수없이 많았지만 고점에서 하늘 높은 줄 모르고 상승하다가 예고 없이 급락하는 종목도 많다. 고점에서 잘못 진입하면 다시 돌아오지 않는 가격에 크게 물릴 수 있기 때문에 고점이더라도 상승 초기를 파악하여 진입해야 안전하고 빠르게 수익 실현이 가능하다. 고점 돌파를 한 종목 더 살펴보자.

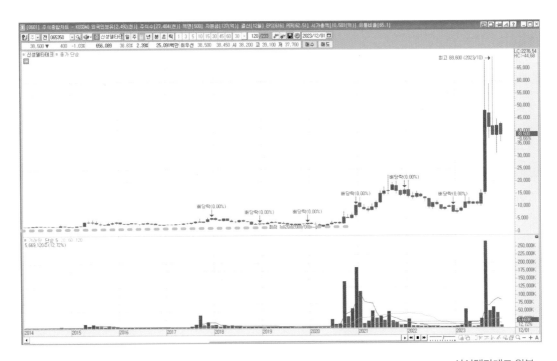

▪ 신성델타테크 월봉

실제로 초전도체 관련 사업을 영위하고 있지 않지만 자회사를 통해 퀀텀에너지연구소 지분을 보유하고 있어서 초전도체 대장주로 주목받아 급등한 종목이다. 5천 원 아래에서 바닥을 만든 종목인데 오르막 판바닥을 조금씩 높여 가며 상승하더니 최대 69,600까지 급등하는 모습을 보여 주었다. 일봉에서 고점 돌파하며 본격적으로 상승하기 시작하는 기회는 어떻게 찾는지 차트를 통해 살펴보자.

■ 신성델타테크 일봉

매수할 종목을 찾으려 전일 대비 등락률 상위를 확인해 보니 일봉에서 이런 모습을 한 차트를 찾았다고 가정해 보자. 차트 왼쪽부터 보면 최고 20,450원에 도달하고 7,180원까지 크게 하락했다가 반등을 거듭하여 빨간 화살표에서 천사백만 주의 대량 거래량이 발생하며 상한가에 도달했다. 빨간 화살표에서 이전에 하락하면서 만들어진 거래량을 모두 압도하는 대량 거래량이 발생했기 때문에 진입하고 싶지만 파란 화살표의 고점 긴 꼬리가 마음에 걸린다. 대량 거래량이 발생했으니 진입해도 괜찮을까? 답은 "안 된다."이다. 빨간 화살표 이후 크게 상승할 수도 있지만 아직 전고점인 20,450원을 돌파하지 못했기 때문에 주가가 꺾이면 다시 8천원 아래의 가격으로 하락할 가능성이 있다는 생각으로 진입하지 말아야 한다. 주식 투자를 하며 항상 최악의 상황을 고려하고 있어야 안전하게 투자가 가능하기 때문에 확실하지 않은 상황에서는 섣불리 진입하지 않는 것이 좋다. 빨간 화살표에서 장대양봉이 만들어진 이후에는 어떻게 되었을지 살펴보자.

■ 신성델타테크 일봉

　　초록 화살표가 가리키고 있는 다음 날을 보니 시가를 상한가로 시작했다가 장중에 저가 19%까지 하락하고 다시 종가를 상한가로 마감하는 모습을 보였다. 이와 같은 종목은 전날 대량 거래량이 발생한 것을 보고 관심 종목에 넣어 둔 후 파란 화살표의 고점을 돌파하면 진입하겠다고 생각하며 미리 노리고 있어야 진입이 가능하다. 만약 전고점과 전날 거래량 분석을 마치지 않은 채 뒤늦게 장중에 초록 화살표에서 상승하는 모습을 보고 진입하려 한다면 한 박자 늦을 수밖에 없다. 상한가에 도달했다가 10% 이상 급락하는 모습을 보이면 쉽게 진입할 수 없는데 전고점을 대량 거래량과 함께 돌파했기 때문에 파란 화살표의 고점인 20,450원보다 높은 가격에서 주가가 하락을 멈추는 것을 확인한 후 진입하여 장중 21% 상승하는 검은 화살표에서 수익 실현이 가능하다. 과거 차트를 복습할 때면 빨간 화살표에서 대량 거래량을 믿고 한 번 진입해 봤다가 검은 화살표에서 긴 꼬리 장대양봉이 만들어질 때 수익을 실현하면 수익률도 높고 더 안전하겠다는 생각을 하겠지만 안일하게 생각하여 소중한 자본금을 위험에 노출한다면 운 좋게 한두 번 수익 실현을 하더라도 크게 손실하는 경우가 생긴다. 복리의 마법은 원금을 잃지 않는 것에서 시작한다는 것을 기억하자. 검은 화살표 이후의 차트도 살펴보자.

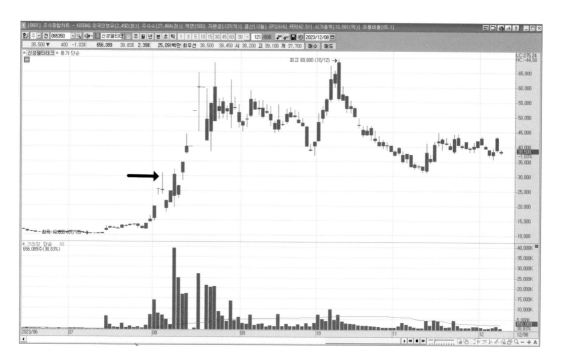

■ 신성델타테크 일봉

　　검은 화살표에서 고점 긴꼬리 장대양봉이 만들어진 다음 날 하한가까지 하락했다가 종가를 -24%로 마무리했다. 그다음 날은 다시 강하게 상승하며 상한가에 도달하고 심한 급등락을 보이며 결국 최대 69,600원까지 도달했는데 필자는 검은 화살표 이후에는 주의하며 진입하지 않는 것이 좋다고 생각한다. 다행히 검은 화살표 이후에도 2배 상승을 했지만 하루는 상한가에 도달했다가 다음 날은 하한가에 도달하는 급등락이 심한 종목에서는 손절이 나오기도 쉬워서 원금을 잃어버릴 가능성이 크다. 고점 돌파를 통해 이익 실현을 한 번 했으면 굳이 움직임이 어려운 종목에 진입하여 고통받을 필요 없이 더 확실한 기회를 다른 종목에서 찾는 것이 좋다.

$ 고점 눌림목

종목이 급등하면 수익을 실현하려는 매도 주체로 인해 주가는 상승을 잠시 멈추고 주춤하는 모습을 보이게 된다. 눌림목은 상승 추세의 종목이 잠시 휴식 기간을 가질 때 만들어지는데 바닥 대비 5~6배 이상 상승한 종목이 고점에서 잠시라도 하락하는 모습을 보이면 심적으로 부담되는 것이 사실이다. 하지만 주가가 눌릴 때 감소하는 거래량, 지지받는 가격에 대한 지식으로 무장하고 있으면 주가가 고점에서 잠시 눌림목을 만드는지 혹은 하락세로 전환하는지 파악하는 것이 가능하다. 눌림목에 대한 지식은 손절을 막아 주고 수익이 단기간에 만들어지는 고점 구간에서도 자신 있게 진입하도록 도와주기 때문에 굉장히 중요하다. 차트를 통해서 고점 눌림목을 살펴보자.

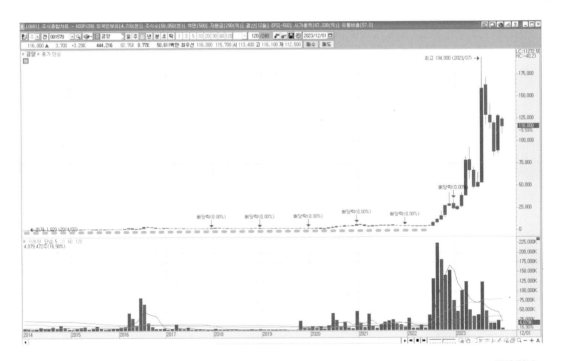

▪ 금양 월봉

2021년까지는 5천 원 이하로 움직이던 주식이 폭등하여 194,000원까지 상승했다. 놀라운 상승을 만들어 낸 종목의 일봉 차트를 확인하여 매수 기회를 찾아보자.

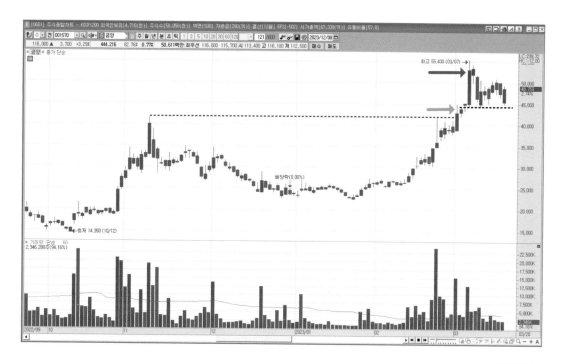

2022년 11월에 4만 원을 돌파한 후 2만 5천 원까지 하락했다가 전고점인 보라 점선을 돌파하고 최대 55,400원까지 상승한 모습이다. 차트를 보면 두 번의 매수 기회가 보이는데 전고점을 대량 거래량과 돌파할 때 초록 화살표에서 딩동 돌파법으로 진입 가능하고 빨간 화살표에서 천이백만 주의 대량 거래량이 발생하며 장대양봉으로 마무리했을 때도 가능하다. 초록 화살표 이후에는 큰 조정 없이 상승해 주었지만 빨간 화살표 이후를 보면 주가가 바로 상승하지 못하고 눌림목을 만들었다. 바닥 대비 10배나 상승한 고점이기 때문에 주가가 눌리면 두렵겠지만 아래의 거래량을 보면 주가가 눌릴 때 거래량이 크게 줄었고 초록 화살표 다음 날 상승을 시도할 때 검은 점선에서 주가가 저항을 받으며 뻗어 가지 못했었는데 빨간 화살표 이후 눌림목은 검은 점선을 따라 비슷한 가격대에서 지지를 받으며 하락을 멈추는 모습을 보여 주고 있다. 이렇게 특정 가격대에서 지지받는 모습을 찾으면 지지선을 기준으로 하락하는지를 지켜보고 눌림 구간에서 추가 매수도 가능하다. 물론 눌림을 만들다가 하락할 가능성도 있기 때문에 필자는 딩동 돌파법을 통해 진입하는 것을 조금 더 선호하고 눌림목은 주가 흐름을 파악할 때 주로 사용한다. 고점 눌림목 이후의 차트를 살펴보자.

■ 금양 일봉

　빨간 화살표에서 장대양봉을 보고 진입한 보유자라면 저항선으로 작용하던 가격대에서 주가가 하락하지 않고 지지받는 것을 확인하고 추가 매수하여 보유 수량을 늘릴 수 있고 바닥 대비 크게 상승한 주가에 대한 확신이 없어 매수하지 않았다면 고가 눌림목이 형성되는 것을 확인하고 진입하여 단기간에 초록 화살표에서 수익을 실현하는 것이 가능하다. 검은 화살표에서는 큰 거래량 없이 상승했기 때문에 진입하지 않겠지만 혹시라도 진입했다면 지지선이 무너지는 자리에서는 어디까지 하락할지 모르기 때문에 과감하게 손절하는 것이 좋다. 고점에서는 특히 다시는 돌아오지 않을 가격일지도 모르기 때문에 주가가 중요한 가격대에서 지지를 받는지 하향세로 전환하는지를 알아차리는 것이 중요하다는 것을 기억하자. 다음 종목을 살펴보자.

■ 유한양행 월봉

　월봉으로 보니 2만 원대에서 8만 원대까지 급등하지 않고 바닥을 높여 가며 점차적으로 상승한 모습이 보인다. 한번 바닥을 만들면 일정 기간 횡보하며 견고한 바닥을 만들고 있는 모습이 보이기 때문에 이와 같은 종목에서는 진입 후 물려도 안정적으로 분할 매수하는 것이 가능하다. 일봉에서 고점 눌림목 모습을 찾아보자.

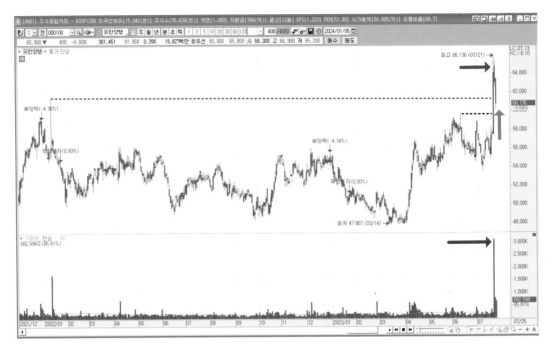

■ 유한양행 일봉

5만 원에서 6만 원 사이를 오랜 기간 횡보하다가 빨간 화살표에서 횡보 기간의 거래량을 압도하는 310만 주의 거래량이 발생하며 상승했다. 이날 시가 0%로 시작했다가 고점 14%에 도달하고 종가는 11%로 마무리했는데 윗꼬리를 3%만 만들어 낸 전약후강으로 상승하는 전형적인 모습이기 때문에 보라 점선으로 표시된 전고점을 돌파할 때 딩동 돌파법으로 진입이 가능하다. 상승하기에 완벽한 조건이라 다음 날부터 상승할 것 같았지만 바로 다음 날 -1% 하락하고 그다음 날은 추가로 -3% 하락했다. 고점에서 이와 같은 모습을 보면 마음이 흔들리지만 하락할 때의 거래량을 보면 빨간 화살표에서 돌파할 때 만들어진 거래량보다 훨씬 적은 거래량으로 눌림을 만들고 있고 전에 상승하려고 할 때 강한 저항으로 작용하여 긴 꼬리를 만들었던 검은 점선의 고점 59,723원을 대량 거래량과 함께 하향 돌파하지 않았기 때문에 조금 더 지켜보는 것이 좋다. 파란 화살표에서 고점 눌림목을 만든 이후의 차트를 살펴보자.

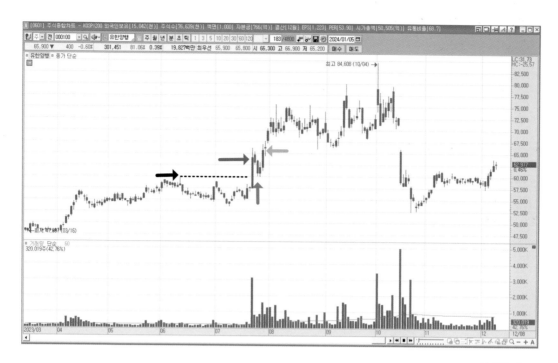

■ 유한양행 일봉

파란 화살표에서는 장중 최저점 60,106원까지 하락했지만 꼬리를 만들며 상승했고 다음 날에도 최저 60,010원까지 하락했지만 종가를 62,020원으로 마무리하며 상승 여력을 보여 주었다. 저항선으로 작용하던 59,723원 위에서 주가가 지지받고 더 이상 하락하지 않는 모습을 보여 주었고 거래량도 크게 줄었기 때문에 빨간 화살표의 종가에 진입하지 않았다면 주가가 지지받는 눌림목에서 진입하거나 빨간 화살표의 고점을 돌파할 때 초록 화살표에서 딩동 돌파법으로 진입하여 단기간에 수익을 실현할 수 있다. 눌림은 좋은 타점에 진입했을 경우 더 높은 수익률을 안겨 주기도 하지만 언제 반등할지 모르고 추가 하락 가능성도 있다고 생각하여 눌림보다는 딩동 돌파법이 더 효과적이라고 생각한다. 고점에서는 위험성이 더 높기 때문에 주의하도록 하자.

⑤ 고점 고가놀이

고점 장대양봉이 만들어지고 매수해야 할 마지막 유형이자 꽃이라고 할 수 있는 고점 고가 놀이는 세력의 적극적인 주가 관리로 인하여 위험성이 낮고 수익성이 가장 빠른 유형이다. 계 좌를 풍성하게 만들어 줄 고점 고가놀이를 차트에서 살펴보자.

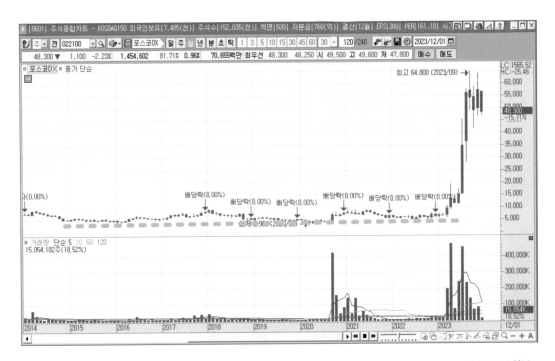

■ 포스코DX 월봉

5천 원에서 7천 원 사이를 횡보하며 오랜 기간 바닥을 만들다가 2023년부터 급등하기 시 작하더니 최고 64,800원에 도달했다. 일봉에서 장대양봉이 발생했을 때를 찾아 어떻게 수익 을 실현할 수 있었는지 차트로 살펴보자.

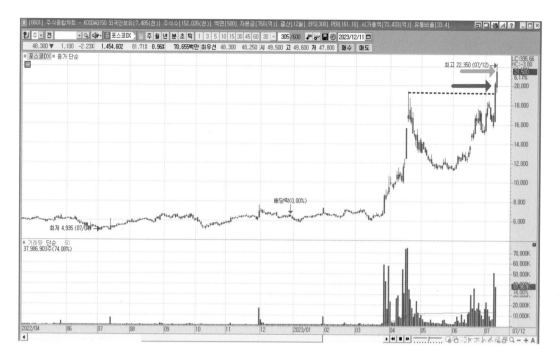

■ 포스코DX 일봉

　　5천 원에서 7천 원 사이에 바닥이 만들어진 것을 월봉에서 확인했는데 바닥 대비 4배 상승한 빨간 화살표에서는 5100만 주의 대량 거래량이 발생하며 보라 점선에서 만들어진 전고점을 강하게 돌파했다. 딩동 돌파법으로 매수가 가능하여 전고점을 돌파할 때나 종가에 진입이 가능한데 진입했다면 초록 화살표에서 10% 수익 실현이 가능해진다. 빨간 화살표에서 대량 거래량과 함께 전고점을 돌파했는데 다음 날인 초록 화살표에서도 주가가 눌리지 않고 바로 상승하는 모습을 보여 주고 있기 때문에 고점 고가놀이의 가능성을 염두에 두고 다시 진입하는 것도 가능하다. 초록 화살표 이후의 차트를 살펴보자.

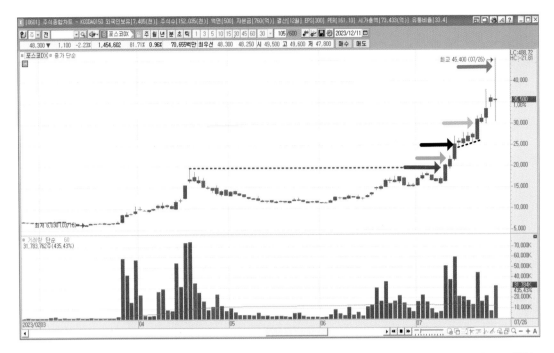

　　빨간 화살표에서 강하게 돌파한 후 바로 다음 날 주가가 조정 기간을 거치지 않고 고가놀이를 하는 모습을 확인하고 진입했다면 검정 화살표에서 하루 만에 추가 수익 실현이 가능하다. 돌파가 한번 만들어지면 여러 번 만들어지는 현상을 보여 주기 때문에 검정 화살표 이후 주가가 고가놀이를 하는 모습을 보면 관심 종목에 넣고 주시하고 있다가 노란 화살표에서 고가놀이를 하며 만들어진 고점을 돌파할 때 딩동 돌파법으로 진입 가능하다. 노란 화살표와 파란 화살표 사이에서도 고가놀이를 하는 모습을 보여 주었기 때문에 진입하여 단기간에 수익 실현이 가능하지만 파란 화살표에서는 고점에서 긴 꼬리가 만들어졌기 때문에 더 이상 진입해서는 안 된다. 강한 전고점 돌파가 만들어지기 시작한 빨간 화살표가 2만 원대였는데 파란 화살표에서는 돌파의 두 배가 상승한 앞폭탄 가격이고 고점에서 긴 꼬리가 만들어졌기 때문에 굳이 위험을 감수할 필요가 없다. 보통 고점이라도 고가놀이 이후 횡보하는 모습을 보이는 것이 대부분이지만 해당 종목은 빨간 화살표 이후 고가놀이를 유지하며 강하게 상승했기 때문에 많은 수익 기회가 있었다. 하지만 보통의 경우에는 고점에서는 전고점을 돌파하는 초기에 진입하여 한두 번 수익을 실현하면 욕심내지 않고 다른 좋은 기회를 찾는 것이 더 안전하다는 것을 기억해야 한다. 다음 종목을 살펴보자.

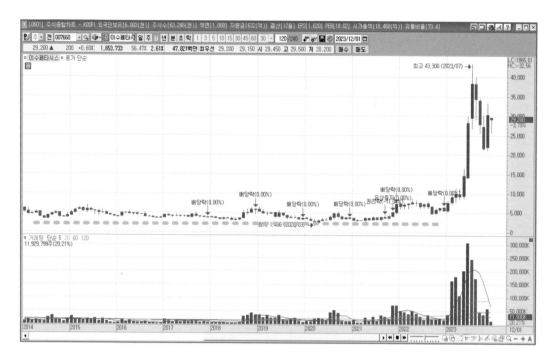

■ 이수페타시스 월봉

　　인쇄회로기판을 전문으로 생산하는 기업인데 인쇄회로기판 테마 외에도 A.I 챗봇, 우주항공산업, 스마트폰, 5G(5세대 이동통신)와 같은 다양한 테마에 엮이는 종목이다. 월봉에서 확인해 보니 5천 원 근방에서 오랜 기간 바닥을 형성하였고 2023년부터 본격적인 상승이 만들어진 모습이 보인다. 일봉에서 고점 고가놀이를 통해 매수 기회를 찾아보자.

　　파란 화살표에서는 전고점 돌파를 시도했지만 꼬리를 달고 하락했기 때문에 진입이 위험하고 빨간 화살표에서는 4600만 주의 대량 거래량이 발생하며 전고점을 강하게 돌파했기 때문에 진입이 가능하다. 만약 빨간 화살표에서 진입했다면 다음 날 초록 화살표에서 11% 상승했기 때문에 수익을 실현할 수 있다. 하지만 만약 빨간 화살표가 대량 거래량과 함께 전고점을 돌파할 때 발견하지 못하고 초록 화살표를 다음 날 뒤늦게 발견했다면 어떻게 해야 할까? 초록 화살표에서 3300만 주의 대량 거래량이 발생하긴 했는데 5천 원 바닥 대비 3배가량 상승했고 빨간 화살표에서 상승을 놓쳤기 때문에 이 종목은 포기해야 할 것 같은 기분이 든다. 진입해도 되는 것일까? 초록 화살표 이후의 차트를 살펴보자.

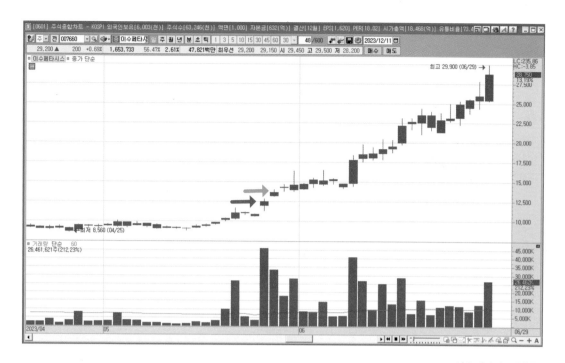

초록 화살표 이후에도 장대양봉이 연속으로 만들어지며 크게 상승한 모습이 보인다. 빨간 화살표에서 대량 거래량이 발생하며 전고점을 돌파한 이후 주가가 조정 기간을 거치지 않고 초록 화살표에서와 같이 강하게 상승하는 모습을 보인다면 고가놀이를 하고 있을 가능성을 염두에 두고 진입할 수 있다. 고점에서 대량 거래량과 함께 돌파가 만들어지면 한두 번 상승으로 끝나지 않고 여러 번 반복되는 특성을 가지고 있기 때문에 돌파 이후에도 상승하는 모습을 보인다면 특성을 이용하여 진입이 가능하다. 필자는 고점에서 돌파가 나오면 1~2회 수익을 실현하지만 큰 조정 없이 지속적으로 상승하는 종목에서는 3회 혹은 4회까지 수익을 실현하기도 한다. 이 종목은 최고 43,300원까지도 상승했지만 생선의 머리와 꼬리는 남에게 양보한다는 마음가짐으로 다른 종목을 매매한다면 더 안전하게 수익을 실현하는 것이 가능하니 기억하자.

부록

왕초보 주식 시작하기

1 계좌 만들기

주식거래 첫걸음을 위해서는 먼저 계좌 개설이 필요하다. 많은 증권사가 있지만 필자는 보기 좋은 차트를 제공하는 키움증권을 사용한다. 계좌 개설에는 크게 두 가지 방법이 있는데 하나는 은행 방문과 비대면 개설이다.

은행 방문

키움증권은 전국의 15개 은행과 업무 제휴를 맺고 있어서, 은행 업무 시간에 신분증 및 도장을 지참하여 방문하면 된다.

비대면

은행 내방 없이 스마트폰으로 비대면 계좌 개설이 가능하다. 비대면으로 계좌를 개설할 경우 가입 기간에 따라 다양한 추가 혜택을 받을 수 있어서 비대면 계좌 개설을 추천한다. 계좌 개설 시 종종 MTS, HTS라는 말을 들어 보았을 것이다

- MTS: Mobile Trading System 모바일 거래 시스템
- HTS: Home Trading System 홈 거래 시스템

즉, MTS는 스마트폰으로 HTS는 개인 컴퓨터로 거래하는 프로그램이다. MTS(스마트폰 프로그램)는 영웅문S#를 스마트폰에서 설치하고, HTS(컴퓨터 프로그램)는 키움증권 홈페이지에 접속하여 영웅문4를 설치한다.

MTS 사용(스마트폰)	HTS 사용(개인 컴퓨터)
영웅문S#(신규 통합앱) 제공환경　아이폰 / 안드로이드 거래가능상품　국내주식　해외주식　미국주식 　　　　　ETF/ETN/ELW　코넥스 　　　　　K-OTC　신주인수권　중국주식 　　　　　싱가포르주식　펀드　연금저축 　　　　　ISA　랩(Wrap)　ELS　채권 　　　　　RP　CFD국내주식 　　　　　CFD해외주식 다운로드 더 알아보기 >	영웅문4 제공환경　PC 프로그램(WINDOWS 7 서비스팩1 이상) 거래가능상품　국내주식　ETF/ETN/ELW 　　　　　선물옵션　펀드　해외주식 다운로드 더 알아보기 >

설치 과정 중 도움이 필요한 경우 키움증권의 고객센터에 전화한다면 친절하게 안내해 준다.

비대면 계좌개설

전화번호	1544-2744
평일 업무 시간	08:00 ~ 18:00

어르신전용 상담번호

전화번호	1522-4058
평일 업무 시간	09:00 ~ 15:30

• HTS 설치

▪ 1단계 설치프로그램

아래의 다운로드 버튼 눌러 "설치프로그램" 다운로드를시작합니다.

다운로드

▪ 2단계 저장하기

"저장" 버튼을 누릅니다.(저장할 폴더를 별도 지정하지 않으면 일반적으로"다운로드" 폴더에 저장됩니다.

▪ 3단계 실행하기

다운로드가 완료되면 "실행" 버튼을 누릅니다..

▪ 4단계 실행할 폴더 선택

영웅문을 설치할 폴더를 선택합니다.(변경하지 않으면, "KiwoomHero4"로 생성됩니다.)

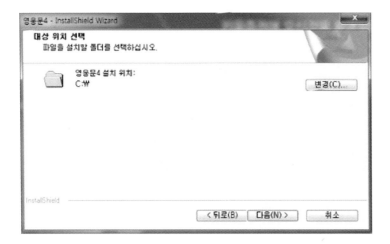

▪ 5단계 설치완료

설치완료되면 바탕화면에 "영웅문4 아이콘"이 생기게 됩니다.

• MTS 설치

▪ 1단계 프로그램 설치 방법

[안드로이드 - Play스토어]

[아이폰 - 앱스토어]

▪ 2단계 계좌개설

① 로그인 화면 하단 키움계좌개설 선택   ② 종합 계좌개설하기 선택   ③ 계좌개설 진행   ④ 계좌개설 완료

'키움 이용 가이드'에 나온 화면으로 그대로 따라 하기 쉽게 설명이 되어 있다.

키움 이용 가이드의 설명이 부족하다면 상담원의 도움을 받아 보자.

❷ 예약 주문 사용하기[HTS]

본업으로 인해 장중 대응이 어려울 때는 예약 주문 시스템을 사용한다. 영웅문에 접속하여 왼쪽 상단에 위치한 칸에 '예약 주문'을 입력하거나 [0331]을 입력하여 엔터를 치거나 돋보기를 마우스로 클릭한다.

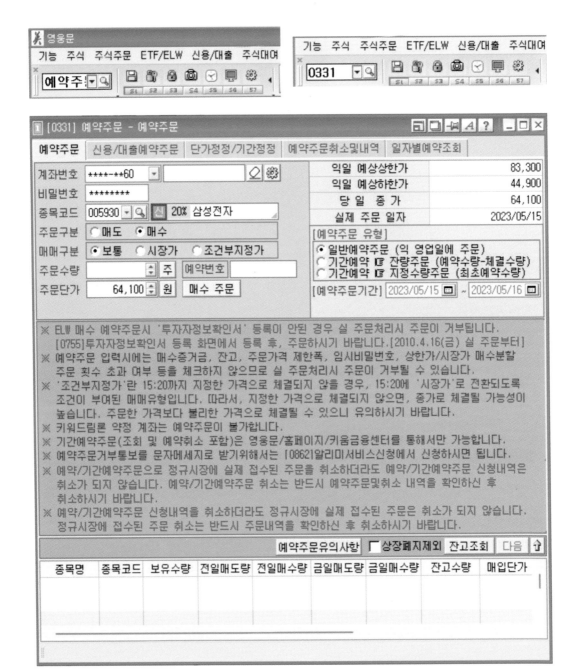

왼쪽 상단을 보면 계좌번호, 비밀번호, 종목코드, 주문구분, 매매구분, 주문수량, 주문단가로 구성되어 있는 빨간색 바탕으로 구분된 곳이 있다. 여기서 종목을 검색하고 매수, 매도 주문을 입력할 수 있는데, 예약 주문을 실행할 경우 다음 날 주문이 우선순위로 접수된다. 예약 주문은 오후 16:00부터 오전 07:00까지 접수되니 시간도 꼭 확인하자.

위에서 다섯 번째에 위치한 '**매매구분**'을 보면 **보통**에 선택되어 있는 것을 볼 수 있다. 이 상태에서 특정 가격을 입력하고 주문을 접수하면 다음 날 주가가 움직이다가 주문된 가격에 도달할 경우에 자동 매수 혹은 매도가 된다. 예를 들어 삼성전자를 6만 원에 주문해 두면 장중에 6만 천 원, 6만 천오백 원 이렇게 움직이다가도 6만 원의 가격에 도달하면 자동 주문된다. 혹시라도 본인이 다음 날 가격의 움직임에 상관없이 꼭 매수 혹은 매도해야 한다고 생각하면 '**시장가**'를 선택하고 원하는 주문 수량을 주문한다.

내일 당장 매수하는 것이 아니라 원하는 가격이 있어서 기간을 정해 놓고 사고 싶을 때는 **매매구분**을 **보통**으로 설정하고 우측 **파란색 바탕**으로 구분된 **[예약 주문 유형]**에서 가운데에 위치한 **기간예약☞잔량주문**(예약수량-체결수량)을 선택한다. 예를 들어 삼성전자가 현재 64,100원인데 62,000원에 100주 매수할 것을 주문하면 정해진 기간 동안 매일 체결될 때까지 주문이 접수된다. 혹시 삼성전자가 아주 잠깐 62,000원까지 하락하여 중간에 50주만 체결되고 주가가 반등했다면, 미체결된 50주가 체결될 때까지 남은 50주 매수 주문은 계속 접수된다.

[예약 주문 유형]에서 마지막에 있는 **기간예약☞지정수량 주문**(최초 예약 수량)을 선택하면 체결 여부와 상관없이 계속 같은 수량의 주문이 접수된다. 예를 들어 삼성전자를 62,000원에 100주 매수 주문하면 선택한 기간 동안 체결 여부와 관계없이 주문된다. 즉, 50주가 체결된 후에는 미체결된 50주만 주문하는 잔량 주문 방식과 다르게 지정수량 주문은 50주가 이미 체결되어도 100주 주문이 정해진 기간 동안 계속 접수된다.

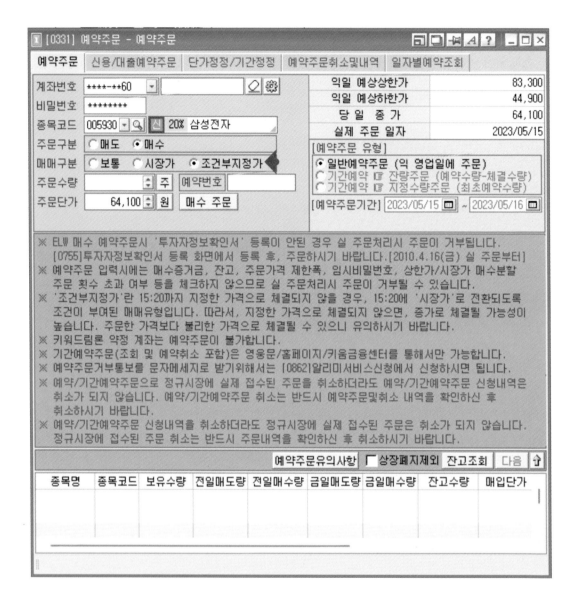

매매 구분의 마지막 부분에 있는 **조건부 지정가**를 선택하면 오른쪽에 있는 [예약 주문 유형]에서 **일반예약 주문**(익영업일에 주문)만 선택할 수 있도록 변한다. 현재 64,100원인 삼성전자를 62,000원에 100주 주문했는데 이 가격까지 하락하지 않고 장이 마감되었다고 가정해 보자. **보통** 주문 같은 경우는 체결이 되지 않으면 그대로 끝이 나지만 조건부 지정가의 경우에는 동시

호가 때 시장가로 주문을 넣어서 장이 마감하기 전 주문한 수량만큼 체결하도록 만든다. *

세 번째 탭에 있는 **단가 정정/기간 정정**을 선택하여 기간이나 가격을 잘못 입력한 경우에 수정할 수 있다.

주문 실수는 누구나 할 수 있으니 적절하게 잘 사용해 보자.

여기서 잠깐!

* 아침 08:30~09:00는 장 시작 동시호가, 오후 15:20~15:30은 장 마감 동시호가라고 한다. 빠르게 움직이던 주식 가격이 이 시간만 되면 멈춘 듯한 화면을 본 적 있을 것이다. 이때는 동시호가가 이루어지는 시간으로 실시간으로 주식 주문이 이루어지지 않고 주문 접수를 해 두었다가 한 번에 모든 접수를 체결한다. 예약 주문의 추가 기능도 살펴보자.

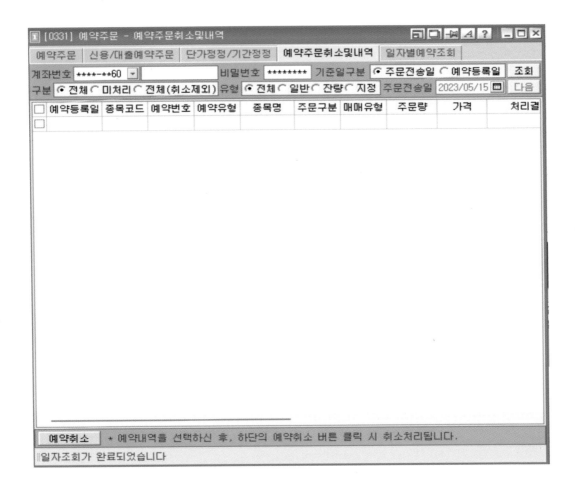

네 번째 탭에 위치한 **예약 주문취소 및 내역** 창이다. 위의 창은 주문취소 창인데 꼭 기억해야 할 점은 **예약 주문은 아침에 들어간다**는 것이다. 예약 주문 완료 후 하루가 지나 이미 주문이 들어간 상태에서는 주문취소가 불가하다. 취소하고 싶은 경우에는 예약 주문취소가 아닌 **[0341] 실시간 미체결 창**에서 취소해야 한다.

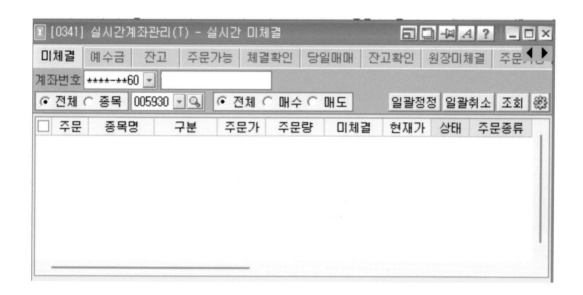

　　[0341] 실시간 미체결 창에서 장중 실행한 문의, 주문의 미체결 수량을 조회할 수 있는 화면이다. 이곳에서 미체결 주문 수량의 일괄 정정 및 일괄 취소 주문도 가능하니 적절하게 잘 사용해 보자.

　　본인이 보유하고 있는 종목의 상태를 보기 위해서는 세 번째에 있는 잔고를 누르면 확인 가능하다.

　　[미체결]-[예수금]-**[잔고]**-[주문가능]-[체결확인]

❸ 예약 주문 사용하기[MTS]

이번에는 스마트폰을 이용하여 예약 주문하는 방법을 알아보자.

1. 영웅문을 켜고 메뉴를 선택하면,

아래 화면이 나온다.

2. 화살표 부분에서 예약 주문을 검색한다.

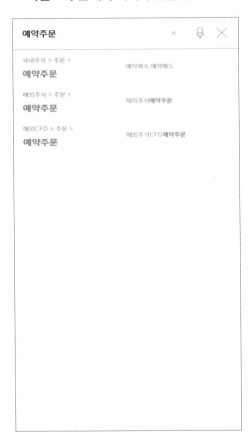

빨간색 화살표 부분을 눌러 보자.

**3. 빨간색 화살표에서 비밀번호를 입력하고
수량, 가격 등을 꼼꼼하게 확인한다.**

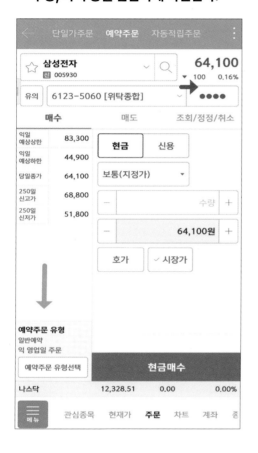

(초록색 화면 선택 시 4번 화면으로 이동)

4. 마지막으로 예약 주문 유형을 선택한다.

4 종목왕의 HTS 화면 구성 따라 하기

(•종목 선정 차트)

영웅문을 처음 설치하여 사용법이 막막하다면 필자의 모니터 세팅을 따라 해 보자. 참고로 필자는 27인치 두 대의 모니터를 사용 중인데, 필자의 구성은 모니터를 한 대만 사용하거나 노트북을 사용하더라도 얼마든지 본인의 필요에 맞게 수정 가능하다.

1. 영웅문을 실행하면 먼저 검은색의 빈 공간이 나온다.

2. 빈 공간에 오른쪽 마우스를 클릭하면 이런 화면이 나오는데 두 번째에 위치한 '메뉴 툴바 보이기' 를 선택한다.

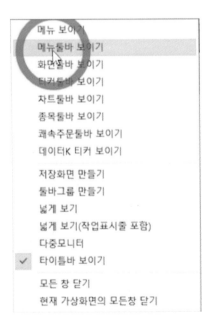

3. 새로운 메뉴 툴바가 생겼다.

　　툴바란 자주 이용하는 기능을 쉽게 사용할 수 있게 버튼을 만들어 나란히 모아 놓은 메뉴를 뜻한다. 영웅문 사용에 익숙해진 후 기호에 맞게 변경해도 좋다.

4. 왼쪽 상단의 가장자리 화면이다.

　　[0600] 숫자를 입력하여 키움 종합차트를 실행해 보자.

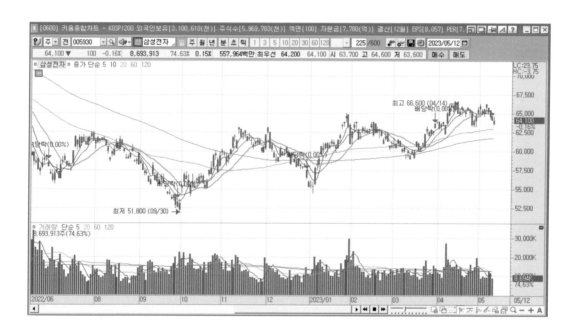

　　[0600]를 입력하면 위와 같은 창이 생성된다.

　　창의 윗부분을 클릭하여 마우스를 움직이면 이동 가능하다.

　　해당 차트는 일봉을 확인하는 용도로 사용할 예정이기 때문에 차트를 보기 편하게 모니터 상단에 위치시켜 보자.

　　다음 단계로 가기 전에 한 가지 설정만 변경해 보자.

처음 키움 증권에서 제공하는 그대로 실행해 보면 봉 차트와 거래량 차트가 서로 상충되는 결과를 보여 주는 때가 있다.

예를 들어, 파란 화살표가 가리키는 곳을 보면 갭하락하여 파란 장대음봉이 생겼는데 마우스가 가리키는 거래량 차트를 보면 거래량은 빨간색 장대양봉으로 설정되어 있다.

이렇게 설정되면 상충된 모습에 순간적으로 의사 결정을 할 때 정반대의 판단을 할 수 있다.

설정을 바꿔 보자.

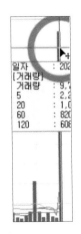

아래에 있는 거래량 막대그래프를 더블 클릭한다.

☞ 지표 설정 창에서 세 번째에 있는 **라인 설정**을 선택하자.

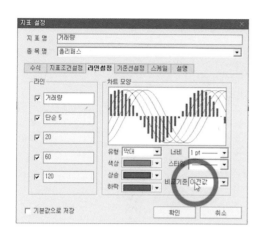

처음에는 **비교기준**에 이전값으로 설정되어 있을 것이다.

하지만 이전 값은 말 그대로 이전의 거래량과 비교하기 때문에 음봉이 출현하더라도 거래량이 많았다면 양봉 막대그래프가 나올 수 있다. 이렇게 되면 결정을 내리는 데 혼동이 올 수 있다.

올바른 판단을 위해 빨간 동그라미로 표시된 곳을 클릭하여 8번째 위치한 **가격 차트**로 변경하자.

변경 완료. 이전에는 거래량 그래프에서 진입해도 될 것 같은 장대양봉이 출현했는데

절대 진입해서는 안 되는 장대음봉 그래프로 바뀌었다. 이제 [0600] 설정 다음 단계로 넘어가자.

5. [0600]을 한 번 더 입력하여 같은 차트를 두 개 생성해 보자.

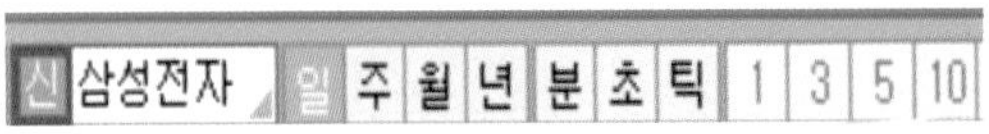

처음에는 일봉으로 설정되어 있다.

우리는 이미 일봉 차트를 가지고 있기 때문에,

두 번째 차트는 오른쪽 그림처럼 분봉을 클릭한 후 10분봉으로 설정한다.

변경 전	 주식수[	 주식수[
변경 후	 주식수[	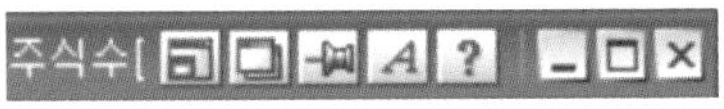 주식수[

왼쪽은 첫 번째 차트의 상단 부분이고 오른쪽은 두 번째 차트의 상단 부분이다. **자물쇠 모양** 아이콘을 클릭하여 '종목코드연계안함'에서 **'종목코드연계'**로 변경한다. 가운데에 위치한 자물쇠 모양을 클릭하면 종목이 연동되어 모든 것이 함께 움직인다.

(예를 들어 종목코드연계를 사용하면 현재 선택되어 있는 삼성전자 차트를 보다가 현대차를 클릭하면 두 개의 차트 모두 현대차 차트로 변한다.

만약 종목코드연계안함을 유지한다면 위의 일봉 차트는 현대차 차트로 변경되지만 아래에 있는 분봉 차트는 기존에 보고 있던 삼성전자 차트를 유지한다.)

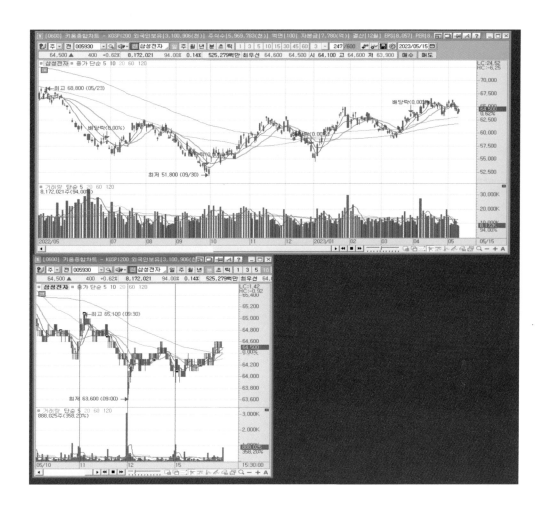

차트의 오른쪽 하단 모서리 부분에 마우스를 올려 두면 커서 모양이 변경되는데 왼쪽 마우스로 길게 클릭하여 움직이면 차트의 크기를 자유롭게 조절할 수 있다.

'타이틀바'라고 하는 차트 윗부분을 왼쪽 마우스로 길게 누른 채 움직이면 원하는 곳으로 차트를 이동시킬 수 있다.

처음 생성한 일봉 차트 아래에 두 분째 차트를 이동하고 크기를 절반 정도로 줄여서 10분봉 차트로 설정해 보자.

이제 화면에 일봉, 10분봉 차트를 한 번에 볼 수 있도록 설정되었다. 다음 단계로 가보자.

6. 관심 종목을 추가할 수 있는 [0130]과 10단계 호가*를 조회할 수 있는 주식 호가창 [0111]을 입력한다.

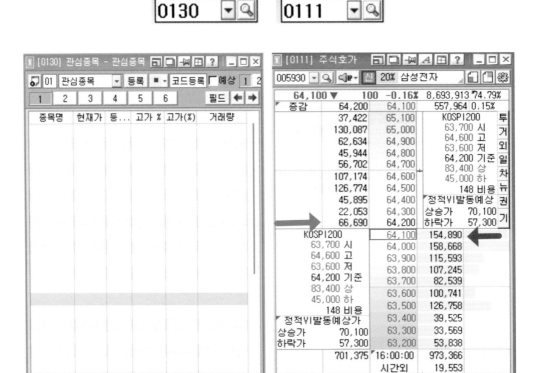

- 빨간 화살표가 가리키는 곳은 매수 호가로 64,100원에 삼성전자를 사려는 주식 수가 154,890개가 된다는 것을 나타낸다.
- 파란 화살표가 가리키는 곳은 매도 호가로 64,200원에 삼성전자를 팔려는 주식 수가 66,690개가 된다는 것을 나타낸다.

　　초보 투자자가 호가창에서 일어나는 심리 싸움을 공부하기에는 다소 무리가 있으며 필자의 기법은 호가창의 순간적인 움직임에 크게 영향을 받지 않는다. 호가창에서는 주식을 사거나 팔고 싶어 하는 가격이 나열되어 있어 어떻게 특정 가격대에서 거래가 이루어지고 있는지에 대해 알려 주는 창이라고만 이해해도 충분하다.

여기서 잠깐!

　　* 호가: 시장에서 제품을 사거나 팔 때 거래하고자 하는 가격을 호가라고 한다.

기존 차트 두 개와 관심 종목, 주식 호가를 추가하여 현재까지 완성된 모니터 화면이다.

7. 관심 종목 [0130]을 한 개 더 추가하는데 이번에도 자물쇠 모양 아이콘을 클릭하여 '종목코드연계'로 변경한다.

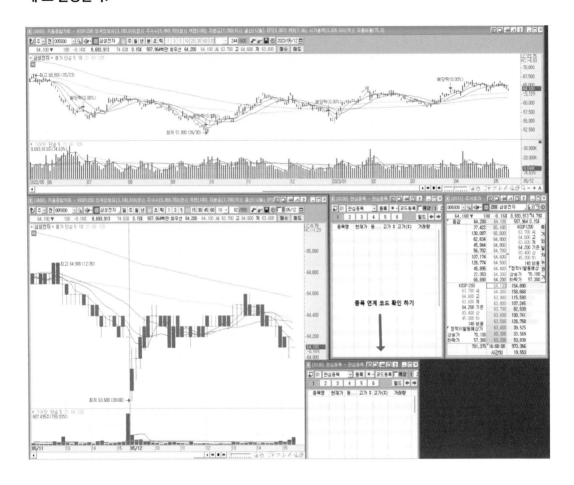

이번에 추가하는 관심 종목 창은 10분 봉 차트 위에 살짝 걸쳐 두었다.

8. [0796] 투자자별 매매 동향을 추가한다.

일자	현재가	전일비	거래량	개인	외국인	기관계	금융투자	보험	투신	기타금융	은행	연기금등	사모펀드	국가	기타법인	내외국인
누적순매수				-770,070	1,539,435	-739,847	-321,756	-12,154	-112,285	-6,260	-450	-260,388	-26,554		-26,294	-3,225
23/05/12	64,100 ▼	100	8,693,913	+5,892	+15,900	-19,061	-17,768	-3,223	+3,172	-1	+1	+629	-1,872		-2,647	-83
23/05/11	64,200 ▼	400	11,648,905	+38,495	-50,294	+12,925	+10,280	-133	+2,289	-19	+614	-4,811	+4,706		-1,405	+279
23/05/10	64,600 ▼	700	13,057,727	+90,244	-42,371	-55,606	-20,049	-1,115	-1,592	-2,629	+323	-17,974	-12,569		+7,482	+250
23/05/09	65,300 ▼	600	9,366,861	+13,736	-29,263	+13,671	+9,202	-3,328	-5,962	-1,344	+490	+1,137	+13,475		+1,771	+86
23/05/08	65,900 ▲	800	9,405,365	-175,396	+75,454	+102,586	+104,314	+1,736	-2,965	+235	-329	-31,172	+30,767		-2,101	-543
23/05/04	65,100 ▼	300	9,791,064	+7,767	+87,300	-96,279	-72,600	-1,407	-1,173	-13	+119	-14,883	-6,322		+1,173	+39
23/05/03	65,400 ▼	300	8,876,749	+2,114	+68,979	-68,854	-62,740	+2,703	-5,666	+140	+123	+4,265	-7,609		-2,478	+239
23/05/02	65,700 ▲	200	14,396,948	-106,806	+78,596	+34,177	+52,362	-253	-4,140	+71	-9	-5,871	-19,726		-5,013	-954
23/04/28	65,500 ▲	900	19,699,481	-174,022	+258,267	-78,797	-128,669	+5,304	+33,601	+272	-12	-19,019	+29,725		-5,251	-198
23/04/27	64,600 ▲	500	14,779,601	-90,007	+250,682	-157,697	-157,553	+281	+3,495	+21	-93	-13,051	+9,203		-2,486	-492
23/04/26	64,100 ▲	500	12,664,541	-22,122	+92,709	-62,394	-22,393	-41	-10,565	-2	+592	-27,169	-2,816		-8,124	-68
23/04/25	63,600 ▼	1,600	16,193,271	+80,737	-45,776	-34,613	+32,582	+1,527	-25,247	-804	+1,367	-19,686	-24,352		-628	+280
23/04/24	65,200 ▼	400	12,986,581	-106,379	+88,695	+22,156	+75,198	-1,201	-25,564	-557	+202	-26,058	+135		-4,041	-432
23/04/21	65,700 ▲	400	10,538,622	-131,527	+176,379	-44,104	+15,251	-108	-27,652	+1,669	-167	-17,986	-15,110		-200	-549
23/04/20	65,300 ▼	200	9,501,169	-54,004	+81,935	-26,245	+5,620	+371	-10,765	-111	+166	-32,263	+10,736		-1,554	-131
23/04/19	65,500 ▼	100	10,255,985	-63,696	+69,260	-4,554	+5,948	-3,017	-3,916	-248	+261	-9,599	+6,017		-712	-298
23/04/18	65,600 ▲	300	14,802,060	-43,411	+245,286	-201,070	-141,723	-3,517	-9,894	-86	-1,530	-35,027	-9,292		-448	-357
23/04/17	65,300 ▲	200	13,486,618	-108,152	+227,230	-115,581	-82,230	-4,484	-1,011	-113	-2,942	-22,359	-2,442		-3,311	-185
23/04/14	65,100 ▼	1,000	16,176,490	+66,468	-109,534	+39,495	+73,213	-2,252	-18,730	-2,740	+375	+18,767	-29,138		+3,680	-108
23/04/13	66,100 ▲	100	15,091,022	-73,601	+894	+72,877	+142,547	+187	-7,872	-230	+101	-11,050	-50,806		+190	-359

투자자별 매매 동향은 거래량과 개인, 외국인, 기관계의 매수, 매도 동향을 보여 준다.

빨간 화살표는 선택 기간 동안의 누적 순매수(순매입금액)를 나타내고 파란색 화살표는 당일 거래 내역을 나타낸다.

필자는 [0796] 투자자별 매매 동향을 두 번째에 추가한 관심 종목 옆에 두었다. 이전에 관심 종목 창을 10분봉 차트 위에 위치한 이유는 투자자별 매매 동향을 추가하기 위해서이다. 또한 투자자별 매매 동향의 상단 부분을 주식 호가와 관심 종목으로 가려서 누적 순매수부터 확인 가능하도록 위치했다.

9. 이번에는 [0181] 전일 대비 등락률 상위를 추가한다. 필자는 [0796] 창 위에 두고 확인한다.

*0181은 단기 매매에서 굉장히 중요한 창으로 당일 상승 종목을 확인하고 시장 흐름을 파악하게 돕는다.

100종목 정도 나오는데 보라색 화살표가 가리키는 조회 버튼을 누르면 실시간으로 등락률 순서대로 나

열된다.

순위	분	신	종목명	현재가	전일대비		등락률	매도잔량	매수잔량	거래량 ▽	체결강도	횟수	L일봉H
7	정		이아이디	1,392	▲	237	+20.52	171,837	163,365	128,694,155	88.94	1	
14	신		남선알미늄	3,015	▲	435	+16.86	496,277	341,116	91,518,910	100.55	4	
12	정		이브이첨단	6,130	▲	910	+17.43	92,735	81,524	51,581,310	92.07	1	
9			디젠스	1,670	▲	260	+18.44	45,714	9,293	42,527,233	89.07	2	
1	증		크리스탈신	3,555	↑	820	+29.98		7,025,896	40,791,775	95.30	3	
16	신		윈텍	3,915	▲	545	+16.17	38,315	27,944	21,713,244	82.82	1	
5			슈어소프트	12,030	▲	2,080	+20.90	16,553	24,113	21,659,464	92.72	4	
24			우수AMS	3,830	▲	395	+11.50	47,794	36,688	19,937,578	80.42	3	
17			세종공업	8,620	▲	1,130	+15.09	50,495	14,746	16,661,472	94.14	1	
3	신		이글벳	7,070	▲	1,310	+22.74	26,831	32,657	16,090,471	99.11	3	
88	신		상보	1,725	▲	76	+4.61	35,220	7,222	15,227,622	84.50	1	
42	정		체시스	1,229	▲	89	+7.81	17,432	64,742	14,800,275	85.87	4	
21	신		SJM홀딩스	5,400	▲	600	+12.50	23,684	28,492	14,305,107	72.42	3	
22			라온텍	13,620	▲	1,470	+12.10	65,325	12,515	13,375,539	94.49	1	
8	정		테라사이언	3,135	▲	510	+19.43	58,795	80,518	12,340,688	93.80	1	

거래량 순서로 보고 싶은 경우에는 거래량을 선택하면 변경된다.

보라색 화살표가 가리키는 거래량을 선택하면 거래량이 터진 순서대로 나열되어 변경된 순위를 확인할 수 있다.

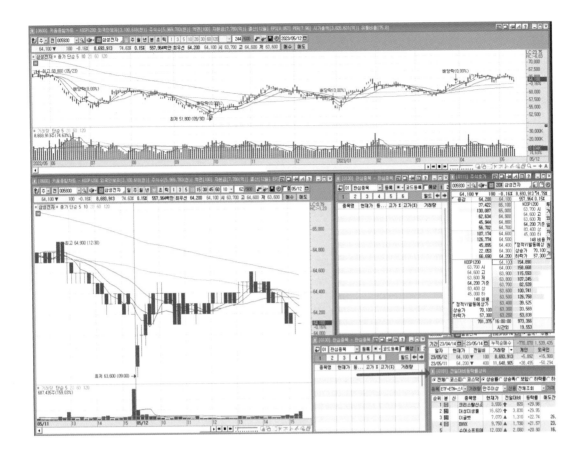

종목 선정을 위한 차트 화면을 완성했다.

0181을 처음 실행한다면 필자와 다르게 설정되어 있는데,

필자가 사용하는 설정 그대로 변경해 보자.

변경 전	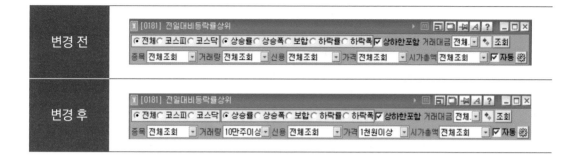
변경 후	

변경 사항: 거래량: 10만 주 이상, 가격: 1천 원 이상

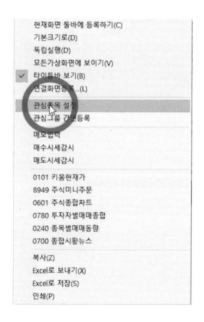

여기서 잠깐!

* 0181 창에서 보이는 종목을 나만의 관심 종목 창 [0130]으로 이동하고 싶은 경우에는 해당 종목을 왼쪽 마우스로 길게 누르고 드래그하여 옮기는 것도 가능하며, 오른쪽 마우스 버튼을 클릭하여 '관심종목 설정'을 선택하는 것도 가능하다.

필자는 효율성을 위해 0181 창에 있는 코스피 100종목, 코스닥 100종목을, 관심 종목 창 [0130]으로 한 번에 옮겨 놓고 매매할 종목을 선발하는데, 필자의 방법을 함께 해 보자.

1. 코스피를 선택한다.

2. 아무 종목 위에 마우스를 올려 놓고 오른쪽을 클릭하면 해당 화면이 생기는데 '관심종목 설정'을 선택한다.

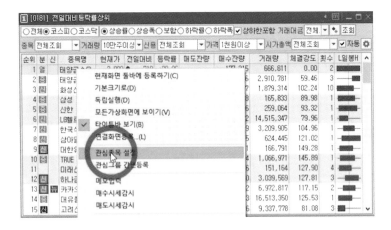

3. 관심종목 1을 누르고 [0181] 전일대비등락률을 선택한다.

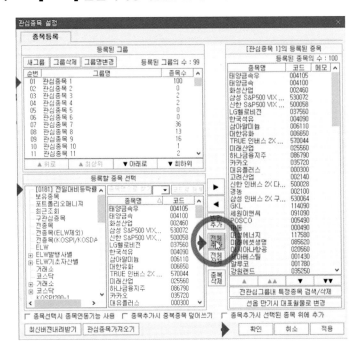

전체 추가를 누르면 100개의 종목이 한 번에 이동하는데, 마지막으로 확인을 누른다.

0181순위에 있던 모든 종목이 [0130] 관심종목으로 이동한 것을 확인할 수 있다.

이번에는 코스닥을 선택한다.

같은 과정 반복을 통해, 이번에는 관심종목 2에 등록한다.

여기서 잠깐!

* [0181] 전일대비등락율 상위는 전일과 대비하여 상승 혹은 하락하는 상위 종목을 조회하기 때문에 매일 순위가 변경된다. 관심종목에 넣는다면 순위가 변경되더라도 종목의 움직임을 시간을 두고 관찰하는 데 용이하고, 매매할 종목을 골라낼 때 시간이 단축되기 때문에 필자는 관심종목으로 이동시켜서 사용한다.

관심종목에 이동시키는 것이 번거롭게 느껴진다면 0181 창에서 바로 매매 종목을 찾는 것도 종목 선정을 하는 데 전혀 문제없으니 본인 기호에 맞게 사용해도 된다.

1. [0783] 투자자별 매매동향-투자자별 당일추이 차트 두 개를 실행한다.

주식시장이 흘러가는 흐름을 보기 위한 구성이다. 먼저 코스피 시황을 위한 차트를 만들어 보자.

같은 창을 두 개 실행할 경우 종목연계안함으로 설정되어 있는데 빨간 화살표처럼 종목코드연계가 되어 있는지 먼저 확인한다.

파란 화살표가 가리키는 곳에 주목하자. 첫 번째는 **선물** 두 번째는 **KOSPI**(코스피)로 설정한다.

여기서 잠깐!

*0783은 수급 확인에 용이하다. 주식시장에서 돈이 빠져나가고 있는 것을 볼 수 있다면 시장의 하락을 예상해 볼 수 있고, 돈이 들어오는 날에는 외국인이나 기관들의 공격적인 매수로 시장이 상승할 것을 예상할 수 있다.

**[0783] 창 오른쪽을 보면 다양한 그래프가 움직이고 있는데, 검은 선은 코스피 지수의 움직임을 보여주고 파란색은 외국인, 초록 선은 기관계의 매수, 매도 현황을 나타낸다. [0783]에 익숙해지면 증시를 움직이는 주체가 외국인인지 기관인지 확인할 수 있는데, 필자는 개인 투자자와 금융 투자 그래프를 제거하기 위해 체크를 해제하였다.

* 코스피와 코스닥 차이: 쉽게 구분해서 삼성전자, LG에너지솔루션과 같이 규모가 큰 기업은 코스피 안에 있고 규모는 비교적 작지만 유망한 기업은 코스닥 안에 있다. 코스피 안에 있는 많은 종목을 하나처럼 묶어 계산한 것을 코스피 지수, 코스닥 종목을 하나로 묶어서 계산한 것을 코스닥 지수라고 한다.

$$\frac{비교시점의 \ 시가총액}{기준시점의 \ 시가총액} \text{ X } 100$$

* 선물(Futures) 거래는 초보 투자자에게 추천하지 않는다. 짧게 설명하자면 주식은 매수해서 하락하면 손실이고 상승하면 이익이다. 선물은 미래 가격을 예측하여 농산물, 금, 오일, 주가지수, 개별 주식 등 다양한 상품을 거래하는데 상승할 것 같으면 매수로 수익을 내고 하락할 것 같으면 매도하여 양방향으로 수익이 가능한 시장이다.

양방향으로 수익이 가능하다는 뜻은 양방향으로 손해도 가능하다는 것이니, 초보 투자자들은 주식부터 기초를 단단하게 쌓자.

2. [0728] 해외증시- 미국 지수선물과 관심종목 [0130]을 하나 더 실행시킨다.

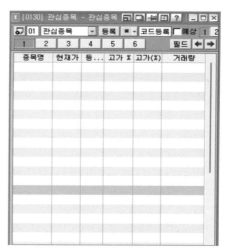

* 미국 주식시장은 세계 주식시장에 강한 영향력을 행사하여 미국선물지수는 국내 주식시장의 방향성을 예측하는 데 중요한 지표로 사용된다.

현재까지 추가한 화면 구성이다.

3. [0725] 해외증시-해외주요지수를 실행한다.

국가	지수	현재가	전일대비	등락률	시가	고가	저가	1개월전대비	3개월전대비	현지시간
일본	니케이 225	29,388.30 ▲	261.58	0.90%	29,199.30	29,426.06	29,141.52	3.14%	6.86%	05/12 00:00
대만	대만가권	15,502.36 ▼	12.88	-0.08%	15,477.12	15,545.99	15,424.42	-2.68%	0.45%	05/12 13:33
중국	상해A지수	3,430.21 ▼	38.98	-1.12%	3,463.85	3,479.26	3,429.23	-1.97%	-0.24%	05/12 15:00
중국	상해B지수	290.08 ▼	1.93	-0.66%	291.94	292.13	290.08	-2.30%	-2.21%	05/12 15:00
중국	심천B지수	1,182.57 ▼	6.99	-0.59%	1,188.92	1,192.76	1,181.13	0.08%	-4.38%	05/12 15:00
중국	중국상해종합지수	3,272.36 ▼	37.19	-1.12%	3,304.46	3,319.13	3,271.43	-1.97%	-0.25%	05/12 15:00
중국	중국심천종합지수	2,010.04 ▼	22.73	-1.12%	2,029.48	2,037.75	2,009.82	-5.94%	-8.11%	05/12 15:00
중국	CSI 300	3,937.76 ▼	52.90	-1.33%	3,987.76	3,999.38	3,937.52	-3.77%	-4.51%	05/12 15:00
홍콩	항셍지수	19,627.24 ▼	116.55	-0.59%	19,850.84	19,853.37	19,596.49	-3.97%	-5.69%	05/12 16:08
홍콩	홍콩H지수	6,663.55 ▼	31.56	-0.47%	6,748.19	6,758.15	6,655.68	-3.63%	-5.05%	05/12 16:08
인도	인도 SENSEX	62,027.90 ▲	123.38	0.20%	61,857.69	62,110.93	61,578.15	2.64%	1.23%	05/12 16:00
태국	태국 SET	1,561.35 ▼	6.05	-0.39%	1,565.66	1,567.81	1,548.03	-1.97%	-5.22%	05/12 16:00
뉴질랜드	뉴질랜드 NZ50	11,938.84 ▲	51.08	0.43%	11,887.76	11,943.94	11,857.85	0.49%	-1.19%	05/12 16:00
인도네시아	인도네시아 종합	6,707.76 ▼	48.18	-0.71%	6,740.00	6,751.06	6,704.57	-1.63%	-2.99%	05/12 16:00
말레이지아	말레이시아 KLCI	1,422.92 ▼	2.26	-0.16%	1,426.48	1,429.92	1,422.92	-0.85%	-4.39%	05/12 16:00
호주	호주 A01	7,453.20 ▲	3.50	0.05%	7,449.70	7,453.30	7,429.20	-1.42%	-1.40%	05/12 16:00

빨간 화살표가 가리키는 곳을 클릭하여 다양한 나라의 지수 상태를 파악할 수 있다. 1개월/3개월 대비 현황까지 조회가 가능하여 주가 흐름을 파악하는 데 용이하고, 세계 주요 국가들의 흐름을 보며 국내 증시의 흐름을 예측해 보는 데 도움을 준다.

　　현재까지 진행된 화면. 공간 활용을 극대화하기 위해 [0725] 화면을 [0130] 관심종목 창 위
에 배치하였다.

4. [0782] 투자자별 매매동향-시간대별투자자

앞에서 살펴본 [0783] 투자자별 매매동향-투자자별 당일추이와 비슷하지만 [0783]은 아침 9시부터 4시 20분까지의 수급을 시간대별로 보여 주고 [0782]는 장전인 아침 8:30분부터 시간 외 거래 마감인 오후 18:00까지의 투자자별 매매동향을 보여 준다.

여기까지 코스피 시황을 위한 화면이 완성되었다. 코스닥 화면도 설정해 보자.

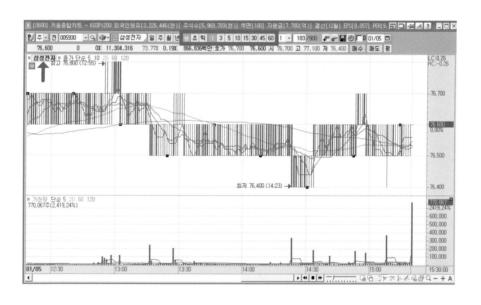

[0600]-키움증권 종합차트를 실행하고 1분봉으로 설정한다.

삼성전자를 선택하여 종목을 변경해 보자.

주식에서 ➡ 선물 옵션으로 변경한다.

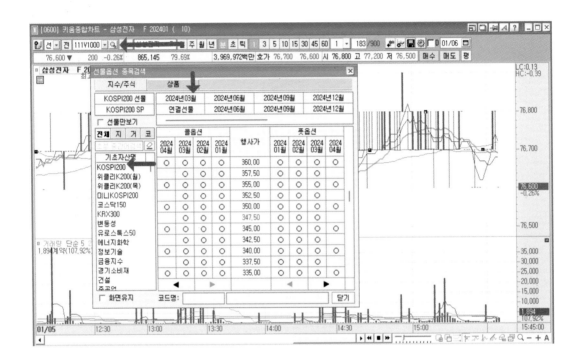

돋보기를 클릭하면 [선물옵션 종목검색] 창이 나오는데

가장 위에 있는 KOSPI200을 클릭하고 가장 왼쪽에 있는 선물을 선택한다.

(선물 만기일 3월, 6월, 9월, 12월)

여기서 잠깐!

* 국내 증권시장의 선물 만기일은 매년 3, 6, 9, 12월 두 번째 목요일이다.

코스피200 선물은 코스피에서 대표적인 주식 200개 종목으로 산출하는 시가총액식 주가지수를 말한다.

KOSPI200 선물 차트가 만들어졌다. 조금 더 간결하게 변경해 보자.

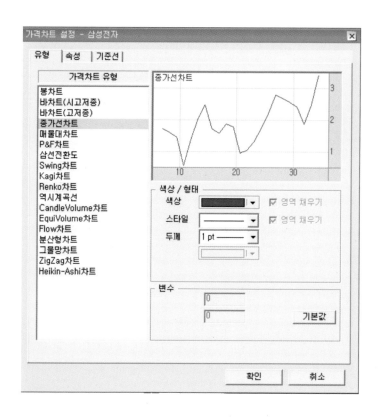

차트에 보이는 캔들을 더
블 클릭하면 가격 차트 설
정이 나오는데 종가선 차
트를 선택한다.

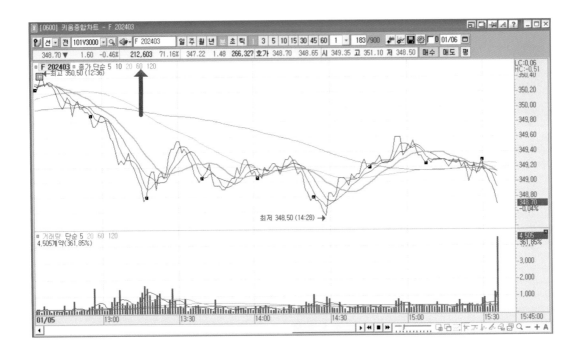

차트가 종가선 차트로 변경되었다. 종가선 외에 이동평균선을 지워 보자.

빨간 화살표가 가리키는 종가 단순을 더블 클릭한다.

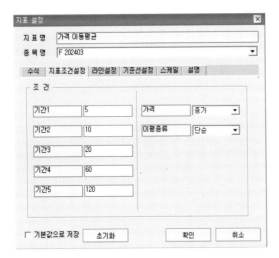

이런 화면이 나오는데

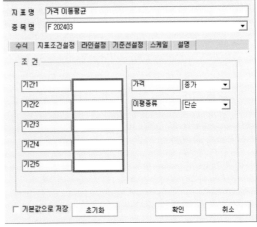

모든 숫자를 지우고 확인을 누른다.

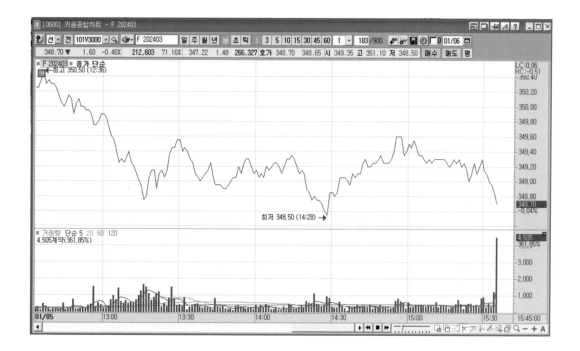

차트가 단순하게 변경되었다.

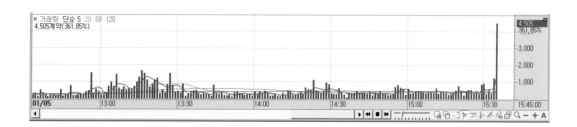

거래량 차트도 없애 보자.

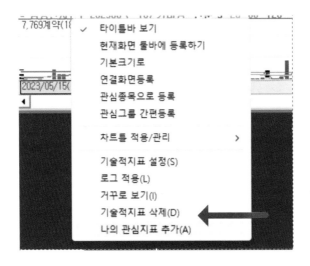

거래량 차트 좌측 상단에 거래량이라고 써 있는 부분이 있는데

여기서 마우스 오른쪽 버튼을 누르면 위와 같은 창이 생성된다.

생성된 창에서 **기술적지표 삭제**를 선택한다.

간단하게 거래량 우측 상단에 작은 x를 선택하여 삭제하는 것도 가능하다.

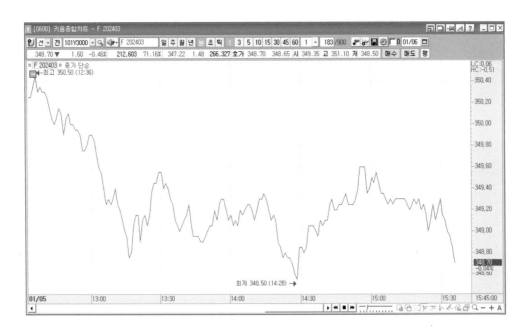

눈에 보기 편한 코스피200 선물 차트가 완성되었다.

'추'라고 쓰여 있는 것이 종목 추가라는 뜻인데 추가로 차트를 생성하는 기능이다.

추로 전환하고 앞부분을 업종으로 변경한 후 101 혹은 코스닥이라고 입력한다.

아래에 코스닥 차트가 추가되었다.

코스닥 차트도 위와 같은 절차를 통해 똑같이 변경해 보자.

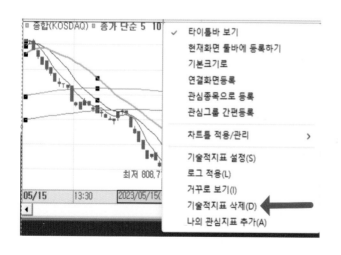

밑에 있는 코스닥 차트의 윗부분을 보면 종합(KOSDAQ) 종가 단순 5, 10, 20, 60, 120 이렇게 쓰여 있는 부분이 있는데 이곳을 오른쪽 마우스로 클릭하여 기술적지표를 삭제를 선택한다.

차트가 깔끔하게 변환된 모습이다. 마지막으로 캔들 차트를 더블 클릭하여 종가선 차트로

변환해 보자.

캔들 차트를 더블 클릭하면 가격 차트 설정이 나온다.

이것도 종가선 차트로 변경하고 확인을 눌러 보자.

완성! 선물과 코스닥 지수 차트를 한 번에 볼 수 있다.

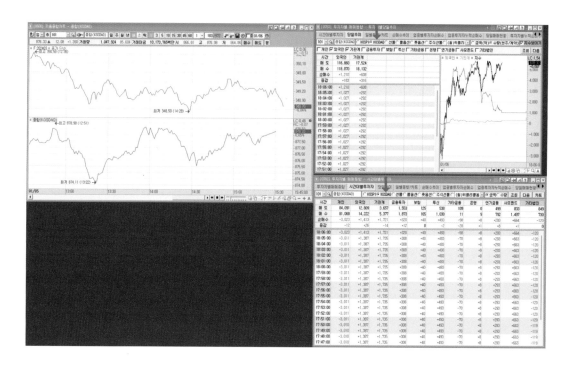

앞에서 배운 [0783]과 [0782]를 실행하여 아래와 같이 배치한다.

이제 코스피와 코스닥 시황을 한눈에 볼 수 있도록 설정되었다.

지금까지 힘들게 설정해 놓은 창을 실수로 지울 수도 있으니 꼭 설정을 저장해 두자.

▪ 화면 저장 방법

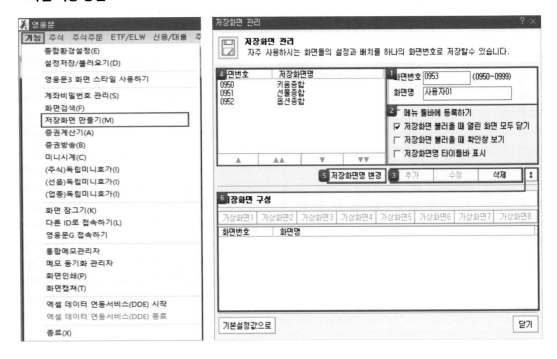

기능-저장화면 만들기(M)를 클릭하면 **저장화면 관리**가 나온다. [추가] 버튼으로 현재의 구성 화면을 추가해 보자. 추후에 수정할 일이 생긴다면 [수정] 버튼으로 수정 가능하다.

● 거래를 위한 차트

주문 창은 크게 기본 주식주문 창, 쾌속 주문, 호가주문 창으로 나뉜다. 키움증권에서는 [4989], [8949], [2000], [0302], [0303], [8282], [9283] 등 다양한 주문 창을 제공하는데, 필자는 다양한 화면 구성으로 이루어진 [4989] 창을 사용한다.

- **[4989] 키움주문**

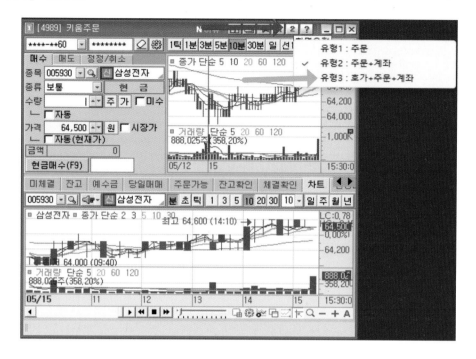

[4989]를 입력하면 보통의 경우 유형2: 주문+계좌 창으로 시작하도록 설정되어 있다.

빨간 화살표가 가리키는 숫자를 선택하여 **유형3: 호가+주문+계좌**를 선택해 보자.

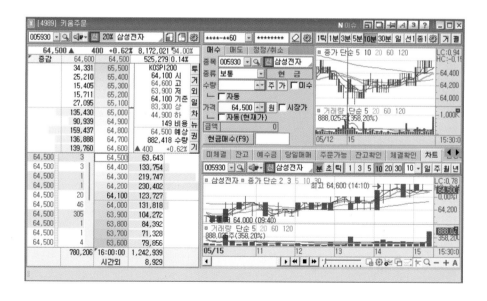

유형3을 선택하면 변경되는 화면이다.

주문 창을 처음 접하면 막막해 보일 수 있지만 필자와 함께 하나씩 천천히 알아보자.

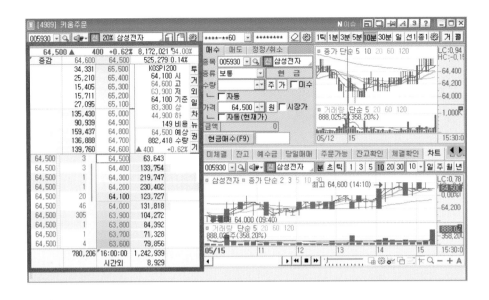

빨간색으로 표시된 부분은 앞에서 살펴본 **[0111] 주식 호가**와 동일하다. 주요 포인트를 간략하게 배워 보자.

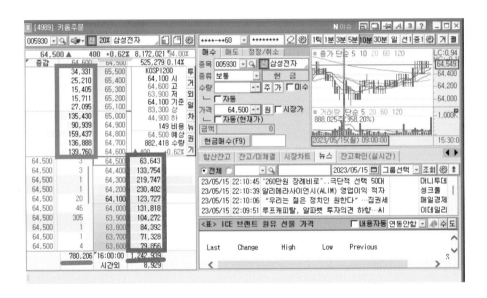

호가 분석은 초보 투자자에게 난해하지만 호가의 기본 지식은 알고 넘어가자. 파란색 네모 칸 오른쪽을 보면 64,600원, 64,700원, 64,800원 이렇게 가격이 점점 올라가는 것을 볼 수 있다. 이것을 **매도호가**라고 하는데 삼성전자를 팔고 싶은 사람이 체결을 기다리는 가격들이다. 그렇다면 64,500원부터 63,600원까지 10개의 단위로 가격이 점점 내려가는 빨간색 네모 왼쪽에 있는 가격대는 무엇이라고 할까? 이것을 **매수호가**라고 하는데 삼성전자를 현재 사려고 하는 사람들이 주문해 놓은 가격들이다. 간단히 말해서 위쪽은 팔고 싶은 사람들의 가격대, 아래쪽은 사고 싶은 사람들의 가격대이다.

파란색 네모 칸으로 표시해 둔 것은 **매도잔량**이라고 하며 빨간색 네모 칸은 **매수잔량**이라고 한다. 복잡해 보이지만 간단하게 말해 거래하고 싶어 하는 주식 수량을 말한다. 매도잔량을 보면 64,600원 옆에는 139,760주, 64,700원에는 136,888주의 주문이 걸려 있다. 다시 말해 64,600원에 팔고 싶어 하는 주식 수가 139,760개가 된다는 것이다. 매수잔량을 보면 64,500원에 63,643주, 조금 더 낮은 가격인 64,400원에 133,754주가 주문이 걸려 있다. 이것은 64,500에 삼성전자를 사고 싶어 하는 주식 수가 63,643주라는 뜻이다.

아래의 파란색, 빨간색으로 밑줄 친 곳도 살펴보자. **매도잔량**(파란색 네모 안)에 있는 숫자를 모두 더하면 파란색 밑줄 친 숫자가 된다. **매수잔량**인 빨간색 박스의 숫자를 모두 더하면 빨간색 밑줄 친 숫자가 된다. 밑줄 친 곳과 호가창을 통해 현재 주식을 사려는 사람이 많은지 팔려는 사람이 많은지와 같은 정보를 얻을 수 있다.

여기서 주의해야 하는 점은 허매수, 허매도라는 개념이 있는데 가끔씩 특정 가격대에 많은 물량을 걸어 두어서 혼란스럽게 만들었다가 순식간에 주문을 취소하는 경우도 있다는 것이다. 또한 상식적으로 생각했을 때 총매도잔량이 많으면 주식을 팔려는 사람이 더 많아 상승하기 어려운 것이 당연한 것 같지만 오히려 반대의 경우가 대부분이다. 그 이유는 사고 싶은 사람은 본인이 사려는 계획을 내비치고 싶지 않아서 매수잔량에 쌓아 두지 않고 매도자들이 물량을 내놓도록 유도한 다음 순식간에 물량을 소화하며 상승시키기 때문이다. 이와 같이 호가에 관하여 자세히 공부하려면 꽤 많은 시간이 필요하다. 하지만 필자의 매매 기법은 호가창을 분석하는 능력이 없는 주식 초보자도 하루 종일 모니터 앞에 있지 않고 훌륭한 수익을 낼 수 있는 기법이기 때문에 이 정도까지 알아보고 다음 창으로 넘어가자.

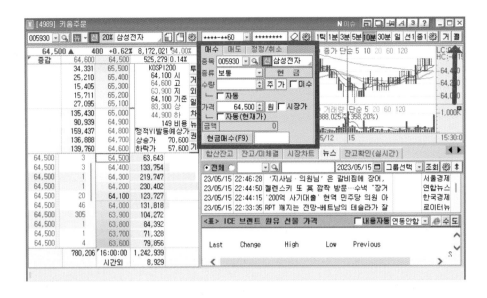

처음 설정은 이렇게 매수, 매도, 정정 주문을 따로 하도록 설정되어 있는 경우가 많다. 빨간 화살표가 가리키는 '펼'을 클릭하자.

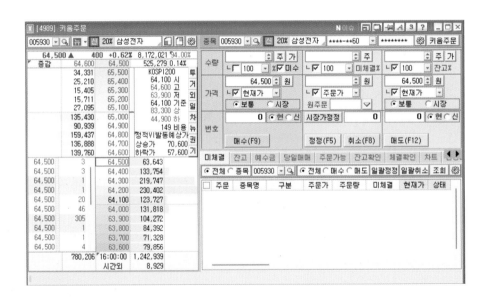

'펼'을 클릭하면 매수(빨간색 바탕), 정정(초록색 바탕), 매도(파란색 바탕) 3가지 창으로 펼쳐져서 보다 원활하게 대응할 수 있다.

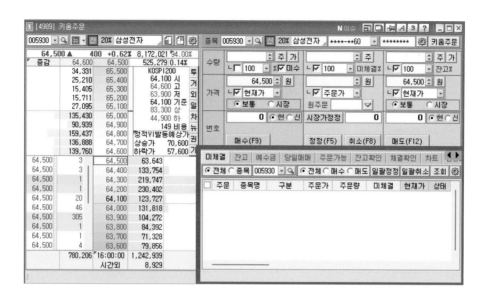

위의 창은 추가 설명이 필요하지 않다. 미체결 창에서 장중 주문의 체결을 실시간으로 확인하고 일괄 정정 및 일괄 취소 주문도 가능하다. 잔고에는 보유 종목이 나타나며 당일 매매에서는 매매 내역을 볼 수 있는데, 초보 투자자도 한 번씩 클릭해서 선택해 보면 이해하기 쉽도록 구성되어 있다.

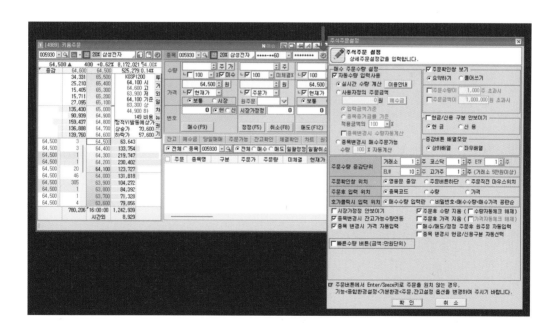

빨간 화살표가 가리키는 톱니바퀴 모양을 클릭하면 주식주문설정 창이 나온다.

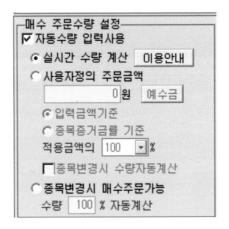

해당 창이 선택되어 있으면 계좌에 입금되어 있는 금액과 움직이는 주식 가격이 실시간으로 반영되어 즉시 주문할 수 있도록 한다.

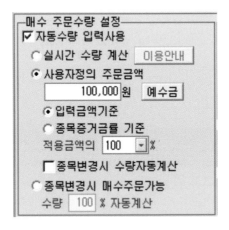

이번에는 두 번째에 위치한 사용자정의 주문금액을 설정해 보자. 필자는 초보 투자자가 소액으로 매매 연습을 해 보길 원하기 때문에 십만 원을 적어 두었다. 다시 한번 당부하지만 투자를 시작한다면 십만 원도 아닌 1주로 연습하길 바란다. 이와 같이 [4989] 창은 다양한 기능을 제공한다. 초보 투자자는 많은 설정을 할 필요가 없으니 사용에 익숙해지면 천천히 본인의 기호에 맞게 설정을 변경해 보는 것도 괜찮다.

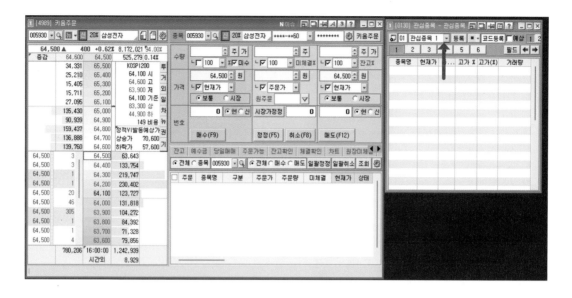

[0130] 관심종목 창도 추가한다.

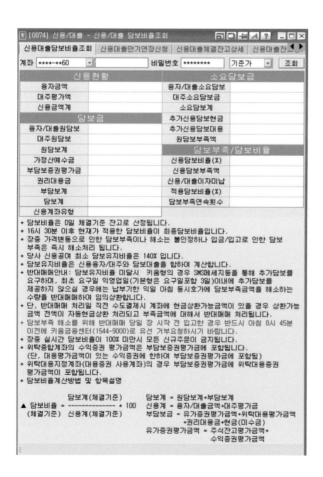

필자의 HTS 화면 구성을 그대로 공개하는 것이 목적이어서, 가감 없이 추가한 것이지만 초보 투자자들이 쓰는 것을 권유하지 않기 때문에 추가 설명은 하지 않겠다.

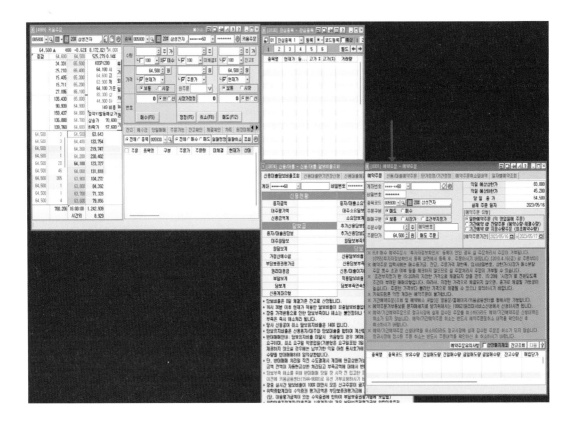

마지막으로 앞에서 살펴본 [0331] 예약주문 창을 추가하면 필자와 같은 화면 구성이 완료된다.

초보자도 할 수 있는 종목 선정 방법

모든 화면 구성을 완성했으니 이제 제대로 된 종목 선정을 통해 수익을 만들어 내면 된다. 앞에서 관심종목에 전일 등락률 상위에 있는 200종목을 옮겨 놓았는데 여기서 수익을 낼 수 있는 종목을 빠르게 고르는 방법을 연습해 보자. 처음에는 절차가 번거롭게 느껴질 수 있겠지만 숙달되면 종목 하나 검토하는 데 1초면 충분하다. 필자가 종목 고르는 과정을 그대로 따라 해 보자.

분	신	종목명	현재가	대비		등락률	거래량
열		태양금속우			710	29.96	666,811
		태양금속	1,700	↑	390	29.77	2,910,781
		화성산업	21,350	▲	2,550	13.56	1,879,314
		삼성 S&P50	8,0	▲	855	11.91	165,833
		신한 S&P50	8,495	▲	890	11.70	259,064
		LG헬로비전	5,2	▲	490	10.21	14,515,347
		한국석유	17,000	▲	1,100	6.92	3,209,905
		삼아알미늄	29,000	▲	1,700	6.23	624,445
신		대한유화	173,000	▲	10,000	6.13	166,791
		TRUE 인버	1,640	▲	90	5.81	1,066,971
		미래산업	13,400	▲	700	5.51	151,164
신		하나금융지	51,200	▲	2,600	5.35	3,039,569
신		카카오	91,700	▲	4,400	5.04	6,972,817
		대유플러스	1,440	▲	65	4.73	16,513,350
		고려산업	3,445	▲	150	4.55	9,337,778
		신한 인버	2,085	▲	85	4.25	122,943
		경농	12,600	▲	500	4.13	206,658
		삼성 인버	2,505	▲	95	3.94	113,556
신		GKL	14,650	▲	550	3.90	1,093,041
		세원이앤씨	1,075	▲	40	3.86	1,590,780
신		POSCO	290,000	▲	10,000	3.57	541,702
신		대동	13,350	▲	450	3.49	1,108,524
		대성에너지	8,570	▲	280	3.38	2,602,047
		미래에셋생	4,000	▲	130	3.36	157,380
		아시아나항	21,800	▲	700	3.32	2,161,206
		세아베스틸	17,150	▲	550	3.31	315,680
		알루코	4,100	▲	125	3.14	6,966,170
신		강원랜드	26,700	▲	800	3.09	2,635,819
펀		KODEX 미국	10,995	▲	325	3.05	310,202

관심 종목에 넣어 둔 200개의 종목이다.

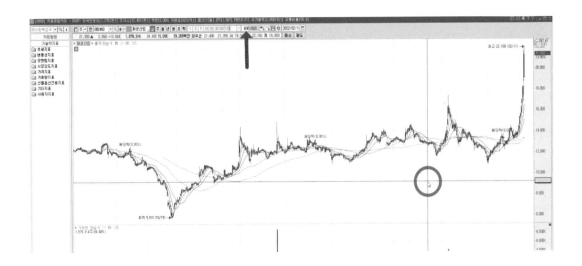

첫 번째로 빨간 화살표가 가리키는 곳에 600이라고 입력하여, 600일 일봉을 선택한다.

600개의 일봉이 모여 만들어진 600일 일봉은 종목의 상태를 전체적으로 인지하기 좋다.

일봉 차트를 보니 두 번이나 연속으로 힘 있게 상승하는 것 같아 매수하고 싶은 생각이 든다.

월봉 차트를 클릭한다.

이 차트를 보니 최근에 고점을 향해 힘차게 상승하고 있는데 왼쪽을 보니 커다란 봉우리가 있다.

봉우리는 장애물로 보이니 상승하다가 꺾일 수 있다는 생각이 든다. 혹시 모르니 주봉도 확인해 본다.

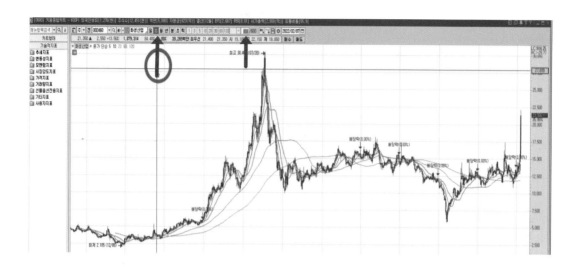

주봉을 확인해 보니 어마어마한 봉우리가 앞에서 기다리고 있다.

잘못 진입하면 고점에서 물리는 수가 있겠다는 판단이 확신이 된다.

여기까지 살펴보니 위험 요소가 있어 보인다.

매수 가능한 종목이 200개나 남았는데 이런 위험을 굳이 감수할 필요 없다.

관심 종목에 들어가서 과감하게 종목을 삭제한다.

사진과 같이 오른쪽 마우스를 클릭해서 종목 삭제를 선택해도 되고 종목 선택 후 키보드로 DEL(삭제) 버튼 후 엔터 키를 눌러도 된다.

한 개씩 삭제하는 시간도 줄이려면 종목 확인 후 여러 개의 종목을 한 번에 마우스로 드래그하여 종목 삭제를 할 수 있다. 몇 종목만 빠르게 확인해 보자.

얼핏 보니 이날 장대양봉이 발생하면서 전에 있던 바닥도 돌파하려는 움직임이 있었다.

이 종목은 일단 저장해 놓을 가치가 있어 보인다. 이 종목은 일단 그대로 두고 다음 종목으로 넘어간다.

이미 고점에 도달했다가 내려온 종목인 것 같다. 굳이 더 연구하지 말고 지우자.

앞에 매물이 너무 많아서 조금만 상승하려고 하면 매도세가 강해서 수익 내기 어렵겠다. 그냥 삭제하자.

매물이 많은 복잡한 차트로 보인다. 삭제하자.

이와 같이 쭉쭉 내려가다 보면 순식간에 관심종목에 있는 많은 종목 중 매수할 만한 소수 종목 선발이 가능하다.

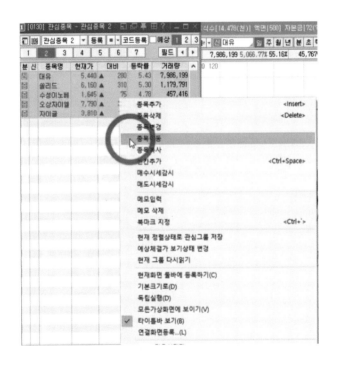

추린 종목들이 몇 개 남지 않았을 때는, 남은 종목을 관심종목 1에 한꺼번에 정리해 보자. 드래그하여 한 번에 선택 후 네 번째에 있는 종목이동을 선택한다.

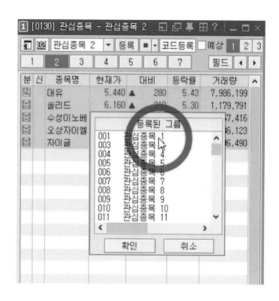

관심종목 1을 선택하면 2에 있는 모든 종목이 사라진다.

종목 선택 중 1차 선정이 완료된 모습이다.

조금만 연습해 보면 200개 종목을 선택하는 데 30분도 걸리지 않고 매수할 종목을 찾아낼 수 있다.

필자의 좌우명이 "기다려라, 또 기다려라, 죽도록 기다려라."이지만, 관심 종목 찾는 것에 관해서는 "연습해라, 또 연습해라, 죽도록 연습해라."라는 말이 좋은 것 같다.

시간이 되는대로 차트를 보다 보면 1초 만에 차트를 구별하는 눈이 생긴다.

조금만 반복하다 보면 필자와 같은 실력으로 빠르게 찾는 독자 여러분이 될 것이라 생각한다.

Epilogue

종목왕 김정수는 무엇을 어떻게 바꿔서 경제적 자유를 달성할 수 있었을까? 고故 이건희 회장은 삼성그룹이 정체 상태에 있을 때 프랑크푸르트 선언을 통해 마누라, 자식 빼고 다 바꾸라는 일대 혁신을 주문하여 지금의 삼성을 만들어 냈다. 개인 투자자가 손실의 고리를 끊어 내고 주식 투자로 경제적 자유를 이루기 위해서는 한쪽 끝을 조금 깨뜨려 달걀을 세웠던 콜럼버스처럼 발상의 대전환이 필요하다. 필자는 12번 깡통을 차면서 더 깊은 수렁에 빠지고 있다는 느낌이 들었지만, '**코페르니쿠스***'적 발상의 대전환을 통해 주식 투자에 적용하기 시작했고 그것이 성공하여 오늘날에 이르게 되었다.

저자가 '코페르니쿠스'적 발상의 대전환을 주식시장에 적용했던 점은 아래와 같다.

'코페르니쿠스'적 발상 대전환

1. 내가 사면 오른다 → 내가 사면 떨어진다(물살종)
2. 손절 필수 → 무손절
3. 싸게 사서 비싸게 판다 → 비싸게 사서 비싸게 판다
4. 세력 증오 → 세력 이용
5. 몰빵 → 분산, 분리, 분할(공격보다 방어 위주로)
6. 투자자 입장 → 자본가 입장(기돈시, 먹또먹)
7. 중장기 투자 위장 → 단기투자로 복리의 마법 실현, 워런 버핏 중장기 투자철학을 단기투자에 구현

여기서 잠깐!

* 코페르니쿠스적 발상: 고대에는 지구가 우주의 중심으로 그 주변을 태양, 달, 행성들이 공전한다는 천동설이 지배적이었으나 코페르니쿠스는 지동설을 통해 우주의 중심은 태양이고 지구, 달, 행성들이 정지해 있는 태양 주위를 공전한다고 주장하였다. 르네상스 이전까지 유력하던 천동설을 대체하며 과학 발전에 지대한 영향을 끼쳤고, 이와 같이 혁명적인 변화를 이루어 내었을 때 '코페르니쿠스적 전환'이라고 일컫는다.

저자는 매수하면 오르는 것을 기대했지만 "내가 사면 떨어지고 내가 팔면 오른다."라는 주식시장의 격언을 받아들이고 **물살종**, 즉 물려도 살아 나올 수 있는 종목을 사야 한다고 생각을 바꿨다. 또한 수많은 주식 전문가와 주식 책은 손절은 주식 매매의 필수라면서 손절의 중요성을 강조하는데, 손절을 하면 다시 원금 복구가 어렵다는 것을 깨닫고 **무손절**을 추구하기 시작했다. 싸게 사서 비싸게 팔 수만 있다면 금방 부자가 되지만 이것은 세력의 영역이라는 것을 알게 되었고 개인 투자자들은 **비싸게 사서 더 비싸게 파는 것**이 안전하다는 것을 알게 되었다. 주식시장의 경력이 많지 않을 때는 주가를 좌지우지하며 개인 투자자를 농락하는 것 같은 세력을 증오했지만 생각을 전환하여 세력이 큰돈을 넣었는지를 확인하고 **세력과 같이 진입하여 세력보다 먼저 나오며 세력을 이용하는 방법**으로 생각을 바꿨다. 몰빵 투자로 일확천금을 노리던 전의 투자 방식을 바꿔서 **분산, 분리, 분할**하여 공격보다 방어 위주로 매일 **조금씩 실현 이익을 쌓아 가는 방식**으로 바꿨다. 개별 투자자 입장이 아닌 자본가 입장에서 시장을 바라보는 생각의 전환을 통해 개별 주식에 몰입하지 않고 기다리면 돈 버는 시스템인 **기돈시**, 먹고 또 먹는 **먹또먹** 전략 사용으로 입장을 바꿨다. 마지막으로 뚜렷한 계획 없이 기다리기만 하던 중단기 투자가 아닌 **복리의 마법**을 실현할 수 있는 **워런 버핏 중장기 투자 철학을 단기 투자에 구현**하여 수익을 극대화하는 방식으로 발상을 대전환하였다.

기본서에서 다루었던 내용은 저자가 차트 판독 5백만 개 이상, 실거래 5만 건 이상 거래의 데이터와 통계를 기반으로 이익 모델 수립 과정을 거쳐 최적화한 것을 소개한 것으로 많은 검증을 거쳐 보완했다. 주식을 시작하기 전에는 최적화된 전략이 필요한데 여기서 가장 중요한 것이 전략에 맞는 기준과 원칙이다. 어떤 종목을 얼마에 사서 얼마에 팔 것인지, 손절은 어떻게 할 것인지, 매수 매도는 분할로 할 것인지, 일괄로 할 것인지에 대한 전략이 있어야 하며 기준과 원칙에 따라 기계적인 매매를 해야 한다. 기계적인 매매를 유지하면 시간이 지남에 따라 승률이 계산되고 손익비, 보유 기간, 종목 회전율, 계좌 회전율, 이익률 등을 계산할 수 있다. 필자가 기본서에서 소개한 전략은 필자가 수많은 시행착오 끝에 수정과 검증을 거쳐 완성한 것으로, 필자의 전략을 그대로 모방하여 수익을 꾸준히 내다 보면 동물적 느낌, 감, 촉도 더불어 생긴다고 확신한다. 기존 투자 방식을 반복하며 성공을 바랄 수 없다. 바꿔야 경제적 자유를 달성할 수 있으니 모든 것을 바꿔야 한다. 이번 저서가 이제까지 본인이 어떻게 생각하고 투자하였는지 돌아보는 계기가 되길 바라며 생각의 전환을 통해 주식시장에서 크게 성공하여 경제적 자유의 나라로 가길 간절히 응원한다.

경제적 자유를 이루게 해 준 33개의 발상 전환

1. 철학

하루살이, 메뚜기 → 워런 버핏과 같은 철학으로 운용

돈을 잃지 않는 것 → 물려도 살아나올 수 있는 종목만 매수

안전마진 → 세력이 큰돈을 넣은 종목만 진입 · 보험 · 담보

초단타, 단타에 얽매이며 오랜 기간을 헤매고, 중장기 투자도 시도했지만 제대로 되지 않았다. 단기 투자에도 워런 버핏의 돈을 잃지 않는다는 철학을 도입하여 하루살이처럼 매일 전전긍긍하지 않고 중장기적으로 수익을 천천히 쌓아 가는 방식으로 전환했다. 생각을 바꾸니 물려도 살아나올 수 있는 종목만 매수하게 되었고 워런 버핏의 안전마진을 도입하여 세력이 큰돈을 넣은 종목에만 진입하게 되었다. 세력의 큰돈을 보험과 담보로 투자하면 안전한 투자가 가능하다.

2. 진입과 이탈

무원칙

→ 세력과 함께 진입, 세력보다 먼저 이탈

과거에는 이렇다 할 원칙 없이 당시의 호가창과 차트를 보며 진입했다. 세력과 함께 진입하고 세력보다 먼저 이탈한다는 원칙을 정하고 나니 심적으로 안정이 되었고, 안정된 심리는 수익으로 이끌어 주었다.

3. 매수 대상

좋은 주식 → 팔릴 주식

주식은 물건을 가공해서 파는 것이 아닌 있는 그대로 파는 유통업이라는 것을 깨닫게 되었다. 예를 들어 삼성전자 주식을 팔고 싶다면 삼성전자 주식을 그대로 파는 것이지, 내가 어떠한 가공도 할 수 없다. 삼성전자, 카카오, 한국전력, 신세계와 같은 좋은 주식에 연연하지 않고 내가 산 가격보다 더 높은 가격에 다른 사람이 매수해 줄 수 있는 팔릴 주식에 집중하게 되었다.

4. 매수 타점

2/4, 3/4분면 주식 → 1/4분면 오르막 주식

필자는 과거에 회전성과 수익성이 높은 급등주를 쫓아 2/4, 3/4분면 주식에 집중했다. 하지만 2/4분면과 3/4분면에서 한번 잘못 물리면 10년이 지나도 내가 매수한 가격으로 돌아오지 않을 수가 있기 때문에 매수 타점은 1/4분면으로 집중하는 게 좋다. 그렇다면 1/4, 2/4, 3/4, 4/4분면이란 과연 무엇일까?

4. 매수 타점

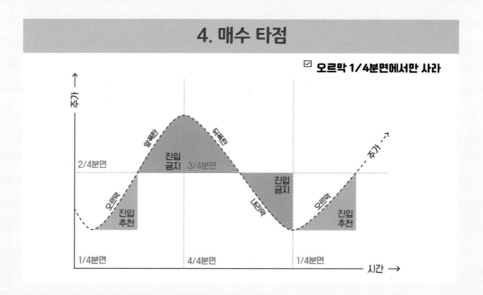

위의 자료는 필자가 주식이 상승과 하락하는 큰 흐름을 네 부분으로 분리하여 정리한 것인데, 1/4분면이란 주식이 상승하고 있는 비교적 안정적인 초입 단계를 뜻하고 2/4분면은 회전성과 수이성이 높지만 앞폭탄이 만들어지는 상승 끝자락을 뜻한다. 상승이 끝나면 하락이 시작되는데 뒤폭탄이 생성되며 등락이 심한 하락의 초입을 3/4분면이라 하고 하락의 끝자락을 4/4분면이라 일컫는다.

1/4분면에서 발생한 장대양봉은 신의 축복

1) 시장의 암호, 신호, 단서다
2) 추세전환점이다
3) 급소다
4) 황금알을 낳는 황금거위다
5) 들어가고 나가는 시점을 알려주는 도구이자 기준이다

6) 시장에서 팔릴 주식을 알려준다
7) 최적의 완벽한 타이밍을 알려준다
8) 신의 한 수다
9) 신의 선물이다
10) 신의 축복이다

상승의 초입인 1/4분면에서 매수하면 안정적인 수익을 확보할 수 있는데, 특히 1/4분면에서 출현하는 장대양봉을 발견한다면 신의 축복이라고 할 수 있다. 장대양봉은 세력이 큰돈을 넣었다는 시장의 암호이자 단서로서 추세가 전환되는 전환점이 된다. 장대양봉을 진입하는 기준으로 삼고 매수하면 세력과 함께 들어가서 세력보다 먼저 수익을 챙기고 빠져나올 수 있는데 황금알을 낳는 거위를 가지고 있는 것과 같다고 할 수 있다. 장대양봉은 모든 분면에서 출현하기도 하지만, 초급 투자자들은 2/4, 3/4분면에서 발생하는 장대양봉보다는 1/4분면에서 발생하는 장대양봉에 집중하는 것이 좋다.

5. 심리

조급 → 인내, 기다림

    필자도 과거에는 굉장히 조급했지만 인내와 기다림으로 생각을 바꿨다. 탐욕과 공포를 이겨 내면 고수, 조급과 미련을 이겨 내면 달인이라는 말이 주식시장에 있다. 필자는 탐욕과 공포는 이길 수 있지만 아직도 조급과 미련을 이겨 내기에는 힘든 것 같다는 생각을 한다. 특히 조급은 이겨 내기 힘든데 모든 주식 투자자의 공통점이 조급하다는 것이다. 하지만 우리는 평생 이익을 극대화하는 관점으로 시각을 바꾸면서 조급에서 벗어나 기회는 계속 온다는 것을 기억하고 오늘 못 벌면 내일 번다는 마음으로 인내와 기다림을 가지고 한 푼, 두 푼 쌓는다면 결국 경제적 자유의 나라로 갈 수 있다.

6. 목표 이익률

단기(하루, 1주일, 1개월)
→ 장기, 평생 이익률 극대화

    우리는 단기적 성과에 지나치게 집착한다. 한국에 온 외국인들이 처음 배우는 한국어가 '빨리빨리'라는 말이 있듯이 '빨리빨리'는 우리 사회 곳곳에 깊숙이 자리 잡고 있다. '주식시장은 인내심 없는 사람의 돈이 인내심 있는 사람에게 흘러가는 곳'이라는 워런 버핏의 교훈을 벗 삼아 하루, 1주일, 1개월과 같은 단기적 수익에 집착하던 생각을 전환하여 장기, 평생 이익률 극대화에 집중했다.

7. 투자 유형

초단타, 단타, 중장기 가치투자
→ 단기투자(Swing)

투자 유형도 초단타, 단타, 중장기 가치 투자에서 벗어나서 한국 주식 시장에 맞는 단기 투자로 투자 유형을 전환했다. 필자도 초단타와 단타를 도전해 보았지만 초단타와 단타로는 결코 돈을 벌 수 없다는 것을 깨달았고, 한국 중장기 가치 투자는 한국 경제가 미국처럼 꾸준하게 성장하는 것이 아니고 주가 조작 같은 사건도 많기 때문에 단기 투자가 더 맞는다고 생각한다.

8. 매수 종목

급등주, 테마주, 신고가
→ 세력주

급등주, 테마주, 신고가 주식에 집중하다가 세력이 넣은 큰돈을 기준으로 진입하기 시작했다. 특히 1/4분면에서 세력이 넣은 큰돈에만 함께 진입한다. 수익성과 회전율이 높지만 잘못 물리면 10년이 넘도록 소중한 자금을 회전시키지 못하는 급등주, 테마주, 신고가 주식에 집착하지 않고, 비록 이익은 짧게 실현하지만 세력과 같이 진입해서 세력보다 먼저 나오는 세력주에 집중한다.

9. 현금 비중

0 → 20%

과거에는 필자도 보유하고 있던 모든 현금을 투자했었는데 IMF, 2008년 금융 위기, 2020년 코로나19와 같은 상황을 대비해서 항상 현금을 적어도 20%는 확보해야 한다고 생각을 전환했다.

10. 신용 비중

최대

→ 잔고의 24% 이내

한 푼이라도 더 벌기 위해서 최대 한도로 신용을 사용해 보았지만, 과거를 돌아보니 신용을 쓰지 않을 때 2배 이상의 수익률을 거두었다는 것을 알게 되었다. 신용은 가급적 적게 사용해야 하고 쓰더라도 잔고의 24% 이내로 사용하는 것이 좋다. 이렇게 신용 사용에 제한을 두면 코로나19 사태와 같은 폭락장이 와도 견뎌 낼 수 있다.

11. 보유 기간

단기

→ 살아서 돌아올 때까지

초단타, 단타로 어떻게든 빨리 수익을 내려고 생각했는데, 살아서 돌아올 때까지 보유하는 것으로 생각을 바꿨다. 어떤 경우에는 하루 만에 수익을 주고 어떤 경우에는 일 년 만에 수익을 주지만, 분산하고, 분리하고, 분할하여 종목을 매수하고 같은 종목에서 먹고 또 먹는 전략을 사용했다.

12. 종목 분산

원샷 원킬

→ 10개 종목으로 분산

초단타와 단타는 특성상 원샷 원킬을 할 수밖에 없지만, 10개의 종목으로 분산하고, 분리하고 분할하는 것으로 전략을 수정했다. 10번 원샷 원킬을 시도한다면, 운이 10번 이상 좋은 쪽으로 작용할 수 없기 때문에 한 번은 크게 당한다. 수익을 줄 때는 큰 수익을 주기도 하지만 물릴 때는 한 번에 완전한 깡통을 만들 수 있기 때문에 보다 안전한 투자 방법이 필요하다.

13. 계좌 수

1계좌

→ 4계좌 4분할, 2계좌 2분할로 분리

한 개의 계좌를 사용하다가 계좌를 나누어서 사용하여 폭락장에 대비하고 먹또먹 전략을 원활하게 사용했다.

14. 매수 횟수

일괄 매수

→ 4회 분할 매수

원샷 원킬을 사용할 때는 일괄 매수, 매도했지만, 한 종목을 매수하더라도 4회 분할하는 것으로 원칙을 수정했다.

15. 분할 매수 간격

무원칙

→ -10%, -20%, -30%

분할 매수 간격도 무원칙에서 -10%, -20%, -30% 하락할 때만 기계적으로 대응하는 것으로 수정했다.

16. 한 종목당 투자 비중

원샷 원킬 → 10%

원샷 원킬의 습관을 멈추고, 계란을 한 바구니에 담지 말라는 유명한 주식 격언처럼 종목당 투자금의 10%만 투자하는 원칙을 세웠다.

17. 1회 베팅 금액

무원칙
→ 잔고의 2.5%

1회 베팅 금액도 무원칙으로 그때 생각나는 대로 호가창과 차트 상황을 보고 진입했는데 지금은 철저하게 잔고의 2.5%만 투자한다.

18. 매수 가격대

고점 위주 → 저점 위주

불꽃을 내뿜으며 타오르는 불기둥에 뛰어드는 불나방처럼 고점인 2/4분면, 3/4분면에서만 진입하여 물리고 물려서 하루에 5억 4천만 원을 손절한 과거의 악습관을 청산하고, 저점 위주로만 진입하게 되었다.

19. 매수 포인트

돌파위주

→ 돌파, 눌림목, 고가놀이 혼합

돌파 매매만 하다가 돌파, 눌림목, 고가놀이 모두 혼합하여 사용했다.

20. 매수 시간대

장 초반

→ 장 후반, 2시 30분 이후 저가 매수, 종가나 종가 근처

불나방과 같던 과거에는 급등락이 심한 장 초반에만 진입했지만 지금은 장 후반인 2시 30분 이후에만 저가 매수한다.

21. 매도 방법

각 계좌별 분할 매도, 분할 이익 실현, 대박보다 티끌 모아 태산

특별한 매도 원칙 없이 투자하다가 계좌를 나누고, 분리된 계좌에서 각각 매도를 실현하여 대박보다 티끌 모아 태산 전략으로 변경했다.

22. 매도 횟수

무원칙 → 일괄 매도

매도 원칙도 무원칙에서 일괄 매도를 하는 것으로 변경했다.

예시) A라는 주식을 4계좌 전략으로 매수했다.

계좌	보유 수량
1계좌	10
2계좌	12
3계좌	14
4계좌	16

목표 수익률에 도달하면 각 계좌마다 일괄 매도한다.

예를 들어 4계좌에 A 주식을 16개 가지고 있으면 매도할 때 분할하지 않고 16개를 일괄 매도한다.

3계좌에서 매수한 A가 목표 수익률에 도달하면 14개를 일괄 매도한다.

14개를 나누어서 5개는 오늘, 5개는 내일, 4개는 다음 주에 파는 것이 아니라 **기계적으로** 미련 없이 일괄 매도하는 것이다.

23. 매도 이익 실현율

무원칙
→ 가벼운 종목 + 10%, 무거운 종목 +5%
방망이를 짧게, 세력보다 먼저 이탈

호가창을 보며 추세가 꺾이면 매도하는 식의 무원칙에서, 가벼운 종목은 10%, 무거운 종목은 5% 수익이 났을 때 기계적으로 이익을 실현하여 세력보다 먼저 이탈하는 것을 원칙으로 변경했다. 물론 20%, 30% 수익을 내고 싶은 욕심이 생기겠지만, 장기적으로 보면 방망이를 짧게 잡는 것이 오히려 평생 이익을 극대화하는 데 더 유리하다.

24. 매도 조급증

짧은 이익 실현

→ 충분한 이익 실현

조금만 이익이 발생하면 사라질까 봐 모처럼 잡은 기회를 1%, 2%, 3%의 짧은 이익 실현으로 끝내는 경우가 비일비재했지만 가벼운 종목은 10%, 무거운 종목은 5%로 이익을 실현하는 것으로 변경했다.

25. 손절

무원칙

→ 무손절 원칙. 단, 세력이 이탈할 때만 손절

호가창을 보고 기준 없이 손절하다가 이래서는 안 되겠다는 생각에, 물려도 살아나올 수 있는 종목만 선정하여 무손절을 기본 원칙으로 세우고 세력이 이탈할 때만 손절한다는 원칙을 세웠다.

26. 손절 조급증

불안 심리

→ 내가 살 주식의 99% 이상은 살아서 돌아온다

손해가 -1%, -5% 나면 불안해서 더 떨어질 것 같은 공포에 손절했지만, 내가 팔면 주식은 다시 오르곤 했다. 손절 조급증에서 벗어나 내가 매수한 종목은 다시 살아서 돌아온다는 확신을 가지고 주식 투자에 임하고 있다.

27. 손익비

50:50 → 1:10

과거에는 이익과 손실이 50:50 비율로 큰돈을 벌 수 없었지만 무손절 원칙으로 세력이 빠져나간 불가피한 상황에서만 손절하다 보니 손실은 적고 이익은 높아졌다.

28. 승률

70% 이하
→ 90% 이상, 동물적 느낌, 감, 촉

투자가 아닌 승률 70% 이하의 투기를 하다가 투자의 영역은 승률 80% 이상이라고 생각을 전환하여 승률 90% 이상에 초점을 맞추게 되었고 동물적 느낌, 감, 촉을 가지게 되었다.

29. 이익률

무원칙
→ 연 목표 이익률 30~40% 이상

이익률에 대한 목표 자체가 없이 상황에 따라 중구난방식으로 투자하다가 중장기적으로 꾸준히 연 수익률을 높이는 목표로 변경했다.

30. 원칙

상황에 맞게 탄력적 → 원칙 고수

상황에 맞게 탄력적으로 하지 않고 세워 둔 원칙을 철저히 고수한다. 원칙을 지키지 않고 수익이 발생하면 나 자신을 꾸짖고, 원칙을 지켜서 손해 본다면 나 자신을 칭찬한다. 한두 번 원칙을 어기고 수익을 낼 수 있지만 그 이익은 나중에 독이 되어서 돌아온다는 생각으로 전환하였다.

31. 대형 사고 발생

무사하기만 기도
→ 잔고 축소

코로나19 사태가 발생했을 때 즉각 잔고를 축소했어야 했는데 무사하기만 기다리다가 3억 5600만 원을 손절하는 대형 참사를 맞이하게 되었다. 이 뒤로는 대형 사고가 발생하면 즉각 잔고를 축소하고 있으며, 뉴스를 확인할 때도 단발적인 뉴스에 집중하지 않고 대형 사고가 발생했는지에 집중하고 있다.

32. 시야

탐욕, 공포, 조급, 미련에 사로잡혀 눈앞에 초점
→ 크고 길게 멀리

탐욕과 공포에 사로잡혀 눈앞의 이익에만 집중하던 과거를 이겨 내고, 복리의 마법을 실현하여 평생 이익을 극대화하는 1조 투자자가 되는 것을 목표로 하고 있다.

33. 생활

수렵 생활
→ 농경 생활: 죽음의 계곡을 넘어 지상낙원에 안착

야생동물을 잡으려 산을 헤매다 보면 멧돼지를 만나거나 발을 헛디뎌서 위험한 상황에 놓이게 된다. 농경 생활을 하게 되면 밭에 농작물을 재배하고 가축도 기르며 안정적인 수확을 거둘 수 있다. 수렵 생활과 같은 초단타, 단타, 중장기에 집중하던 과거에서 벗어나 안정적인 농경 생활 같은 단기 투자에 집중해서 차곡차곡 이익을 실현하도록 전략을 수정했다.

34. 우리가 가는 길

물살종 + 기돈시 + 먹또먹 → 경자나라로!

필자의 33가지 원칙을 지키며 물려도 살아나올 수 있는 종목을 선정하고, 기다리면서 돈을 버는 시스템을 자기 것으로 만들며, 먹고 또 먹는 전략을 사용한다면 누구나 필자와 같이 경제적 자유를 이룰 수 있다고 생각한다.

◆

◇

◆

"똑같은 일을 반복하면서 다른 결과를 기대하는 것은 미친 짓이다."
Insanity Is Doing the Same Thing Over and Over Again and Expecting
Different Results.

기존 투자 방식을 고수하며 성공을 바라는 것은 미친 짓입니다.
바꿔야 합니다.
바꿔야 경제적 자유를 달성할 수 있습니다.

독자 여러분이 생각과 행동을 전환하여
경제적 자유를 이루시길
종목왕 김정수는 여러분을 간절히 응원합니다.

◆

◇

◆